Berliner Platz 1

Deutsch im Alltag für Erwachsene

Lehr- und Arbeitsbuch 1

von
Christiane Lemcke
Lutz Rohrmann
Theo Scherling

in Zusammenarbeit mit
Anne Köker

Klett-Langenscheidt
München

Von
Christiane Lemcke, Lutz Rohrmann und Theo Scherling

in Zusammenarbeit mit Anne Köker

Redaktion: Hedwig Miesslinger und Lutz Rohrmann
Gestaltungskonzept und Layout: Andrea Pfeifer und Theo Scherling
Umschlaggestaltung: Andrea Pfeifer unter Verwendung eines Fotos von Vanessa Daly
Illustrationen: Nikola Lainović
Fotoarbeiten: Vanessa Daly

Verlag und Autoren danken Hannele Jalonen (Volkshochschule Ludwigshafen), Ralf Sonntag (Volkshochschule Leipzig), Michael Schroen (Goethe-Institut Zagreb) und allen weiteren Kollegen und Kolleginnen, die „Berliner Platz“ erprobt, begutachtet sowie mit wertvollen Anregungen zur Entwicklung des Lehrwerks beigetragen haben.

Berliner Platz A1

Materialien A1

Lehr- und Arbeitsbuch A1	606086
Audio-CD zum Arbeitsbuchteil	606089
Intensivtrainer 1	606087
Lehrerhandreichungen 1	606090

Glossare sind abrufbar im Internet unter:
www.klett-sprachen.de/berliner-platz

Symbole:

Zu dieser Aufgabe gibt es eine Tonaufnahme.

Hier soll ins Heft geschrieben werden.

Hier gibt es Vorschläge für Projektarbeit.

▸ S. 80 Auf dieser Seite im Arbeitsbuchteil gibt es weitere Übungen.

▶ 2 Nach Aufgabe 2 im Lehrbuchteil können Sie diese Aufgabe(n) im Arbeitsbuchteil bearbeiten.

1. Auflage 1 5 4 3 2 | 2018 17 16

Erstausgabe erschienen 2002 bei der Langenscheidt KG, München

Satz und Repro: Kaltner Verlagsmedien GmbH, Bobingen

Gesamtherstellung: Print Consult GmbH, München

ISBN 978-3-12-606086-8
9 783126 060868

Das lernen Sie in **Berliner Platz 1**

ALLES GUTE ZUM GEBURTSTAG !!!

Hallo!

- Anmeldung ▶
- Sekretariat ▶
- Seminarräume ▲
- Bibliothek ▲
- Cafeteria ▶
- Hausmeister ◀
- Toiletten ▼

● Guten Tag.
Wie heißen Sie?
○ Pavel Jordan.

Lernziele 1

- jemanden kennen lernen
- jemanden begrüßen
- den Namen sagen
- nachfragen
- buchstabieren
- sagen, woher man kommt
- W-Fragen und Antworten

CD 1.2

1 Die Kursliste – Lesen und hören Sie bitte die CD. Wer ist das? Kreuzen Sie an ☒.

☐ Jordan ☐ Winter ☐ Org ☐ Bouslimi ☐ Sans ☐ Kim

2 Fragen im Kurs. Machen Sie Ihre Kursliste.

► S. 150

- ● Wie heißen Sie?
- ○ Ich heiße …
- ● Woher kommen Sie?
- ○ Ich komme aus …

Deutschkurs 1A

Kursleiter/in: Sabine Wohlfahrt / Bernd Schuhmann

Familienname	Vorname	Land	Stadt
Sans	Carmen	Spanien	Valencia
Kim	Yong-Min	Korea	Pusan
Jordan	Pavel	Tschechien	Pilsen
Winter	Tom	Schweden	Malmö
Org	Helgi	Estland	Tallinn
Bouslimi	Hosni	Tunesien	Tunis
Altun	Birsen	Türkei	Bursa

● Guten Tag.
Mein Name ist
Sabine Wohlfahrt.
Ich bin Ihre
Lehrerin.
Und das ist
Herr Schuhmann.

3 *Du* und *Sie* – Hören Sie und lesen Sie bitte mit.

▶ S. 150

Dialog 1

● Guten Tag.↘
Mein Name ist Susanne Weiß.↘
○ Guten Tag, Frau Weiß.↘
Ich bin Tim Rolcker.↘

Dialog 2

● Gerhard Kraus.↘
○ Jobst.↘
● Entschuldigung, wie heißen Sie?↗
○ Jobst, Petra Jobst.↘
● Guten Tag, Frau Jobst.↘
○ Guten Tag, Herr Kraus.↘

Dialog 3

● Hallo, ich bin Paul.↘
Wie heißt du?↗
○ Tag, Paul.↘
Ich bin Carlo.↘
● Woher kommst du?↗
○ Aus Spanien.↘

4 Aussprache üben: Melodie und Akzent

▶ S. 151

a Hören Sie und sprechen Sie nach.

😐 ● Wie heißt du?↘
○ Tom.↘

● Woher kommen Sie?↘
○ Aus Pilsen.↘

😊 ○ Wie heißt du?↗
○ ... und wie heißt du?↗

○ Woher kommen Sie?↗
○ Wie bitte?↗

b Üben Sie die Dialoge aus 3.

5 *Du* oder *Sie* – Ergänzen Sie bitte.

informell (privat)	formell
Pavel / Carmen	*Herr Kraus / Frau Jobst*
Wie heißt ________?	Wie heißen ________?
Woher kommst ________?	Woher kommen ________?

6 Drei Dialoge – Hören Sie zu und kreuzen Sie bitte an.

Dialog	1	2	3
Sie (formell)	☐	☐	☐
du (informell)	☐	☐	☐

7 Hören Sie die Dialoge bitte noch einmal.

a Ordnen Sie die Dialoge.

Dialog 1

☐ ● Entschuldigung, wie heißt du?
☐ ● Ich bin aus Estland.
☐ ● Tag, ich bin Helgi.
☐ ○ Hallo.
☐ ○ Yong-Min. Ich bin aus Korea – und du?
☐ ○ Und ich heiße Yong-Min.

Dialog 2

☐ ● Aus Pilsen. Und Sie?
☐ ● Guten Tag, Frau Sans. Ich bin Pavel Jordan.
☐ ○ Aus Valencia.
☐ ○ Guten Tag. Mein Name ist Sans.
☐ ○ Woher kommen Sie?

Dialog 3

☐ ● Guten Abend, ich bin Markus Schmeling.
☐ ● Schmeling, Markus Schmeling.
☐ ○ Entschuldigung, wie ist Ihr Name?
☐ ○ Guten Abend.
☐ ○ Und ich bin Frau Jacob, Irene Jacob.

b Schreiben und spielen Sie die Dialoge.

8 Eine Tabelle selbst machen – Ergänzen Sie bitte Beispiele.

► S. 152

	Position 1	Position 2	
	Subjekt	Verb	
1. Aussagesätze	Mein Name	ist	Wohlfahrt.
	Ich	bin	Tom.
	...	...	...
2. W-Fragen	Wie	heißt	du?
	Wie	ist	Ihr Name?
	Woher	...	...

9 Schreiben Sie bitte die Sätze.

1. kommen / Sie / woher / ?
2. heiße / Peter / ich / Tag, / guten / .
3. Name / mein / ist / Sans / .
4. Paul / hallo, / ich / bin / .
5. heißen / Sie / wie / ?
6. Ihr / Name / ist / wie / Entschuldigung, / ?
7. heißt / du / wie / ?
8. bitte / wie / ?

10 Eine Weltkarte – Lesen und hören Sie. Ergänzen Sie die Ländernamen.

Helgi Org
____
Tallinn
Estnisch/Russisch

Magdalena Marquez
____
Puebla
Spanisch/Englisch

Michael Kukan
____
Bratislava
Slowakisch/Französisch

Yong-Min Kim
____
Pusan
Koreanisch/Chinesisch

Mônica Nunes
Brasilien
Porto Alegre
Portugiesisch/Spanisch

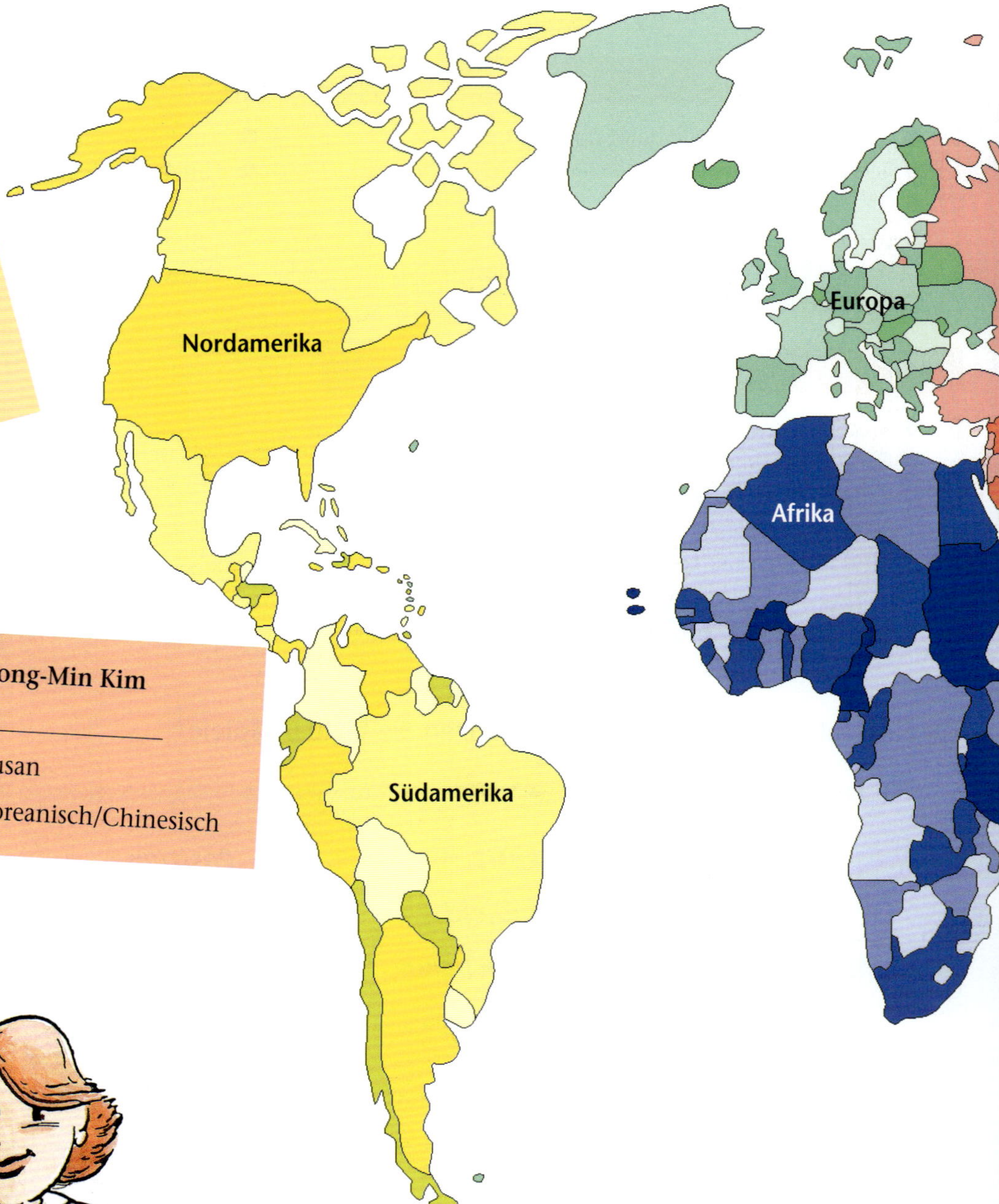

11 Deutschkurs 1A – Hören Sie den Dialoganfang noch einmal und lesen Sie mit.

● Hallo, Bernd!↘ Das ist der neue Deutschkurs.↘ Es sind 10 Teilnehmer.↘
○ Woher kommen sie?↗
● Aus Schweden, Estland, Tschechien, aus der Slowakei, aus Korea, Spanien, Tunesien, Brasilien, Mexiko und aus der Türkei!↘
○ Wer kommt denn aus Schweden?↘ Ich spreche etwas Schwedisch.↘
● Tom Winter.↘ Er wohnt in Malmö.↘ Er spricht auch Englisch.↘ Und das ist Helgi Org.↘ Sie kommt aus Tallinn.↘ Das liegt in Estland.↘ Und das ist …

▶ S. 152

12 **Projekt „Steckbrief" – Schreiben Sie Ihren Steckbrief. Ihr Nachbar / Ihre Nachbarin stellt Sie vor.**

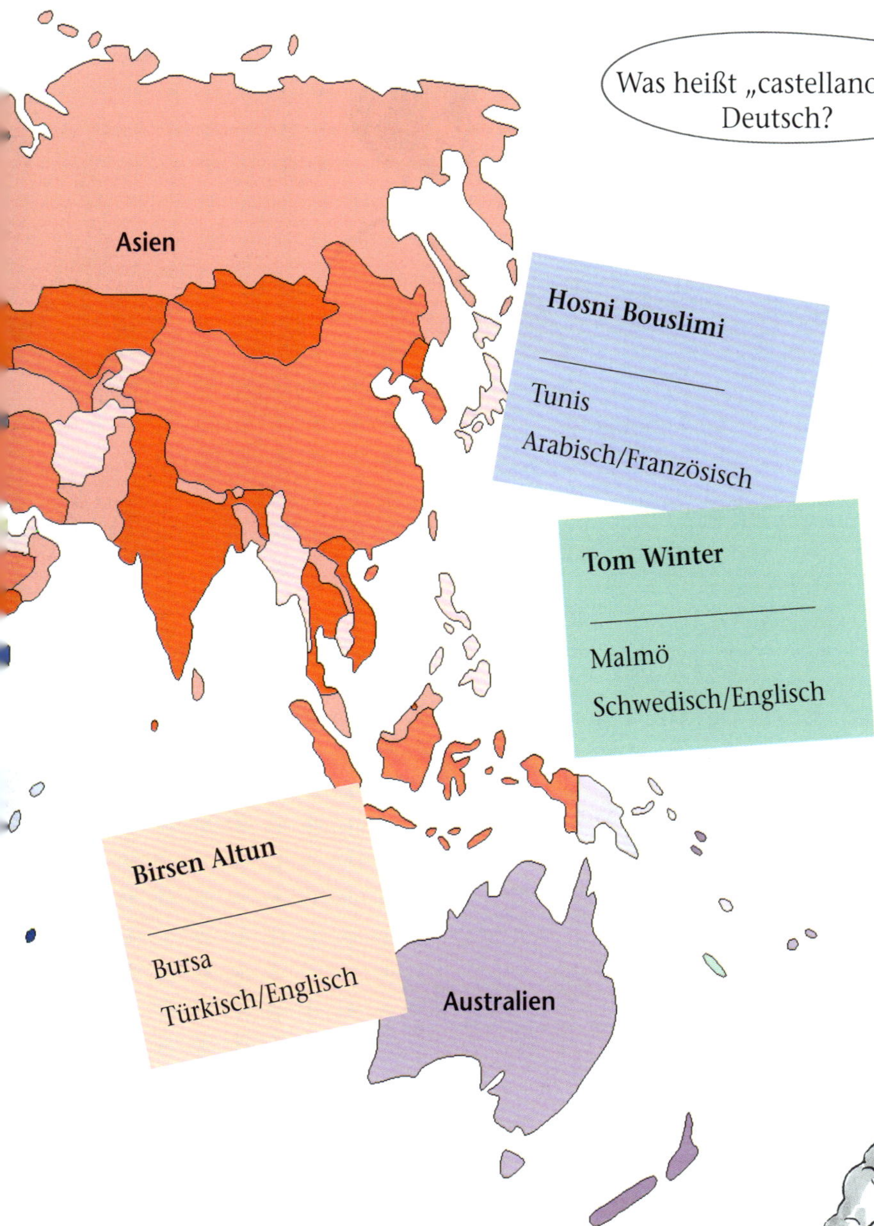

Das	ist	Tom/Birsen.	◀ **Name**
Er/Tom	kommt	aus Schweden.	◀ **Heimatland**
Sie/Birsen	kommt	aus **der** Türkei.	
Herr Winter	spricht	Schwedisch/Englisch.	◀ **Sprache**
Frau Altun	spricht	Türkisch/...	

13 Buchstabieren – Hören Sie bitte. Wie heißt die Frau? Kreuzen Sie bitte an.

1.7

Familienname:	☐ Kanter	☐ Andogmus	☐ Kandogmus
Vorname:	☐ Eda	☐ Hülya	☐ Hilda

14 Mit Rhythmus lernen – Ein Lied.

1.8

A Be Ce De E eF Ge Ha I Jott Ka eL eM eN O Pe Qu eR eS Te

U Vau We iX Yp-si-lon Zet A Be Ce De E eF Ge Ha I Jott Ka ...

15 Hören Sie den Dialog und ergänzen Sie bitte. Wie heißt die Person?

1.9

○ Wie heißen Sie?
● …
○ Entschuldigung, wie ist Ihr Name?
● …
○ Buchstabieren Sie bitte.
● ______________________________
○ Danke schön.

▸ S. 153

16 Namen im Kurs – Buchstabieren Sie, die anderen raten.

17 Vorstellungen

a Drei Leute stellen sich vor. Sehen Sie sich die Bilder an. Hören Sie.

①

②

③

b Hören Sie noch einmal. Schreiben Sie die Informationen in die Tabelle.

Wien – Klimmt – ~~Hausmann~~ – Keller – Urs – Basel – ~~Petri~~ – Lehrerin – Sandra – Dresden – ~~Martina~~ – Automechanikerin

	①	②	③
Familienname:	Petri		
Vorname:		Martina	
Wohnort:			
Beruf:			Hausmann

Auf einen Blick

Im Alltag

1 Hallo und Tschüs

Guten Morgen.

Guten Tag.

Guten Abend.

Guten Tag, Herr Altun.
Guten Tag, Frau Kraus.

Hallo, Peter.
Tag, Erika.

Auf Wiedersehen.
Tschüs.
Gute Nacht.

2 Ich heiße ... – Ich komme aus ... – Ich spreche ...

Namen

Wie ist Ihr Name / dein Name? — Mein Name ist Bond, Dolly Bond.
Wie heißen Sie? — Ich heiße Gero Klein.
Wie heißt du? — Ich heiße Peter, Peter Olsen.
Hallo, ich heiße Mark – und du? — Ich bin Marie.

Land und Ort

Woher kommen Sie? — Ich komme aus Ghana. / Aus Ghana.
Woher kommst du? — Aus Izmir. Das liegt in der Türkei.
Ich bin aus Ägypten – und du? — Aus dem Sudan.

Sprache

Ich spreche Estnisch und Englisch.
Sie spricht Portugiesisch.
Wer spricht Deutsch?

Einige Ländernamen haben einen Artikel: die Schweiz, die Türkei, die USA, die Niederlande, der Iran, der Sudan ...

Sprachennamen haben oft die Endung *-isch*: Schweden – Schwed**isch**, Russland – Russ**isch**, Türkei – Türk**isch**

Grammatik

3 Fragewörter

Wer?	Wer kommt aus Spanien?
Wie?	Wie heißen Sie?
Woher?	Woher kommst du?
Was?	Was sprichst du?
Wo?	Wo wohnen Sie?

4 Verbposition – W-Frage und Aussagesatz

	Position 1	Position 2	
		Verb	
W-Frage	Wie	heißen	Sie?
Aussagesatz	Ich	heiße	Pavel.

5 Alphabet

Aa Ää Bb Cc Dd Ee Ff Gg Hh Ii Jj Kk Ll Mm Nn
Oo Öö Pp Qq Rr Ss ß Tt Uu Üü Vv Ww Xx Yy Zz

Aussprache

6 Akzent und Satzmelodie

Den Akzent spricht man lauter 📢: — Mein Name ist **Jor**dan!
Die Melodie fällt↘ oder steigt↗ am Satzende. — Guten Tag.↘ Woher kommen Sie?↗

7 W-Fragen und Satzmelodie

Sie sprechen ☺:	Satzmelodie steigt.↗	Wie ist Ihr Name?↗
Sie sprechen 😐:	Satzmelodie fällt.↘	Wie ist Ihr Name?↘

Wie geht's?

● Hallo, wie geht's?
○ Danke, gut. Und dir?
● Es geht.

● Guten Tag, Frau Sans.
Wie geht es Ihnen?
○ Nicht so gut.

● Kommst du aus Algerien?
○ Nein, ich komme aus Tunesien.

- ● Was trinkst du?
- ○ Kaffee.
- ● Nimmst du Milch und Zucker?
- ○ Nein, danke.

1 **In der Cafeteria – Sehen Sie die Szenen an und hören Sie bitte. Ordnen Sie die Szenen den Dialogen zu.**

1.11

Dialog:	1	2	3	4	5
Szene:	☐	☐	☐	☐	☐

2 **Schreiben und sprechen Sie Dialoge.**

Fragen	Antworten
… wie geht's …?	☺ Danke … / 😐 Es … / ☹ Nicht …
Möchtest du / Möchten Sie …?	Ja, … / Nein, lieber …
Was trinkst du?	Kaffee/Apfelsaft / …
Kommst …?	Ja. / Nein, aus …
Sind Sie Herr/Frau …?	Ja. / Nein, ich heiße …

Tag, wie geht's?

Sehr gut – und dir?

Lernziele 2

- fragen, wie es jemandem geht
- sagen, was man trinken möchte
- Telefonnummer und Adresse sagen
- Ja/Nein-Fragen stellen
- Verbformen im Präsens
- Zahlen bis 200
- Preise

▶ S. 156

3 Ja/Nein-Fragen und Antworten – Sammeln Sie an der Tafel.

	Position 1 Verb	Position 2 Subjekt	
	Kommen	Sie	aus Lettland?
	Nehmen	Sie	Kaffee?

	Subjekt	Verb	
Ja. / Nein,	ich	komme	aus Estland.

1.12

4 Aussprache üben: Melodie Ja/Nein-Fragen – Hören Sie und sprechen Sie nach.

▶ S. 158

○ Heißen Sie Winter? ↗

● Nein, ich bin Bernd Schuhmann. ↘

○ Trinkst du Kaffee? ↗

● Ja, gerne. ↘

5 Schreiben Sie Fragen und lesen Sie bitte vor.

1. Orangensaft / Sie / möchten / ?
2. die Lehrerin von Kurs A / Sie / sind ?
3. nimmst / Milch und Zucker / du / ?
4. aus Indien / kommen / Sie auch / ?
5. Tee mit Milch / trinkst / du / ?

1.13

6 In der Cafeteria – Hören Sie und markieren Sie bitte die richtigen Informationen.

▶ S. 158

Beata	Maria	Frau Wohlfahrt
Polen	Tschechien	Lehrerin
Gdansk	Hannover	Mann ist zu Hause
wohnt alleine	Au-pair-Mädchen	zwei Kinder
wohnt bei Frau Wohlfahrt	Hamburg	spricht Polnisch
Warschau	Studentin	
Tee	Kaffee	

7 Hören Sie bitte und lesen Sie mit. Lesen Sie den Dialog laut.

Pavel: Hallo, Pedro, ist hier frei?↗
Pedro: Ja, klar.↘
Pavel: Das sind Beata und Maria.↘
Pedro: Hallo!↘ Seid ihr im Deutschkurs A?↗
Beata: Nein, ich bin in Kurs B und Maria ist hier zu Besuch.↘
Pedro: Und was macht ihr in Deutschland?↗
Beata: Wir sind Au-pair-Mädchen.↘ Maria arbeitet in Hamburg.↘ Ich wohne hier bei Frau Wohlfahrt.↘
Pedro: Sabine Wohlfahrt, die Lehrerin?↗
Beata: Ja, sie lebt allein und hat zwei Kinder.↘ Ich spreche zu Hause nur Deutsch.↘
Pedro: Toll, dann sprichst du ja bald perfekt Deutsch.↘ Woher kommt ihr?↘
Maria: Aus Polen.↘ Wir kommen aus Warschau.↘ Und du?↗
Pedro: Ich bin Argentinier.↘ Trinkt ihr Kaffee, Tee oder … ?↗
Beata: Ich trinke lieber Mineralwasser.↘ Was möchtest du, Maria?↗
Maria: Kaffee mit Milch und Zucker, bitte.↘

8 Verbformen und Personalpronomen: *ich, du …*

► S. 158

a Sammeln Sie Verbformen aus Aufgabe 1 bis 7.

ich heiße, du kommst, ihr seid, ihr macht

b Verbendungen – Machen Sie im Kurs ein Lernplakat.

ich	wohn-e	trink-	sprech-	bin
du	wohn-st	trink-	sprich-	bist
er/es/sie	wohn-t	trink-	sprich-	
wir				

9 Verbendungen und Personalpronomen – Ergänzen Sie bitte.

1. Trink____ du Tee?
2. Kommt ______ zwei aus Polen?
3. Was machst ______ in Hamburg?
4. Wir arbeit____ als Au-pair-Mädchen.
5. Nehm___ ihr Espresso?
6. Beata und Maria sprech___ hier nur Deutsch.
7. ______ heißt Sabine Wohlfahrt.
8. Komm___ Sie aus Italien?

10 Übungen selbst machen – Sprechen Sie bitte.

1.14

11 Null (0) bis zwölf (12) – Hören Sie die Zahlen und notieren Sie bitte. Hören Sie noch einmal und sprechen Sie mit.

☐ zwei ☐ fünf ☐ neun ☐☐ elf ☐1 eins ☐ drei ☐ null

☐ acht ☐ sechs ☐☐ zwölf ☐☐ zehn ☐ vier ☐ sieben

1.15

12 Handynummern – Hören Sie und notieren Sie bitte.

	Vorwahl	Telefonnummer
Handy 1	________	________
Handy 2	________	________

▸ S. 159

13 Fragen im Kurs – Notieren Sie Telefonnummern und Adressen.

○ Wo wohnst du? ● In Bremen, Martinistraße 12.

○ Und die Postleitzahl? ● 28195 Bremen.

○ Hast du Telefon? ● Ja.

○ Wie ist deine Telefonnummer? ● 45 89 73.

○ Und die Vorwahl? ● 0421.

14 Zahlen von 13 bis 200 – Hören Sie und ergänzen Sie bitte die Zahlen.

1.16

▶ S. 160

13 → dreizehn

21 → einundzwanzig

13 dreizehn	21 einund ______	50 ______
14 ______ zehn	22 ______ und ______	60 sech ______
15 ______ zehn	23 ______ undzwanzig	70 sieb ______
16 sechzehn	26 sechs ______ zwanzig	80 acht ______
17 siebzehn	27 ______	90 ______
18 achtzehn	29 ______	100 (ein)hundert
19 ______ zehn	30 dreißig	101 (ein)hunderteins
20 zwanzig	40 ______ zig	200 zweihundert

15 An der Kasse – Hören Sie und ordnen Sie die Dialoge den Bildern zu.

1.17

Tablett A

Tablett B

Tablett C

Dialog 1

- ● Kaffee, Wasser … macht eins achtzig.
- ○ Entschuldigung, wie viel?
- ● Ein Euro und achtzig Cent.
- ○ Zwei Euro.
- ● Und 20 Cent zurück, danke.
- ○ Danke, tschüs.

Dialog:	1	2	3
Tablett:	☐	☐	☐

16 Dialoge an der Kasse – Schreiben und spielen Sie bitte.

▶ S. 160

1.18

17 **Zahlen verstehen – Sie hören die Zeitansage. Ergänzen Sie die Zahlen.**

Es ist 10 Uhr 31 Minuten und 15 Sekunden.

1. Beim nächsten Ton ist es _____ Uhr _____ Minuten und 45 Sekunden.
2. Beim nächsten Ton ist es _____ Uhr _____ Minuten und 11 Sekunden.
3. Beim nächsten Ton ist es _____ Uhr _____ Minuten und 37 Sekunden.
4. Beim nächsten Ton ist es _____ Uhr _____ Minuten und 9 Sekunden.

5.

Wie spät ist es?

Es ist _____ Uhr _____ .

1.19

18 **Angebote im Supermarkt – Hören Sie bitte. Vier Anzeigen passen zu den Ansagen. Kreuzen Sie an.**

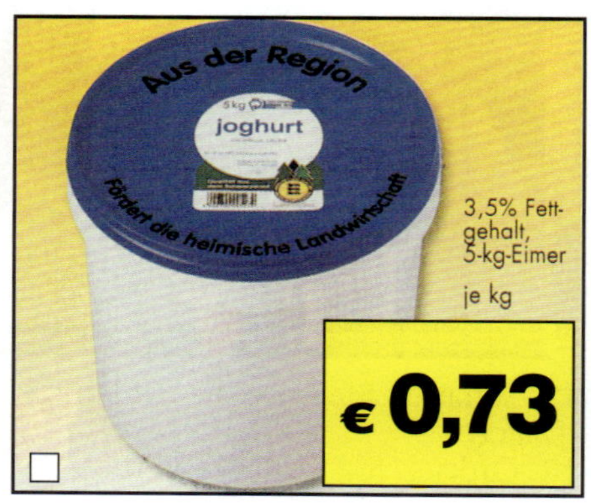

19 Arbeitsanweisungen verstehen

a Ordnen Sie bitte die Verben den Bildern zu.

ankreuzen – anschauen – aufschreiben – ergänzen – fragen/antworten – ~~hören~~ – lesen – markieren – mitlesen – nachsprechen – notieren – schreiben – sprechen – vorlesen – ~~zuhören~~ – zuordnen

hören, zuhören

______

______

______

b Lesen Sie bitte die Arbeitsanweisungen. Schreiben Sie die Infinitive auf.

1. Schreiben Sie die Sätze. schreiben
2. Schreiben Sie die Namen auf. aufschreiben
3. Ergänzen Sie die Sätze. ______
4. Kreuzen Sie bitte an. ______
5. Markieren Sie bitte die Verbendungen. ______
6. Lesen Sie die Sätze vor. ______
7. Lesen Sie bitte mit. ______
8. Sprechen Sie bitte nach. ______
9. Fragen und antworten Sie bitte. ______
10. Hören Sie bitte zu. ______
11. Schauen Sie bitte die Bilder an. ______
12. Ordnen Sie bitte die Verben den Bildern zu. ______

Strukturen verstehen

20 Trennbare Verben – Markieren Sie die Verben in Aufgabe 19b.

1. Schreiben Sie die Sätze.
2. Schreiben Sie die Namen auf.

Auf einen Blick

Im Alltag

1 Wie geht's?

Wie geht's?
Hallo, wie geht's?
Wie geht es Ihnen?

Prima!
Sehr gut!
Super!

Gut.

Es geht.
Ganz gut.

Nicht so gut.
Schlecht.

2 Was möchtest du?

Was möchtest du / möchten Sie trinken?
Was nimmst du / nehmen Sie?
Was trinkst du / trinken Sie?

○ Möchtest du Kaffee?
● Ja, gerne. / Nein, lieber Tee.
○ Nehmen Sie Milch und Zucker?
● Ja, bitte. / Nein, danke. / Nur Milch, bitte.
○ Was macht/kostet das?
● Vier Euro fünfzig (Cent).

3 Wo wohnst du?

Wo wohnst du / wohnen Sie? →
Wie ist die Postleitzahl? →
Welche Telefonnummer haben Sie / hast du? →
Haben Sie / Hast du auch ein Handy? →

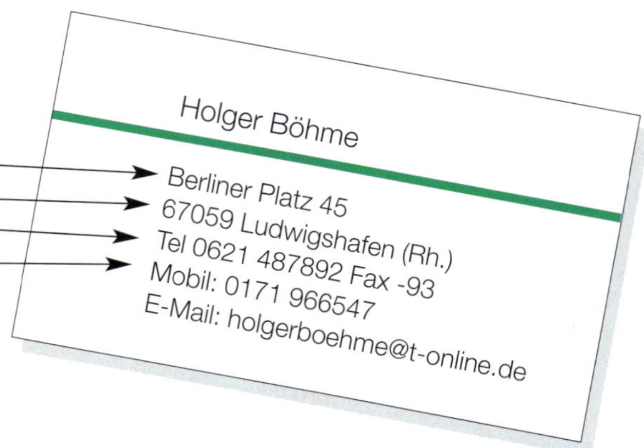

4 Wie heißt das auf Deutsch?

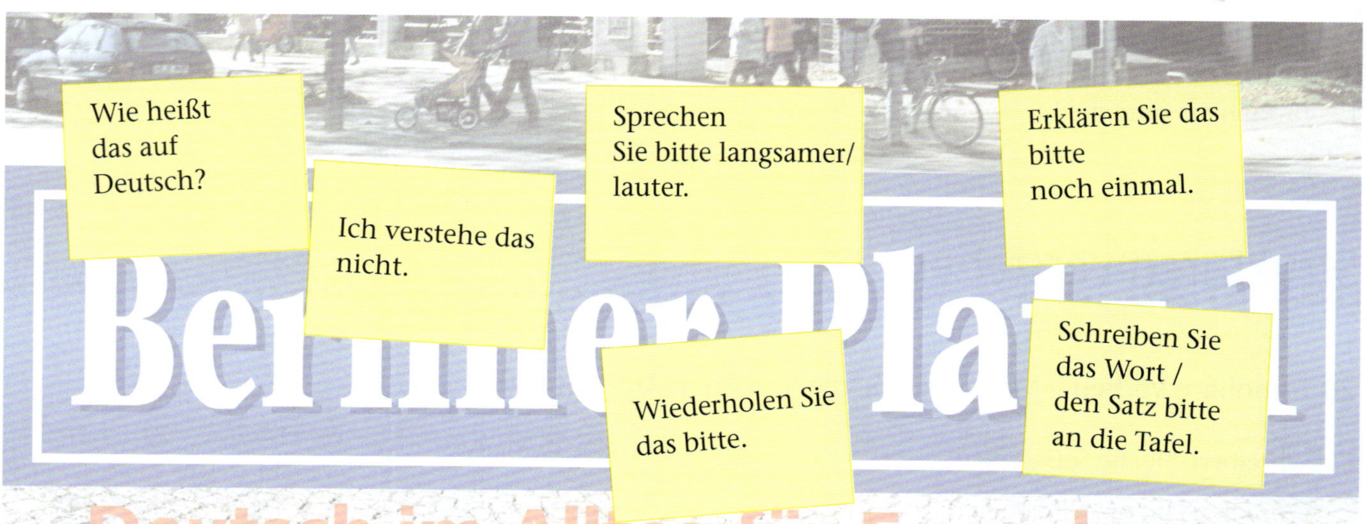

Grammatik

5 Verbposition – Ja/Nein-Frage und Aussagesatz (▶ S. 17)

	Position 1	Position 2	
Aussagesatz	Ich	(nehme)	Kaffee mit Milch.
Ja/Nein-Frage	(Nimmst)	du	Milch und Zucker?

6 Personalpronomen (*ich, du …*) und Konjugation

	Verbstamm Endung					
Infinitiv	wohn-en	antwort-en	heiß-en	sprech-en	hab-en	sein
Singular						
1. ich	wohn-e	antwort-e	heiß-e	sprech-e	hab-e	bin
2. du	wohn-st	antwort-e-st	heiß-t	sprich-st	hast	bist
3. er/es/sie	wohn-t	antwort-e-t	heiß-t	spricht	hat	ist
Plural						
1. wir	wohn-en	antwort-en	heiß-en	sprech-en	hab-en	sind
2. ihr	wohn-t	antwort-e-t	heiß-t	sprech-t	hab-t	seid
3. sie/Sie	wohn-en	antwort-en	heiß-en	sprech-en	hab-en	sind

TIPP Die meisten Verben funktionieren wie *wohnen*:
buchstabieren – fragen – hören – kommen …

Aussprache

7 Ja/Nein-Frage und Satzmelodie

○ Möchten Sie einen Kaffee?↗

● Ich nehme Kaffee mit Milch und Zucker.↘

8 Satzmelodie: Übersicht

Aussage	Mein Name ist Jordan.↘	Satzfrage	Kommen Sie aus Estland?↗
W-Frage ☺	Woher kommen Sie?↘	W-Frage ☺	Wie ist Ihr Name?↗
Aufforderung	Hören Sie.↘	Rückfrage	Aus Zürich?↗

Was kostet das?

1 Gegenstände – Lesen Sie die Wortliste. Welche Wörter kennen Sie? Ordnen Sie zu.

- ☐ der Computer
- ☐ der Drucker
- ☐ das Telefon
- ☐ das Handy
- ☐ der Fernseher
- ☐ der Kuli
- ☐ der Ordner
- ☐ der Papierkorb
- ☐ der Bleistift
- ☐ das Heft
- ☐ das Wörterbuch
- ☐ die Schere
- ☐ die Vase
- 17 die Lampe
- ☐ der Videorecorder
- ☐ der Kassettenrecorder
- ☐ die Kassette
- ☐ der Rasierapparat
- ☐ die Kaffeemaschine
- 16 die Nähmaschine

Lernziele 3

- nach Preisen fragen
- Nomen und Artikel (bestimmt/unbestimmt)
- Zahlen als Preisangaben
- Zahlen bis eine Million

2 Was ist das? – Hören und lesen Sie bitte.

1.20

- ● Was ist das? Eine Vase?
- ○ Das ist keine Vase. Das ist vielleicht eine Lampe.
- ◆ Ja, klar! Das ist eine Lampe. Eine Lavalampe.

- ● Ein Heft, ein Ordner, ein Kuli und ein Bleistift. Was kostet das?
- ○ Das Heft 20 Cent, der Ordner 1 Euro 50, der Kuli 30 Cent. Äh, Moment. Zusammen drei Euro!

- ● Hier ist ein Drucker,
- ○ Der Drucker ist ja billig, nur … 23 Euro! Der ist bestimmt kaputt.

- ● Schau mal hier, ein Fernseher, ein Videorecorder und hier ein Handy!
- ○ Das ist kein Handy! Das ist ein Rasierapparat.

- ● Hier ist eine Kaffeemaschine und hier …
- ○ Funktioniert die Nähmaschine?
- ◆ Natürlich! Selbstverständlich!

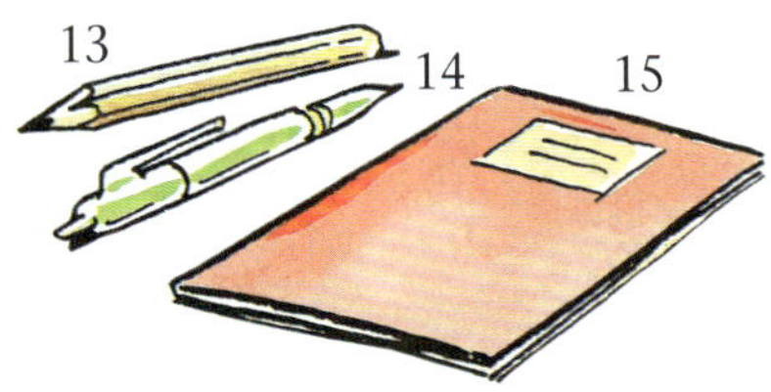

- ● Kostet der Computer 230 Euro?
- ○ Ja, 230 Euro.

3 Was kostet …? – Hören Sie bitte noch einmal. Notieren Sie die Preise.

► S. 162

der Drucker ________ der Fernsehapparat ________ die Nähmaschine ________

4 Fragen Sie im Kurs.

Was kostet der Computer?

230 Euro. Und was kostet die … ?

…

5 Zahlen bis eine Million – Hören und lesen Sie bitte. Setzen Sie die Liste fort.

1.21

200 zweihundert, 301 dreihunderteins, 402 vierhundertzwei, 503 fünfhundert …, 604 …
1000 (eintausend), 2100 zweitausendeinhundert, 3200 …
10.000 zehntausend, 21.000 einundzwanzigtausend …
100.000 einhunderttausend, 210.000 zweihundertzehntausend …
1.000.000 eine Million

6 Was kostet wie viel? – Sie hören vier Dialoge. Ordnen Sie die passenden Bilder a–h den Preisen zu.

1.22

a der Staubsauger

b die Waschmaschine

c der Wasserkocher

d der Kühlschrank

e das Bügeleisen

f das Fahrrad

g das Auto

h der Schrank

☐ 65 € fünfundsechzig
☐ 717 € siebenhundertsiebzehn
☐ 55 € fünfundfünfzig
☐ 139 € einhundertneununddreißig

☐ 2312 € zweitausenddreihundertundzwölf
☐ 289 € zweihundertneunundachtzig
☐ 421 € vierhunderteinundzwanzig
☐ 511 € fünfhundertelf

7 Acht Zahlen – Hören und notieren Sie. Sprechen Sie bitte nach.

1.23

▶ S. 162

a ☐☐☐ b ☐☐☐☐ c ☐☐☐☐ d ☐☐☐☐

e ☐☐☐ f ☐☐☐ g ☐☐☐☐ h ☐☐☐☐

8 Bestimmter – unbestimmter Artikel: *der/das – ein, die – eine*

Ergänzen Sie bitte und sammeln Sie Beispiele an der Tafel.

	Was ist das?	Was kostet das?
	unbestimmter Artikel	bestimmter Artikel
Maskulinum	Ein Füller.	______ Füller ist billig. Er kostet drei Euro.
Neutrum	______ Wörterbuch.	Das Wörterbuch ist neu. Es kostet 14 Euro.
Femininum	______ Lampe.	______ Lampe ist teuer. Sie kostet 110 Euro.

9 Gegenstände beschreiben – Schreiben Sie Sätze und sprechen Sie.

Das ist / Hier ist ein Kuli. Der Kuli ist kaputt.

Das ist / Hier ist eine Lampe. Die ...

- der/ein Füller
- der/ein Fernseher
- das/ein Heft
- die/eine Schere
- die/eine Waschmaschine

- billig/teuer
- neu/alt
- schön
- kaputt
- modern
- praktisch

10 Fragen Sie im Kurs: *ein – kein – eine – keine.*

▶ S. 163

Ist das ein Lehrbuch?

Ist das eine Kaffeemaschine?

Nein, das ist kein Lehrbuch. Das ist ein Wörterbuch.

Nein, das ist keine ...

11 **Ein Flohmarkt im Kursraum – Sehen Sie sich das Foto an. Was kennen Sie auf Deutsch? Was nicht? Suchen Sie im Wörterbuch und ordnen Sie zu.**

1.24

12 **Dialog auf dem Flohmarkt – Hören Sie und sprechen Sie.**

- ○ Ist das ein Wörterbuch? ↗
- ● Nein, das ist ein Lehrbuch. ↘ Hier ist ein Wörterbuch. Fünf Euro! ↘
- ○ Das ist aber billig! ↘
- ● Ja, es ist ein Langenscheidt. →
- ○ Ist das Wörterbuch gut? ↗
- ● Ja, super! ↘ Schauen Sie →, es hat über 1200 Seiten →, 66.000 Wörter und über 63.000 Beispielsätze … →

13 Spielen Sie Flohmarkt! Die Sätze und Wörter helfen Ihnen.

▶ S. 164

Verkäufer	Käufer	Qualität
(Das kostet) … Euro/Cent.	Was kostet … ?	modern
Das ist kein/e …, das ist ein/e …	So viel?	praktisch
Alles zusammen …	Das ist zu teuer!	(sehr) billig / (zu) teuer
Sehr billig!	Ich zahle …	funktioniert (nicht) / kaputt
Für Sie nur …	… ist bestimmt kaputt.	schön
Nur heute!	Funktioniert … ?	alt / (ganz) neu
Das funktioniert prima.	Gut, das nehme ich.	gebraucht

14 Lange und kurze Vokale

1.25

▶ S. 165

a Lang — Hören Sie die Wörter und Sätze und sprechen Sie nach.

Schere – lesen – Kuli – Buch – wohnen – Nomen – Tafel – Vase – sieben – wie

Guten Tag!↘ Haben Sie eine Vase?↗ Wo wohnt Peter?↘ Wie heißen Sie?↘

b Kurz ● Hören Sie die Wörter und Sätze. Sprechen Sie nach.

Heft – elf – Lampe – praktisch – billig – Tisch – Drucker – kaputt – kommen – kosten

Das Heft ist praktisch.↘ Der Drucker ist bestimmt kaputt.↘ Was kostet die Kassette?↘

c Lang und kurz – Hören Sie und sprechen Sie nach.

○ Was kostet der Papierkorb?
○ Ich nehme die Schere und das Heft.
○ Wir möchten die Waschmaschine.

● Vier Euro.
● Gern. Zusammen zwei Euro, bitte.
● Sie ist gut und billig! Fünfzig Euro für Sie.

○ Was kostet der Papierkorb?↘
○ Ich nehme die Schere und das Heft.↘
○ Wir möchten die Waschmaschine.↘

● Vier Euro.↘
● Gern. Zusammen zwei Euro, bitte.↘
● Sie ist gut und billig! Fünfzig Euro für Sie.↘

15 Projekt – Flohmärkte in Ihrer Region:

Wo? Wann? Was?

Deutsch verstehen

Billig! Billig! Billig! Preiswert einkaufen

Von privat an privat:

◆ **Waschmaschine**, neu!
Nur 250 €, Tel. 882281

Mixer und Kaffeemaschine,
je 10 €, bei Frei, Bühlerstr. 5

➨ **Staubsauger**,
kaputt, nur 5 €!, Tel. 36 09 61

☛ **Fernsehapparat** und
☛ **Videorecorder**,
zus. nur 150 €, Tel. 1 49 87

HAUSHALTSGERÄTE,
z. B. **Wasserkocher, Bügeleisen, Kühlschrank,** billig zu verkaufen! Tel. 2 23 86

➨ **Waschmaschine**,
5 Jahre alt, 200 €, Tel. 1 41 47

Kinderwagen und Kinderstuhl,
zus. nur 30 €! Pinocchio, Ligsalzstr. 45

Campingbus, sehr guter Zustand, nur 80.000 km, Tel. 9 87 36

■ **Kühlschrank und Waschmaschine**,
fast neu! Selbstabholung, Tel. 3 74 82

Kinderfahrrad und Kinderwagen,
je 30 €, Baaderstr.12, bei Schmidt

BILLIGE KINDERSACHEN!
Flohmarkt, Samstag, 10 Uhr,
Endres-Grundschule

☛ **Fernsehapparat** 50 €,
☛ **Stereoanlage** 100 €,
☛ **Videorecorder** 50 €,
☛ **Computer und Drucker** zus. 150 €,
Handy, wegen Umzug, Tel. 9 93 21

➨ **Schöne Lampen**
bei Lampen-Lutz, ab 10 €

16 Sie suchen

1. Kinderwagen
2. Waschmaschine
3. Fernsehapparat
4. …

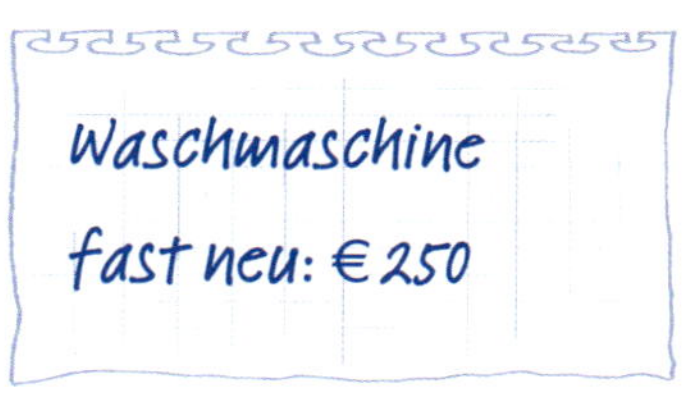

a **Sammeln Sie Angebote.**
b **Ordnen Sie Ihre Angebote von € (sehr billig) bis €€€ (sehr teuer).**

1.26

17 Zwei Telefongespräche

a **Hören Sie bitte:**
Was suchen die Personen? Dialog 1 ____________ Dialog 2 ____________

b **Hören Sie noch einmal:**
Was zahlt der Käufer / die Käuferin? Dialog 1 ____________ Dialog 2 ____________

Elektro-Secondhand

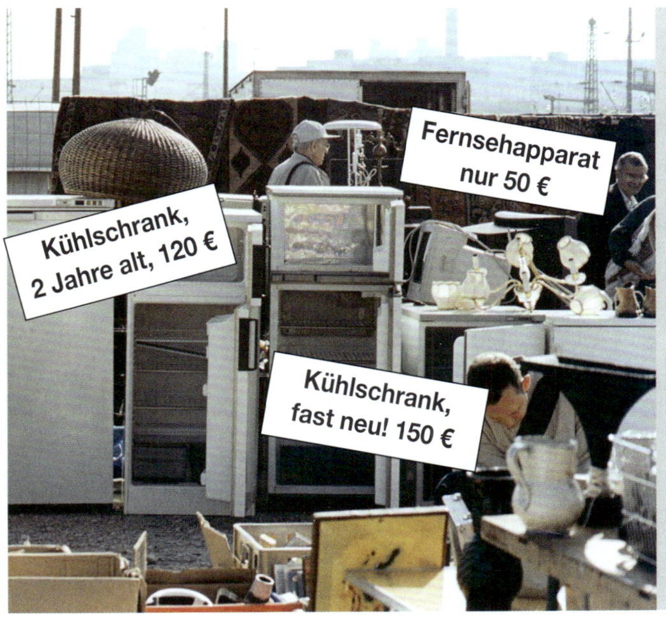

Strukturen verstehen

18 Komposita – Wählen Sie je fünf Wörter aus. Markieren Sie die Grundwörter. Das Wörterbuch hilft.

der Radioapparat – das Bügeleisen – der Kassettenrecorder – der Kochtopf – der Papierkorb – der Rasierapparat – der Videorecorder – der Wasserkocher – das Wörterbuch – die Kaffeemaschine – die Nähmaschine – die Schreibmaschine – die Waschmaschine – der Campingbus – das Kinderfahrrad

das Radio + der Apparat = der Radioapparat
bügeln + das Eisen = das Bügeleisen

Auf einen Blick

Im Alltag

1 Was kostet ... ?

- ○ Was kostet der Fernsehapparat?
- ○ Wie viel kostet die Vase?
- ○ Was kostet das alles zusammen?
- ○ Das ist (zu) teuer.

- ● 99 Euro.
- ● Nur 10 Euro und 50 Cent.
- ● 109 Euro und 50 Cent.
- ● Nein, das ist (sehr) billig.

- ○ Ist der Staubsauger neu?
- ○ Ist das eine Lampe?
- ○ Funktioniert das Fax?
- ○ Funktioniert der Füller?
- ○ Ist der Drucker kaputt?

- ● Nein, er ist gebraucht. Er ist zwei Jahre alt.
- ● Nein, ein Papierkorb.
- ● Natürlich.
- ● Nein, er funktioniert nicht.
- ● Nein, er funktioniert.

2 Der Euro

3 Die Zahlen bis eine Million (▶ S. 21)

0 null	10 zehn	20 zwanzig	100 (ein)hundert
1 eins	11 elf	21 einundzwanzig	101 (ein)hunderteins
2 zwei	12 zwölf	22 zweiundzwanzig	113 (ein)hundertdreizehn
3 drei	13 dreizehn	30 dreißig	221 zweihunderteinundzwanzig
4 vier	14 vierzehn	40 vierzig	
5 fünf	15 fünfzehn	50 fünfzig	866 achthundertsechsundsechzig
6 sechs	16 **sech**zehn	60 **sech**zig	
7 sieben	17 **sieb**zehn	70 **sieb**zig	1000 (ein)tausend
8 acht	18 achtzehn	80 achtzig	1113 (ein)tausendeinhundertdreizehn
9 neun	19 neunzehn	90 neunzig	100.000 (ein)hunderttausend
			1.000.000 eine Million

Grammatik

4 Bestimmter und unbestimmter Artikel (Singular)

○ Was ist das?
● Das ist …

… ein Radioapparat.

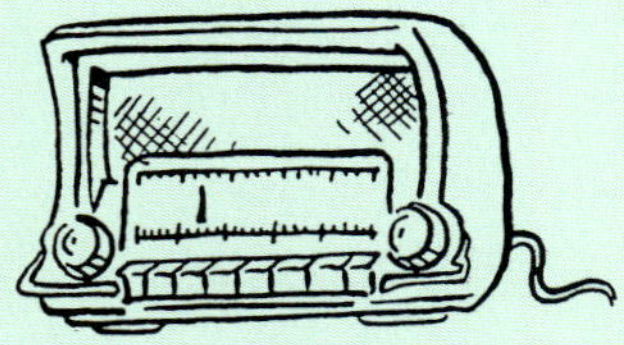

Der Radioapparat ist kaputt.

… ein Bügeleisen.

Das Bügeleisen kostet 30 €.

… eine Nähmaschine.

Die Nähmaschine ist 100 Jahre alt und sie funktioniert.

5 Nomen und Artikel: Nominativ

Nominativ	bestimmter Artikel	negativ/unbestimmter Artikel
Maskulinum	der Kuli	k/ein Kuli
Neutrum	das Heft	k/ein Heft
Femininum	die Schere	k/eine Schere

TIPP Nomen immer mit Artikel lernen.

die Schere

Was kostet die Schere?

Aussprache

6 Vokale: *a, e, i, o, u*

		Beispiele
a - e - i - o - u	Vokal + h	zehn, wohnen
	2 Vokale	Tee, sieben
	Vokal + 1 Konsonant	Tag, Name, hören
a - e - i - o - u	Vokal + mehrere Konsonanten	Heft, Tabelle

1 Zehn Wörter und viele Sätze

A sagt ein Wort, B notiert Sätze dazu (30 Sekunden). Pro Satz ein Punkt.
Dann sagt B ein Wort und A notiert Sätze.
Spielzeit: 10 Minuten.
Wer hat die meisten Punkte?

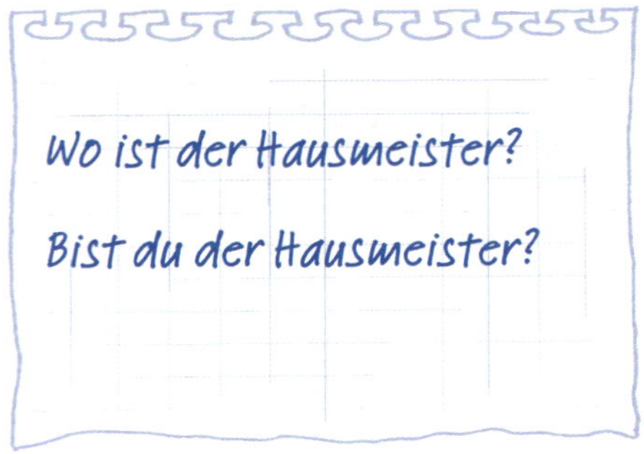

A	B
Hausmeister	wie
wer	Hallo
Lehrerin	ist
heißen	woher
wo	Toiletten
Italien	Sekretärin
Kuli	Heft
kommen	aus
Deutsch	Englisch
sprichst	wohnst

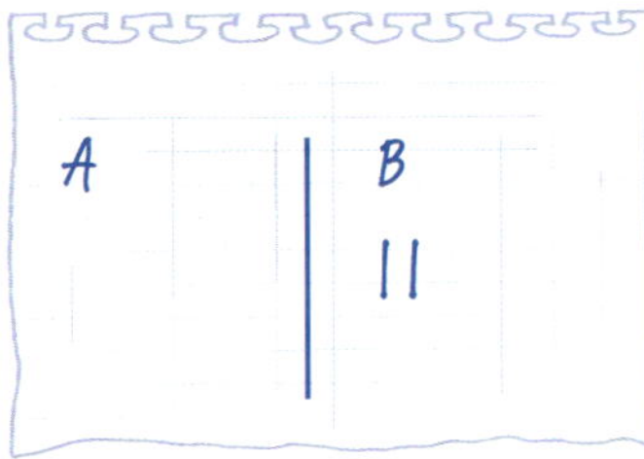

2 Dialoge – Ordnen Sie bitte und lesen Sie vor.

Dialog 1

- ○ Woher kommen Sie?
- ○ Guten Tag, mein Name ist Nikos Kukidis.
- ○ Ich komme aus Griechenland, aus Athen.
- ● Und ich bin Boris Bogdanow.
- ● Ich komme aus der Ukraine – und Sie?
- ● Und ich bin aus Kiew.

Dialog 2

- ○ In der Blumenstraße 34.
- ○ Nur Handy. Die Nummer ist 0172 5480808
- ○ Wo wohnst du?
- ● In der Kaiserstraße – und du?
- ● Hast du Telefon?

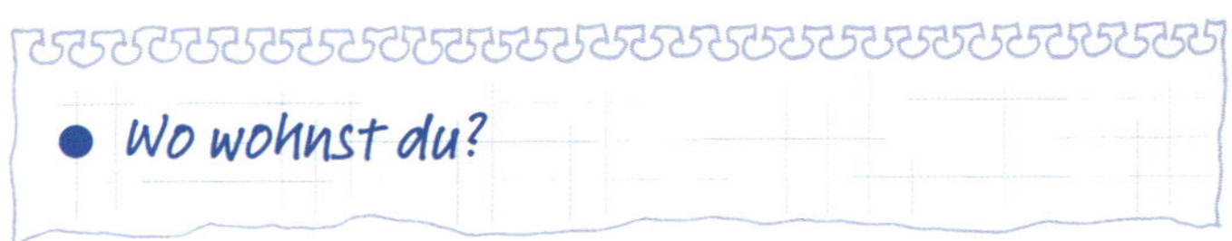

3 Drei Bilder ansehen, drei Dialoge schreiben und spielen.

4 Verben konjugieren – ein Würfelspiel

arbeiten – bitten – brauchen – bügeln –
ergänzen – gehen – haben – heißen – helfen
hören – kennen – kommen – leben
lernen – lesen – liegen – machen –
möchten – nehmen – ordnen –
schreiben – sein – spielen – sprechen –
trinken – wohnen – zahlen

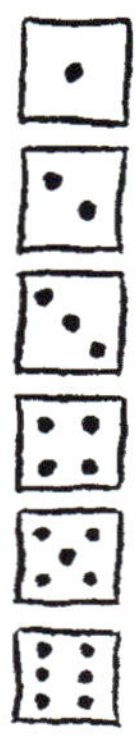

ich
du
er/es/sie
wir
ihr
sie/Sie

5 Ein Diktat – Hören Sie zu und ergänzen Sie den Text.

1.27

Der ______ von Frau Wohlfahrt ______

Herrn Schuhmann hat ______ Teilnehmer und Teilneh-

merinnen ______ vielen Ländern.

Einige ______ schon ______ Fremdsprache. Tom

Winter ______ ______ und Hosni Bouslimi

______ auch Französisch. Der ______ hat

sechs ______ Unterricht am ______.

In der Pause ______ viele in die ______.

Sie ______ einen ______ mit Milch

und ______ oder ein ______.

6 Wortschatz wiederholen – Wie viele Gegenstände finden Sie im Bild? Schreiben Sie die Wörter in eine Tabelle.

2.29

Auto – Bleistift – Bügeleisen – CD – Computer – Drucker – Fahrrad – Fernsehapparat – Füller – Heft – Kaffeemaschine – Kassettenrecorder – Kinderwagen – Kochtopf – Kühlschrank – Kuli – Lampe – Nähmaschine – Orangensaft – Ordner – Papierkorb – Radio – Rasierapparat – Schere – Schrank – Schreibmaschine – Staubsauger – Telefon – Vase – Videorecorder – Waschmaschine – Wasserkocher – Wörterbuch – Zucker

7 Aussprache üben: Der Aussprache-Hit

1.28

Hey, Leute,
das ist der Aussprache-Hit.
Hey, Leute,
kommt her und macht mit.

Ich brauche ein A
und ich möchte ein U.
Du liest doch mit?
Du hörst doch zu?

Hey, Leute ...

Gib mir ein S
und noch ein S,
wir üben sprechen
ohne Stress.

Hey, Leute ...

Jetzt ein P und ein R und ein A,
dann ein C und ein H.
Wir sind fast fertig.
Wir sind fast da.

Hey, Leute ...

Nur noch ein E,
es funktioniert.
Schon ist das Wort
ganz buchstabiert.

Hey, Leute ...

Effektiv lernen

8 Wortschatzkarten – Sehen Sie in der Wortliste nach. Schreiben Sie zehn Wortschatzkarten und üben Sie im Kurs.

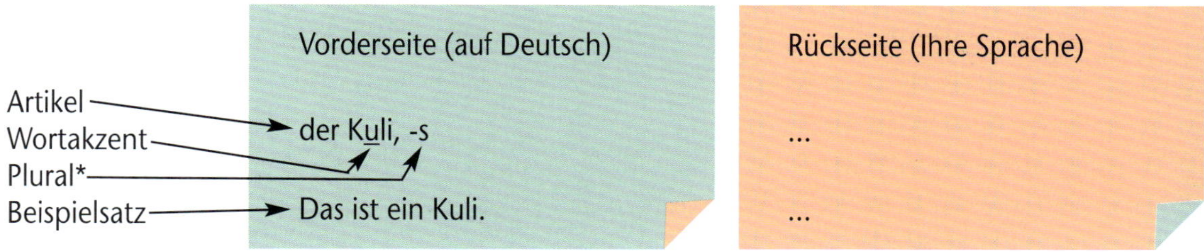

*Den Plural lernen Sie ab Kapitel 5.

9 Regelmäßig lernen

Testen Sie den Lerntipp:
Wählen Sie 30 Wörter aus Kapitel 4.
Wiederholen Sie 6 Tage je 5 Minuten.

Was kann ich schon?

10 Machen Sie Aufgabe 1 bis 6 und kontrollieren Sie im Kurs.

1. Name und Adresse

2. Buchstabieren

A-L-O-I-S L-E-I-N-E-B-E-R-G-E-R

3. Die Frage *„Wie geht es Ihnen?"* beantworten

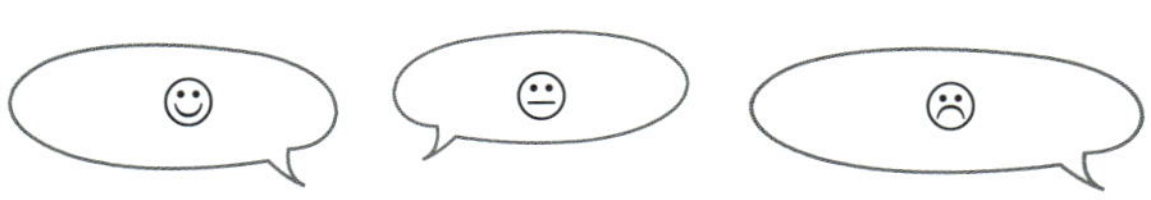

4. Telefonnummer

5. Preise

6. Im Unterricht

Schreiben Sie …
Sprechen Sie …
Wiederholen …

Mein Ergebnis finde ich ☺ 😐 ☹

Wie spät ist es?

1.29

**1 Ein Tag – Sehen Sie das Bild an.
Hören Sie. Notieren Sie die Namen im Bild.**

Klaus Hansen ~~Frau Keller~~ Herr und Frau Baatz Familie Schmidt
Petra Imhoff

▸ S. 168

2 Hören Sie noch einmal. Fragen und antworten Sie im Kurs.

Wann steht Frau Keller auf?	Um …
Von wann bis wann arbeitet sie?	Von … bis …
Wann geht Herr Schmidt zur Arbeit?	Um …
Wie lange arbeitet …?	(Vielleicht) … Stunden.
Wo arbeitet …?	Im …
	Das weiß ich leider nicht.

Lernziele 4

- Uhrzeiten nennen
- Verabredungen machen
- trennbare Verben
- Satzklammer

Es ist 12 Uhr.

kocht das Mittagessen
macht Mittagspause
schläft von … bis …

kommt nach Hause
kocht Kaffee
schaltet den Fernseher ein
korrigiert

Es ist Viertel nach …
Es ist … Uhr 15.

arbeitet zu Hause

steht um … Uhr auf
öffnet die Bäckerei um … /
macht die Bäckerei um … zu

Es ist halb …
Es ist … Uhr 30.

1.30

3 Uhrzeiten – Hören Sie und ergänzen Sie die Sätze.

halb acht — zehn nach drei — zwanzig nach eins — fünf vor drei

1. Holger kommt heute um *zwanzig* ______________ nach Hause.
2. Es ist ______________.
3. Es ist ______________, aber die Bäckerei ist noch zu.
4. Herr Schmidt arbeitet heute bis ______________.

▸ S. 168

4 Uhrzeiten systematisch – Sammeln Sie im Kurs.

	offiziell		Alltagssprache
Wie viel Uhr ist es?	20:00	20 Uhr	Acht Uhr.
Wie spät ist es?	20:15	20 Uhr 15	Viertel nach acht.
Wann beginnt der Film?	19:30	Um 19 Uhr 30.	Um halb acht.
Wann ist er zu Ende?	20:55	Um 20 Uhr 55.	Kurz vor / Fünf vor neun.

5 Verbformen – Markieren Sie bitte die Verben und notieren Sie die Infinitive.

	Infinitive
Wann macht Frau Keller die Bäckerei auf?	*auf | machen*
Um wie viel Uhr klingelt der Wecker?	*klingeln*
Wer arbeitet bis zwei Uhr morgens?	
Wann macht die Bäckerei zu?	
Wann stehst du auf?	
Wie lange frühstückst du?	
Kaufst du für das Abendessen ein?	

▸ S. 169

6 Trennbare Verben – Schreiben Sie die Sätze und markieren Sie die Verben.

1. ich / aufstehen / jeden Morgen / um fünf Uhr /.
2. der Unterricht / anfangen / jeden Tag / um 9 Uhr /.
3. Frau Wohlfahrt / das Wort / aufschreiben /.
4. wann / der Supermarkt / aufmachen / ?
5. um wie viel Uhr / die Bibliothek / zumachen / ?

Ich steht jeden Morgen … …

1.31 ▶ S. 171

7 Aussprache üben: Wortakzent und Rhythmus

a Hören Sie zu und sprechen Sie bitte nach.

1. ● • •	aufwachen	aufstehen	einkaufen
2. • • • ●	Petra wacht auf.	Petra steht auf.	Herr Schmidt kauft ein.
3. ● • • •	Mittagspause	Kaffee trinken	Zeitung lesen
4. • • ● •	Sie isst Brötchen.	Er trinkt Kaffee.	Sie liest Zeitung.

b Wie ist der Rhythmus? – Hören Sie und schreiben Sie die Wörter zu 1 bis 4.

1. ● • • ______________.
2. • • • ● ______________.
3. ● • • • *Waschmaschine*
4. • • ● • ______________

korrigieren
Information
Nachmittag
~~Waschmaschine~~

8 Was macht man morgens, mittags, nachmittags, abends? Notieren Sie bitte.

am Morgen / morgens: wecken / aufwachen ...
am Mittag / mittags: ...

9 Ihr Tag – Schreiben Sie wie im Beispiel.

Es ist sieben Uhr.
Der Wecker klingelt.
Ich stehe auf.
Ich ...
Ich gehe zur Arbeit / zum Deutschkurs.
Ich arbeite von ... bis ...

10 Interviews im Kurs – Fragen und antworten Sie bitte.

Wann stehst du auf?	Um ... / Punkt ... / Kurz vor ... / Kurz nach ...
Wann gehst du ...?	
Um wie viel Uhr ...?	
Wie lange frühstückst du?	Ungefähr eine halbe Stunde.
Von wann bis wann ...?	Von ... bis ...
Liest du morgens die Zeitung?	Ja, ungefähr zehn Minuten. / Nein.
Arbeitest du ...?	

11 Freizeitaktivitäten – Sehen Sie die Anzeigen an. Sammeln Sie im Kurs.

Sport	Kino	Theater	Konzert	Disco	Museum	Sonstiges

Wichtige Abkürzungen in den Anzeigen: VHS – Volkshochschule, Ev – evangelisch, Kath – katholisch, OmU – im Original mit Untertiteln, TV – Turnverein, FC – Fußballclub, DJ – Discjockey

12 Verabredungen – Sie hören zwei Dialoge. Wohin gehen die Leute?

1.32

○ Petra Schönemann.↘
● Hallo, Petra, Horst.↘
○ Wer?↗
● Horst, Horst Tappert.↘
○ Tag, Horst, was gibt's?↘
● Hast du Zeit?↗
○ Wozu?↘
● Überraschung!↘ Es dauert zwei Stunden.↘ Es ist nur am Freitag.↘ Na, weißt du's?↗

13 Was interessiert Sie? – Wählen Sie drei Veranstaltungen aus.

	Mo	Di	Mi	Do	Fr	Sa	So
6–12							
12–18							
18–24							

► S. 171

14 Kommst du mit? – Machen Sie Verabredungen im Kurs.

Hast du morgen Mittag / Nachmittag / Abend Zeit?	Ja, klar. / Vielleicht. Ja, warum? / Wozu? Leider nein. Ich habe leider keine Zeit. Am Mittag/… kann ich nicht, aber am Abend/…
Kommst du am Montag/… mit ins Kino/Theater/Schwimmbad … in den Zoo/Zirkus/Park/Biergarten … zum Bowling/Schwimmen/Stadtfest …	Gerne. Nein, dazu habe ich keine Lust.
Um wie viel Uhr? Wann beginnt …? Wann ist … zu Ende?	Um … … beginnt um … Uhr. … ist um / gegen … Uhr zu Ende.

Die Woche in Grünstadt auf einen Blick – Veranstaltungen vom 25. Juli bis zum 31. Juli

MONTAG

Vortrag: Ferien-Diät
Abnehmen ohne Leiden
Sabine Meyer-Clarson
20.30 – VHS im Schloss
Eintritt frei!

Cinema Quadrat
Heute Ruhetag!

Backstage
Blue Monday
Latin & Blues
Ab 21 Uhr
Jeder Cocktail nur 4 Euro

WORK OUT

35 x in Deutschland!
Neueröffnung in Grünstadt!
Fitness für Jung und Alt
Tägl. 9–21 Uhr
Wir haben ein individuelles Programm für jeden.
Montags 16–18 Uhr
50% Ermäßigung
Mainstr. 3–5
Tel. 13 03 13

DIENSTAG

Cinema Quadrat
M – Eine Stadt sucht einen Mörder
Regie: Fritz Lang
Spannender Krimi
Beginn 20 Uhr
Leopoldallee 82
Reservierung: Tel. 22 23 45

Metronom
Musik & Essen
Tony Stone Quartett
Jazzkonzert
20 Uhr, Eintritt: 10 Euro
Reservierung: Tel. 80 97 52

Café am Markt
Wo Gemütlichkeit einen Platz hat
Öffnungszeiten:
Di.–Do./So., 10–24 Uhr • Fr.–Sa. bis 3 Uhr morgens
Sonntag Jazz-Brunch: Mike-Schömehl-Trio

MITTWOCH

Backstage
Nonstop-Disco
mit DJ Bodo
21–1 Uhr

Metronom
Karl Auer Duo
Dixieland Jazz
Eintritt: 5 Euro
Beginn: 20 Uhr

Cinema Quadrat
»Il Postino« (OmU)
Romantischer Liebesfilm
Beginn: 20 Uhr
Leopoldallee 82

»Alaska«
Diavortrag
von Heinz Messmer
DJK-Heim,
Hirschberggasse 3
Beginn: 19.30 Uhr
Eintritt frei!

DONNERSTAG

Fußball-Kreisligaspiel
TV Grünstadt – FC Nussloch
18.30 Waldstadion
Einlass ab 18 Uhr

Cinema Quadrat
Rossini
Deutsche Komödie
Beginn: 20 Uhr

Fußgängerzone
(Luitpoldplatz)
Kindertag mit vielen Aktivitäten
Beginn 14 Uhr

Backstage
Hip-Hop mit DJ Cool
Ab 21 Uhr

Seniorentreff in der VHS
Fitness im Alter
Bequeme Kleidung mitbringen!
Beginn: 19 Uhr

FREITAG

Rock im Park
»PUR auf Tour«
Beginn 20 Uhr
(Ende gegen 22 Uhr)

Cinema Quadrat
Matrix
Science-Fiction-Thriller
Beginn: 20 Uhr
American Beauty
Gesellschaftskritische Komödie, USA (OmU)
Beginn: 23 Uhr

Backstage
Schwarzer Freitag, Soul
ab 22 Uhr
Jeder Cocktail nur 3 Euro
Disco mit DJ Freddy

Kleines Theater
Clavigo von J. W. v. Goethe
Regie: C. v. Seidlein
Beginn: 19.30 Uhr
im VHS-Gebäude

Fotogalerie
Bilder einer Stadt
Ausstellung geöffnet von Di bis So, täglich von 11.00–18.00 Uhr

SAMSTAG

Flohmarkt (Schillerplatz)
Ab 9 Uhr (Ende 13 Uhr)

Bowling
3. Neustädter Turnier
10–16 Uhr (für alle!)
Anmeldung bis 9 Uhr
Sporthalle Waldstadion

Backstage
Saturday Night Fever
Ab 21 Uhr bis 3 Uhr früh

Allwetterbad
Schwimmkurse für Anfänger
Jedes Wochenende
von 9–11 Uhr
Keine Kosten!

Cinema Quadrat
Die drei Musketiere
Mantel-und-Degen-Film
Beginn: 19 Uhr

SONNTAG

Kath. Messe 8 und 10 Uhr.
Ev. Gottesdienst 10 Uhr.

Stadtrundfahrt
Mit dem Fahrrad durch Grünstadt
Treffpunkt: Rathaus 11 Uhr
(Dauer ca. 2 1/2 Stunden)

Die rote Zora lädt ein zum
Frauenfest am Buggelsee
Grillen, Tanzen, Quatschen
Anmeldungen bei Saskia
(06 10 4) 78 93 21

Backstage
Reggae, Rap und Hip-Hop
Feriendisco von 11 bis 18 Uhr!
Kein Alkohol von
11–14 Uhr!

Madame Butterfly
Einmaliges Gastspiel!
Oper v. G. Puccini
Schlosstheater, 20 Uhr

Cinema Quadrat
Emil und die Detektive
nach dem Roman
von E. Kästner
Matinee: 11 Uhr
Scream 1 bis 3
Horrornacht!!
Beginn: 20 Uhr

Hinterhof-Theater
Kabarett • Kneipe • Biergarten
Müllerstraße 23 · Tel. 311 62 49
Geöffnet ab 11.00 Uhr

15 Der Wecker

a Betrachten Sie die Bilder. Lesen Sie. Ordnen Sie die Bilder Text A und B zu.

① 

② 

KURT VOGEL
Redakteur

Schillerstr. 12
85017 Rosenheim

A Meine Arbeitswoche

Von Montag bis Freitag klingelt mein Wecker um zehn nach sechs. Um halb sieben stehe ich auf. Dann schalte ich das Radio ein und gehe ins Bad. Ich dusche und mache mich schön (Zähne putzen, Haare föhnen, rasieren). Um Viertel nach sieben mache ich das Bett und ziehe mich an. Um Viertel vor acht gehe ich in die kleine Bäckerei an der Ecke. Ich trinke Cappuccino und esse ein Brötchen. Oft lese ich ein paar Minuten Zeitung.

Aber um Viertel nach acht muss ich an der Bushaltestelle sein. Pünktlich kommt der Bus Nr. 54 und ich fahre zur Firma.

Um neun Uhr beginnt mein Arbeitstag.

Von 13 bis 14 Uhr habe ich Mittagspause. Ich gehe mit den Kollegen in die Kantine. Wir essen und reden. Manchmal gehe ich noch zehn Minuten spazieren.

Um halb sieben komme ich nach Hause. Am Freitag gehe ich einkaufen, dann komme ich erst um sieben nach Hause. Ich schalte den Fernseher ein und koche das Abendessen. Von Montag bis Freitag esse ich alleine. Meine Freundin arbeitet in einer anderen Stadt. Wir sehen uns nur am Wochenende. Aber wir telefonieren jeden Abend! Immer um 22 Uhr! Ich liege im Bett, wir telefonieren und dann träume ich von Nicoletta.

B Gestern war alles anders

Gestern hat der Wecker nicht geklingelt! Ich bin erst um halb acht aufgewacht. Ich bin schnell ins Bad gelaufen. Natürlich habe ich vergessen, das Radio einzuschalten. Ich wollte duschen: Das Wasser war eiskalt! Ich war ziemlich sauer. Dann habe ich mich angezogen und bin zur Bäckerei gegangen. Es war schon nach acht. An der Tür war ein Zettel: „Wegen Krankheit geschlossen“. Mist! Kaltes Wasser, kein Frühstück, was für ein Morgen!

Und dann, Sie wissen schon, was jetzt kommt: Der Bus war weg! Ich habe eine halbe Stunde gewartet und bin natürlich zu spät zur Arbeit gekommen. Die Kollegen waren sauer. Um neun Uhr war eine Konferenz – ohne mich.

Ich bin nicht in die Kantine gegangen. Ich habe mir am Kiosk einen Döner gekauft. Um drei Uhr hatte ich eigentlich schon keine Lust mehr zu arbeiten. Um sechs Uhr habe ich den Schreibtisch aufgeräumt und bin nach Hause gefahren. Ich habe noch eingekauft. An der Kasse habe ich gemerkt: Ich hatte kein Geld mehr. Ich habe die Sachen liegen lassen und bin nach Haus gegangen.

Um 22 Uhr habe ich auf den Anruf gewartet. Ich habe gewartet und gewartet. Um halb elf habe ich angerufen: Belegt! Dann bin ich eingeschlafen.

Aber ich habe von Nicoletta geträumt!

A – Bild ____________

B – Bild ____________

③

④

b **Wo steht das? A – B: Kreuzen Sie bitte an.**

1. [X] [B] Kurts Wecker klingelt.
2. [X] [X] Kurt geht freitags einkaufen.
3. [A] [B] Kurts Wecker klingelt nicht.
4. [A] [B] Kurt frühstückt in einer Bäckerei.
5. [A] [B] Die Bäckerei ist zu.
6. [A] [B] Der Bus ist weg.
7. [A] [B] Kurt geht in der Mittagspause in die Kantine.
8. [A] [B] Kurts Freundin wohnt nicht mit Kurt zusammen.
9. [A] [B] Kurt isst in der Mittagspause allein.
10. [A] [B] Kurt hat kein Geld zum Einkaufen.
11. [A] [B] Kurt telefoniert mit Nicoletta.
12. [A] [B] Nicoletta ruft nicht an.
13. [A] [B] Kurt träumt von Nicoletta.

c **Nicoletta ruft nicht an. Was ist los? Sammeln Sie im Kurs.**

Strukturen verstehen

16 Gestern … – Vergangenheitsformen

a **An diesen Verbformen erkennen Sie die Vergangenheit.**

Perfekt

Gestern **hat** der Wecker nicht **ge**klingel**t**.	klingeln – der Wecker klingelt
Ich **bin** erst um halb acht auf**ge**wach**t**.	aufwachen – ich wache auf
Ich **bin** ins Bad **ge**lauf**en**.	laufen – ich laufe

Präteritum *haben / sein / wollen*

Um drei Uhr **hatte** ich … keine Lust mehr zu arbeiten.	haben – ich habe
Es **war** schon nach acht.	sein – ich bin
Ich **wollte** duschen.	wollen – ich will

b **Markieren Sie die Vergangenheitsformen im Text.**

Auf einen Blick

Im Alltag

1 Wie spät ist es?

Alltag

Es ist neun / neun Uhr.
kurz nach neun.
Viertel nach neun.
fünf vor halb zehn.
halb zehn.
fünf nach halb zehn.
Viertel vor zehn.
kurz vor zehn.

Offizielle Zeitangaben

Es ist neun / 21 Uhr.
neun / 21 Uhr drei.
neun / 21 Uhr 15.
neun / 21 Uhr 25.
neun / 21 Uhr 30.
neun / 21 Uhr 35.
neun / 21 Uhr 45.
neun / 21 Uhr 56.

2 Hast du … Zeit?

Fragen

Hast du heute Morgen/Mittag/Abend Zeit?
Haben Sie morgen/ übermorgen Zeit?

Haben Sie am Freitag/Freitagabend Zeit?

Wann beginnt der Zirkus?
Wann fängt … an?
Wann beginnt …?
Um wie viel Uhr kommst du?
Wann ist das Konzert zu Ende?
Wie lange dauert das Konzert?

Antworten

Ja.
Leider nein. Morgen kann ich nicht, aber am …
Ja, Freitag passt gut.

Um 16 Uhr.
Um …
Um …
Kurz vor/nach zwei.
Gegen elf.
Ungefähr zwei Stunden.

3 Die Woche

Montag	Dienstag	Mittwoch	Donnerstag	Freitag	Samstag	Sonntag
18.00 Tennis						

Ich spiele montags immer Tennis.

montags, dienstags, mittwochs …

④ Trennbare Verben und Satzklammer

Position 1	Position 2		Satzende
Ich	wache	jeden Morgen um sechs Uhr	auf.
Um Viertel nach sechs	stehe	ich	auf.
Dann	schalte	ich das Radio	ein.
Um acht	fange	ich mit der Arbeit	an.

Satzklammer

⑤ Trennbare Verben und Betonung

Der Wortakzent ist immer auf dem 1. Wortteil.

• • • aufmachen	• • • • • • • Sie macht die Bäckerei auf.
• • • einschalten	• • • • • • • Sie schaltet das Radio ein.
• • • einkaufen	• • • • Herr Schmidt kauft ein.

⑥ Wortakzent

einfache Wörter / trennbare Verben • …	nicht trennbare Verben • • …	Endung *-ieren* … • •	Endungen *-ion* / *-ei* … •
hören Name aufstehen einkaufen	verkaufen entschuldigen	telefonieren funktionieren	Information Million Bäckerei Polizei Türkei

Haben wir alles?

1.33 ▶ S. 174

1 Im Supermarkt – Hören Sie die Dialoge und ordnen Sie zu.

Szene	A	B	C	D	E
Dialog	☐	☐	☐	☐	☐

1
- ● Wer kommt dran?
- ○ Ich! Haben Sie auch Weißbrot?
- ● Natürlich …

2
- ● Sind die Kästen komplett?
- ○ Ja …

3
- ● Was darf's sein?
- ○ 150 Gramm Gouda-Käse, bitte.

4
- ● Wo finde ich Zucker?
- ○ Dahinten.

5
- ○ Haben wir alles? Moment …

Lernziele 5

- im Supermarkt einkaufen
- Mengenangaben
- Plural der Nomen
- Akkusativ

500 Gramm = ein halbes Kilo = ein Pfund zwei Kilo	ein Liter Milch eine Flasche Bier ein Kasten Apfelsaft eine Packung Butter eine Dose Möhren ein Glas Oliven

2 Wie kauft man was? – Ergänzen Sie die Listen.

Äpfel – Apfelsaft – Bananen – Bier – Birnen – Brote – Brötchen – Butter – Eier – Essig – Fleischwurst – Gurken – Honig – Joghurts – Käse – Kartoffeln – Kiwis – Lammkeulen – Leberwurst – Mangos – Margarine – Marmelade – Milch – Mineralwasser – Möhren – Nudeln – Öl – Orangen – Pfeffer – Pfirsiche – Reis – Rindfleisch – Salami – Salz – Schinken – Schnitzel – Schweinefleisch – Steaks – Tomaten – Zitronen – Zwiebeln – Zucker

3	Äpfel		2	Kästen			Kilo	Bananen
				Flaschen			Pfund	
				Dosen			Gramm	
				Gläser		2	Liter	
				Packungen	Butter			

3 Einkaufen für das Wochenende – Schreiben Sie einen Einkaufszettel.

2 Pck. Butter | 1 Brot
Äpfel | 1 l Milch
200 g Gouda-Käse (Scheiben)

▸ S. 174

4 Ein Spiel – Sprechen Sie im Kurs.

Ich möchte …
Ich nehme …
Ich hätte gern …
Ich brauche noch …
Bitte noch …

5 Plural der Nomen

a Schreiben Sie bitte die Pluralformen auf.

das Glas – die Nudel – die Kartoffel – das Steak – die Packung – das Brot – das Schnitzel – das Ei – der Apfel – der Joghurt – die Mango – der Schinken

das Glas – die Gläser

b Markieren Sie in a die Pluralendungen und ergänzen Sie an der Tafel.

Pluralendungen von Nomen

(¨)-e	-(e)n	(¨)-er	-s	(¨)-
		Gläser		

6 Notieren Sie zehn Nomen aus Kapitel 1 bis 4. Suchen Sie die Pluralformen. Die Wörterliste hilft.

▸ S. 176

Wie heißt der Plural von *„Heft“*?

Die Hefte.

... Computer?

7 Nicos „Tante-Emma-Laden“

a Was kauft Frau Beimer? Hören Sie zu und kreuzen Sie an.

b Was kosten die Lebensmittel? Hören Sie und ordnen Sie die Preise zu.

c Was ist das Problem?

1.34

Sie kauft	Das kostet
☐ Butter	2 €
☐ Eier	3 €
☐ Gouda-Käse	1 € 80 ct
☒ Tomaten	1 € 10 ct
☐ Mangos	1 € 20 ct

Problem: Sie bekommt
- ☐ keine Tomaten.
- ☐ zu viel Geld zurück.
- ☐ keine Mangos.
- ☐ zu wenig Geld zurück.

8 Projekt „Öffnungszeiten in Ihrer Region“: Supermärkte, Kaufhäuser, Metzger, Bäcker, Kioske, Tankstellen, Ämter ... Machen Sie ein Informationsplakat für den Kursraum.

▸ S. 177

9 Tante-Emma-Laden – Spielen Sie im Kurs.

Verkäufer/Verkäuferin

Sie wünschen? / Ja bitte?

Noch etwas?

Ist das alles?

... Euro zusammen.

Und ... zurück. Danke schön und auf Wiedersehen. Wer ist der/die Nächste?

Kunde/Kundin

Ich möchte ... / Ich hätte gern ...

Geben Sie mir bitte ...
Haben Sie ... da?

Ja, ich brauche noch ...
Nein danke, das ist alles.

Ja danke.
Nein, ich brauche noch ...

10 Lebensmittel weltweit – Welche Lebensmittel sind für Sie wichtig? Wie heißen sie auf Deutsch? Machen Sie eine Liste.

1.35

11 Aussprache üben: ü-Laute – Hören Sie zu und sprechen Sie nach.

üben • fünf • Münzen • Gemüse • mit Gemüse • frühstücken • in München frühstücken

Üben Sie das „Ü"!↘ • In München und Zürich?↗ • Natürlich!↘ • Fünf Minuten?↗

1.36

12 Aussprache üben: ö-Laute – Hören Sie zu und sprechen Sie nach.

▸ S. 178 schön • danke schön • möchten • Möhren • Öl • mit Öl • Brötchen • zwölf Brötchen

Möchten Sie Brötchen?↗ Ja, zwölf Brötchen.↘ • Möhrensalat mit Öl?↗ • Mit Zitrone und Öl.↘

13 Was kochen wir? – Hören Sie den Dialog und notieren Sie das Menü.

1.37

Das Menü

Vorspeisen
S ______________________
S ______________________

Hauptspeise
P ______________________

Nachtisch
O ______________________

14 Das Menü – Hören Sie den Dialog. Was fehlt?

1.38

15 Akkusativendungen

a Lesen Sie bitte.

Verben + A	Maskulinum	Neutrum	Femininum
schneiden, essen	der Apfel	das Brot	die Tomate
Ich schneide	den / einen / keinen Apfel	das / ein / kein Brot	die / eine / keine Tomate

b Markieren Sie die Verben und Akkusativformen im Dialog.

- ● Ich mache den Salat und eine Soße mit Olivenöl, Zitrone und Knoblauch.
- ○ Ich koche dann die Gemüsesuppe. Haben wir alles?
- ● Wir haben noch eine Tomate, eine Zwiebel, einen Brokkoli, drei Kartoffeln, eine Paprika, eine Möhre, einen Sellerie und einen Weißkohl.
- ○ Prima, das reicht ja. Ich schneide das Gemüse.
- ● Für die Pizza brauche ich ein Pfund Mehl, ein Ei, ein Päckchen Hefe, etwas Milch und Öl.
- ○ Mist! Wir haben keine Milch mehr!
- ● Macht nichts, dann nehme ich Wasser wie in Italien.

16 Verben mit Akkusativ – Schreiben Sie Sätze.

suchen (A) – machen (A) – haben (A) – schneiden (A) – brauchen (A) – nehmen (A) – essen (A) – holen (A) – lesen (A) – hören (A) – schreiben (A) – notieren (A) – kaufen (A) – finden (A) – möchten (A)

Ich mache eine Pizza.
Frau Sans hat kein Wörterbuch.

Kartoffel-Zucchini-Auflauf

Zutaten für 4 Personen

- 750 g Kartoffeln
- 400 g Zucchini
- 1 Zwiebel
- 1 Apfel
- 4 Eier
- 200 g süße Sahne
- 3 EL Butter
- Salz, Pfeffer
- Muskatnuss
- Estragon

Vorbereitung

- Zwiebel schälen, schneiden und anbraten. Dann in eine Auflaufform geben.
- Kartoffeln waschen, schälen, in dünne Scheiben schneiden.

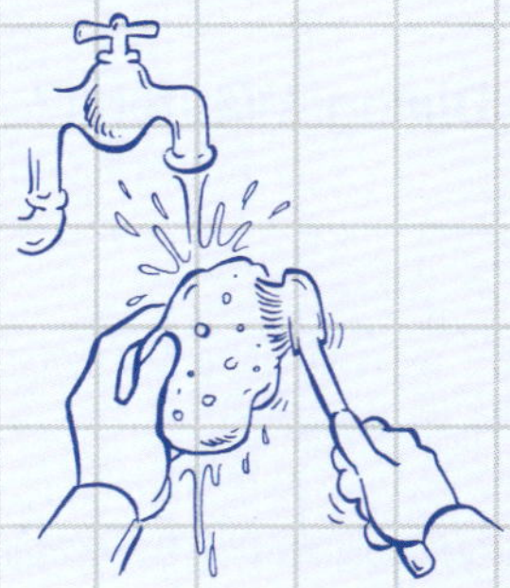

A

B

C

D

E

F

17 Ein Kochrezept – Welche Fotos passen zum Rezept? Wie ist die Reihenfolge?

Reihenfolge der Fotos: ☐ ☐ ☐ ☐

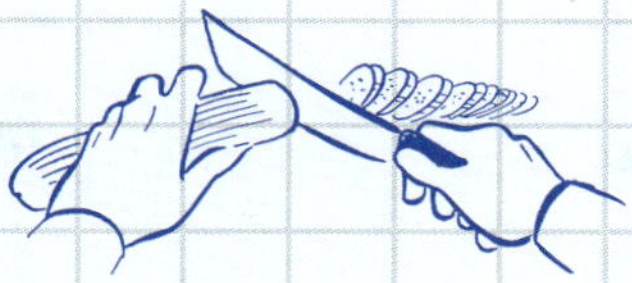

- Zucchini in dünne Scheiben schneiden.
- Apfel schälen und in Scheiben schneiden.

Zubereitung
- Die Kartoffel-, Zucchini- und Apfelscheiben in die Auflaufform schichten.
- Den Backofen auf 200° C vorheizen.
- Die Eier und die Sahne verrühren, mit Salz, Pfeffer und Muskatnuss würzen.
- Estragon in feine Streifen schneiden und mit der Eiersahne verrühren.
- Das Ganze gleichmäßig über die Gemüse- und Apfelscheiben gießen.
- Auflaufform mit Deckel in den Herd stellen (mittlere Schiene) und ca. 20 Minuten garen.
- Danach Deckel wegnehmen und noch ca. 30 Minuten garen.

Kochrezepte im Internet
http://www.chefkoch.de/
http://www.daskochrezept.de/

18 **Omas Tipps – Welche Tipps gibt sie? Hören Sie und kreuzen Sie an.**

1.39

Für 8 Personen alle Zutaten x 3. ☐
Möhren-Kartoffel-Auflauf geht auch. ☐
Fisch oder Fleisch passen dazu. ☐
Käse ist nicht so gut. ☐

Strukturen verstehen

19 ***Können, müssen* + Verb – Lesen Sie die Sätze. Markieren Sie die Verben.**

Du (kannst) auch Petersilie oder Schnittlauch (nehmen).

Du musst beim Würzen aufpassen!   Was können wir dazu essen?   Du kannst Gemüse dazu machen.

Im Alltag

1 Ich hätte gern ...

Verkäufer/in	Kunde/Kundin
Guten Tag.	Guten Tag.
Sie wünschen? Was hätten Sie gern?	Ich hätte gern ... / Geben Sie mir bitte ... Haben Sie (auch) ...? Was ist heute im Angebot? / Was kostet ...?
Wer ist der Nächste, bitte? / Wer ist dran? Bitte schön?	
Noch etwas?	Ja, ich brauche noch ... Geben Sie mir noch ...
War's das?	Ja, das war's. / Nein, ich brauche noch ...
In Scheiben oder am Stück?	In Scheiben. / Am Stück, bitte.
Darf es ein bisschen mehr sein?	Ja, ist o.k. / Nein, bitte nur ...
Das macht 25 Euro zusammen.	Eine Tüte, bitte. Wo finde ich ...?
Dahinten / vorne rechts / links.	

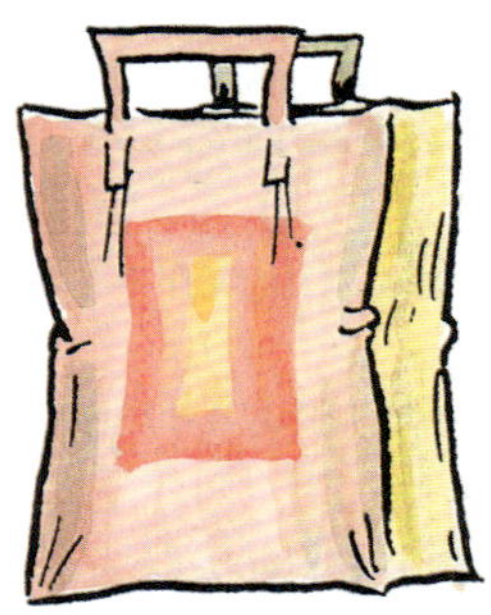

Grammatik

2 Nomen und Artikel: Akkusativ

Singular		Maskulinum	Neutrum	Femininum
Nominativ	Das ist	der / (k)ein Apfel	das / (k)ein Brot	die / (k)eine Tomate
Akkusativ	Ich möchte	den / (k)einen Apfel	das / (k)ein Brot	die / (k)eine Tomate

Plural		Maskulinum / Neutrum / Femininum
Nominativ	Das sind	die / * / keine Äpfel / Brote / Tomaten
Akkusativ	Ich möchte	die / * / keine Äpfel / Brote / Tomaten

TIPP Verben immer mit Kasus lernen.

schneiden (A)
Schneidest du einen Apfel?

3 Pluralformen

(¨)–
der Computer, die Computer
der Apfel, die Äpfel

(¨)-e
die Wurst, die Würste

(¨)-er
das Glas, die Gläser

-(e)n
die Frau, die Frauen

-s
das Auto, die Autos

TIPP Nomen immer mit Artikel und Pluralform lernen.

1. **Obst hat immer den Artikel *die*. Ausnahmen:** der Apfel, der Pfirsich.
2. **Alkohol hat immer den Artikel *der*. Ausnahme:** das Bier.
3. **Fremdwörter haben oft die Pluralendung -s:** Autos, Kiwis, Tests, Kinos …
4. **Nomen auf *-el, -er* haben keine Pluralendungen.**
   Wenige Ausnahmen, z.B.: Nudeln, Kartoffeln, Zwiebeln …
5. **Nicht zählbare Nomen haben keinen Plural:** Reis, Milch, Öl …

Aussprache

4 *ü*- und *ö*-Laute

i + 💋 = ü e + 💋 = ö

TIPP ü und ö sind Laute mit Kuss 💋.

Guten Appetit!

Hamburger

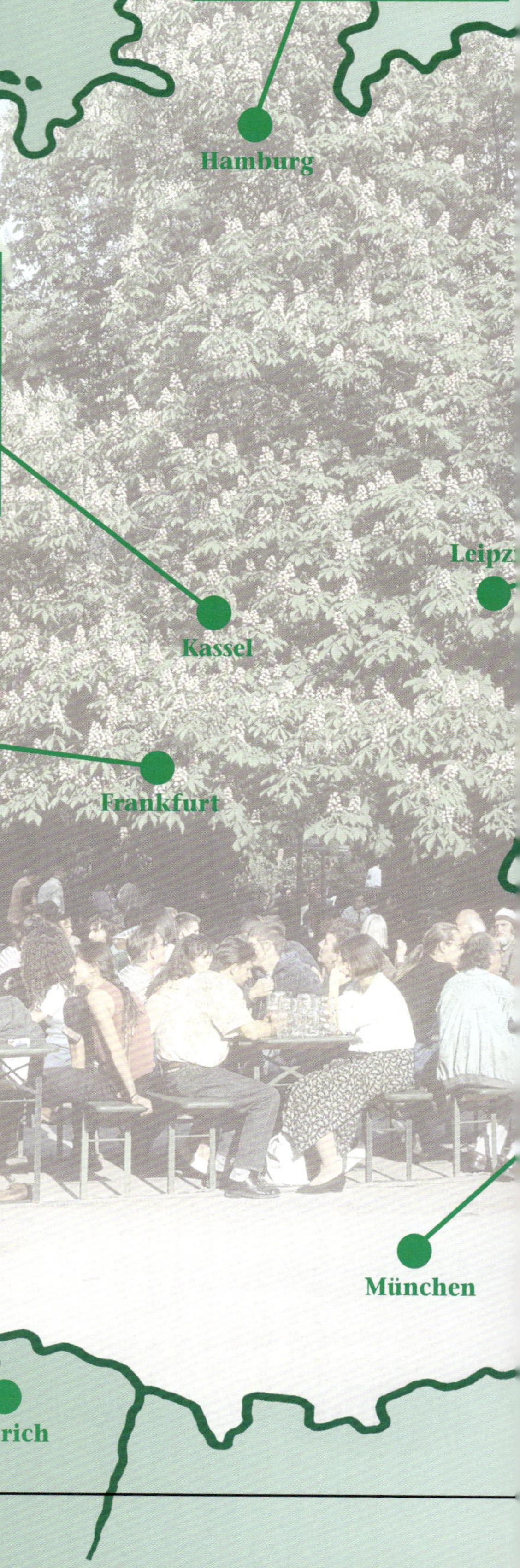

Kassler Rippchen

Frankfurter Kranz

Zürcher Geschnetzeltes

Lernziele 6

- im Restaurant bestellen
- sagen, was man (nicht) gerne isst
- Ratschläge geben
- Ja/Nein-Fragen: *Ja/Doch – Nein*
- Imperativ
- das Verb *mögen*

1 Typische Gerichte und Städtenamen
Sehen Sie sich die Karte an. Kennen Sie andere Beispiele?

Paella Valenciana   Spaghetti Bolognese

2 Wortfeld „Essen“ – Was kennen Sie?
Sammeln Sie weitere Beispiele.

Gerichte	Getränke	Besteck/Geschirr
der Schweinebraten, -	ein kleines Bier	das Glas, "-er
die Gemüsesuppe, -n	ein Glas Wein	der Löffel, -
das Frankfurter Würstchen,	eine Apfelsaftschorle	das Messer, -
die Thüringer Bratwurst, "-e	ein Kännchen Kaffee	die Gabel, -n
die Pommes frites (Pl.)	eine Tasse Tee	der Teller, -
		die Tasse, -n

3 Was schmeckt Ihnen? Was schmeckt Ihnen nicht?
Fragen Sie im Kurs.

► S. 180

Was schmeckt Ihnen/dir (nicht)?	Salat (schmeckt mir). Hamburger schmecken mir nicht.
Magst du Pommes?	Ja, sehr! Nein, aber ich mag Bratkartoffeln. Pommes? Das kenne ich nicht.

4 **Die Speisekarte – Lesen Sie und hören Sie zu. Welche Speisen bestellen die Leute? Markieren Sie in der Speisekarte.**

1.40

5 **Familie Schmidt im Restaurant – Wer bestellt was? Notieren Sie.**

1.41

6 **Wortakzent – Hören Sie und sprechen Sie nach.**

1.42

die Tomate	die Suppe	die Tomatensuppe
der Weizen	das Bier	das Weizenbier
der Apfel	der Saft	der Apfelsaft

GOLDENER ADLER

Restaurant Goldener Adler • Italienische und deutsche Küche

Vorspeisen

Tagessuppe	2,90
Tomatensuppe	2,90
Kalte Vorspeisenplatte	6,00
Italienischer Salat	3,50
Kleiner Salat	2,80

Hauptspeisen

Fleisch- und Fischgerichte

Wiener Schnitzel mit Pommes frites und Salat	11,20
Zigeunerschnitzel mit Pommes frites und Salat	8,90
Rindersteak mit Bratkartoffeln und Gemüse	13,80
Schweinebraten mit Sauerkraut und Semmelknödel	10,50
Rindergulasch mit Nudeln	10,50
Putenschnitzel gebacken mit grünem Salat	9,70
Heringsfilet mit Sahnesoße und Salzkartoffeln	8,90

Vegetarische Küche

Gemüselasagne	8,90
Risotto mit frischen Pilzen	7,30

Pizza

Vier Jahreszeiten (Käse, Tomaten, Salami, Schinken)	6,90
Käse und Tomaten	5,90
Calzone	7,90

Nudelgerichte

Spaghetti Bolognese (mit Hackfleischsoße)	6,90
Spaghetti Napoli (mit Tomatensoße)	5,90
Lasagne	5,70

GOLDENER ADLER

Restaurant Goldener Adler • Italienische und deutsche Küche

Dessert

Gemischtes Eis	2,70
Heiße Himbeeren mit Vanilleeis	4,80

Alkoholische Getränke

Bier	
Leimener Bergbräu vom Fass (0,3)	2,20
Weizenbier (0,5)	2,50
Weißwein	
Schriesheimer Sonnenberg (Riesling trocken)	3,30
Frascati	3,50
Weißweinschorle	2,80
Rotwein	
Montepulciano	3,60
Trollinger	3,60

Alkoholfreie Getränke

Mineralwasser (0,3)	1,40
Limonade (Cola, Sprite, Fanta) (0,3)	1,50
Apfelsaft (0,3)	1,50
Apfelsaftschorle (0,5)	1,80
Orangensaft (0,3)	2,20

Warme Getränke

Kaffee	1,90
Espresso	1,90
Tee	1,90

Alle Preise in Euro inklusive 19% MwSt. und 15% Bedienungsgeld

7 Komposita – Üben Sie im Kurs.

● Gemüse → ○ Gemüsesuppe, Weizen → ◆ Weizenbier, Tomaten …

8 Aussprache üben – Hören und singen Sie.

1.43

TOMATENSALATTOMATENSALATTO
MATENSALATTOMATENSALATTOMA
TENSALATTOMATENSALATTOMATEN
SALATTOMATENSALATTOMATEN
SALAT

9 Dialoge – Wählen Sie aus und bestellen Sie.

● Was möchten Sie …
○ Ich nehme …
● Und zu trinken …
○ Ein Glas … / Einen/Eine …

10 Die Rechnung – Hören Sie zu und finden Sie die zwei Fehler.

1.44

▶ S. 181

1.45

11 *Ja* oder *Doch* – Hören Sie und ergänzen Sie.

● Magst du Wiener Schnitzel? ○ _______, sehr!

● Magst du keinen Schweinebraten? ○ _______, aber nicht mit Sauerkraut.

▸ S. 183

12 *Ja/Doch* oder *Nein* – Ergänzen Sie bitte. Fragen Sie im Kurs.

1. Magst du Pizza? (+) Ja. (–) _______
2. Kennst du Wiener Schnitzel? (+) _______ (–) _______
3. Isst du nicht gern Hamburger? (+) Doch. (–) _______
4. Magst du keine Lasagne? (+) _______ (–) _______
5. Sprichst du Chinesisch? (+) _______ (–) _______
6. Lernst du keine Wörter zu Hause? (+) _______ (–) _______

1.46

13 Käthes Imbissbude

a Hören Sie zu. Was bestellen Frau Sans, Herr Bouslimi und Frau Org?

Rindswurst mit Brötchen	1,90
Currywurst rot/weiß mit Pommes	1,90
Frikadelle mit Brötchen	1,90
Halbes Hähnchen mit Pommes u. Salat	4,30
Wurstsalat mit Bratkartoffeln	3,50
Schnitzelbrötchen	3,10
Belegtes Brötchen mit Wurst/Käse	1,70
Herings- oder Lachsbrötchen	2,40
Portion Pommes	1,50
Portion Bratkartoffeln	1,50

Frau Sans bestellt _______________

Frau Org bestellt _______________

Herr Bouslimi bestellt _______________

b Und was bestellen Sie?

14 Aussprache üben – Lesen Sie den Dialog laut.

Sans	Nach dem Unterricht habe ich immer Hunger.↘
Bouslimi	Gehen wir zu Käthe?↗
Sans	Gute Idee.↘
Org	Super, ich komme auch mit.↘
Sans	Hm, was nehme ich denn?↘
Org	Nimm doch eine Currywurst. ↘ Die ist immer gut.↘
Sans	Ich weiß nicht …↘
Org	Was?↗ Magst du keine Currywurst?↗
Sans	Doch, schon, aber das ist mir zu wenig.↘ Ich habe Hunger.↘
Bouslimi	Dann esst doch ein halbes Hähnchen mit Salat.↘
Sans	Nein, ich weiß.↘ Einen Cheeseburger mit viel Ketchup und Majonäse bitte.↘
Käthe	Cheeseburger habe ich leider nicht mehr.↘ Erst morgen wieder.↘ Probieren Sie doch mal einen Gemüseburger.↘
Bouslimi	Ja, probier das mal.↘ Schmeckt super.↘
Sans	O.k. und eine Cola, bitte.↘ Und du?↗
Bouslimi	Käthe, mach mir bitte ein halbes Hähnchen mit Salat und ein Mineralwasser.↘
Org	Und ich nehme eine Bratwurst, aber mit viel Senf und Pommes bitte.↘

15 Vorschläge machen – Ergänzen Sie Beispiele an der Tafel.

Infinitiv	Sie-Form	du-Form	ihr-Form
nehmen	Nehmen Sie Gemüse.	Nimm Gemüse.	Nehmt Gemüse.
probieren			
essen			

16 Vorschläge machen – Arbeiten Sie mit der Speisekarte auf Seite 62–63.

▶ S. 183

Probier doch mal Schweinebraten.

Igitt! Schweinebraten mag ich nicht.

Essen Sie doch einen Salat.

Gute Idee! Das mache ich.

17 Projekt: Internationales Essen – Sammeln Sie Informationen aus Ihrer Region.

Kneipen – Imbissbuden – Restaurants – Lebensmittelgeschäfte …

18 Lieblingsessen

a Lesen Sie zuerst die Fragen.

Wir haben drei Personen gefragt:

1. Was essen Sie gerne zum Frühstück?
2. Was ist Ihr Lieblingsessen?
3. Wann essen Sie am liebsten: morgens, mittags, abends?

Toastbrot

Schwarzbrot

Müsli

Quark mit Kartoffeln

b Richtig oder falsch? – Hören Sie die Interviews und kreuzen Sie an.

1.47

- [r] [f] Frau Schild isst gerne Brötchen zum Frühstück.
- [r] [f] Frau Schild mag Nudeln.
- [r] [f] Herr Schild isst gerne Käse zum Frühstück.
- [r] [f] Herr Schild isst abends nicht.
- [r] [f] Frau Lemcke isst Müsli zum Frühstück.
- [r] [f] Frau Lemcke mag Schnitzel mit Pommes frites.

c Hören Sie noch einmal und ergänzen Sie die Notizzettel.

Michaela Schild

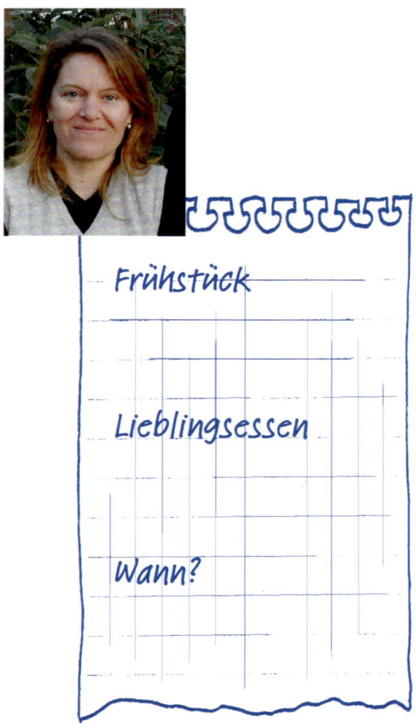

Michael Schild

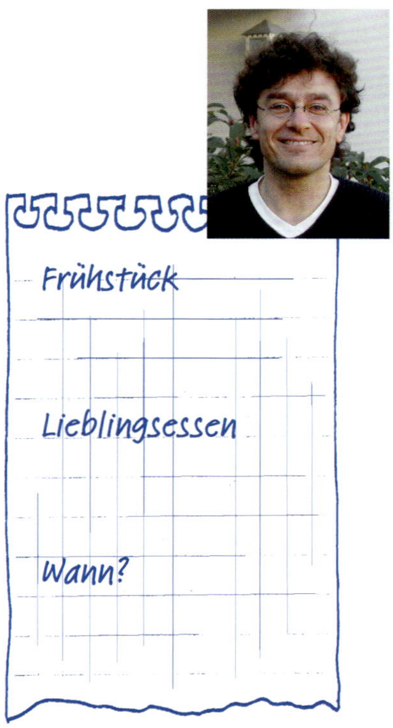

Frau Lemcke

19 **Deutsch verstehen – Lesetechniken üben.**

a Betrachten Sie die Bilder und den Text. Was ist das Thema? Notieren Sie zwei Stichwörter.
b Lesen Sie den Text. Korrigieren oder ergänzen Sie Ihre Stichwörter.
c Lesen Sie nun den Text genau. Welche Informationen finden Sie zu:

Montag bis Freitag – das Wochenende – die Großstadt – die Firma

Von Montag bis Freitag stehen die meisten Leute früh auf, weil sie zur Arbeit müssen. Sie essen oft nur ein Brot mit Marmelade, während sie schnell eine Tasse Kaffee oder Tee trinken. Viele essen auch ein Brot mit Wurst oder Käse. Zwischen 9 und 10 Uhr essen manche ein zweites Frühstück. Sie machen sich zu Hause ein Brot mit Wurst oder Käse und essen es in der Frühstückspause in der Firma. Einige essen auch Süßigkeiten zum zweiten Frühstück. Die Kinder essen oft ein „Pausenbrot" in der Schule.

In den Großstädten frühstücken manche Leute auch im Café.
Am Wochenende frühstücken die meisten in Ruhe, weil sie mehr Zeit haben. Bei manchen gibt es Orangensaft oder Obst, z. B. Orangen oder Kiwis. Manche essen Müsli oder Cornflakes mit Milch. Viele Leute essen am Sonntag ein Ei zum Frühstück. Oft gibt es auch Wurst und Käse. Samstags holen viele frische Brötchen vom Bäcker. Viele frühstücken am Sonntag gar nicht, wenn sie erst um elf Uhr aufstehen. Sie essen dann früh zu Mittag oder sie essen „Brunch" (englisch: breakfast + lunch), das ist halb Frühstück, halb Mittagessen.

Strukturen verstehen

20 **Hauptsätze und Nebensätze**

a Markieren Sie im Text *weil, während* und *wenn*. Wo steht hier das Verb?

b Finden Sie im Text je ein Beispiel für die Grafik 1 und die Grafik 2.

1. ____________ ( ) ____________.
2. ____________ ( ) ____________, weil ____________ ( ).

Hauptsatz — Nebensatz

c Wörter wie *wenn, weil* usw. heißen Konjunktionen. Hier einige andere:

als – damit – dass – obwohl – nachdem

Auf einen Blick

Im Alltag

1 Was möchten Sie?

Kellner/in

Was möchten Sie?
Was darf ich Ihnen bringen?
Und für Sie?
Und was möchten Sie trinken?

Gast

Ich möchte …
Bringen Sie mir bitte …
Als Vorspeise möchte ich … und dann …

2 Bitte zahlen!

Kellner/in

Das macht zusammen 13,40.
Danke, und sechs Euro zurück.

Gast

Die Rechnung, bitte. / Zahlen, bitte.
Machen Sie 14 Euro.

i

Alkoholfreie Getränke	
Mineralwasser (0,3)	1,40
Limonade (Cola, Sprite, Fanta) (0,3)	1,50
Apfelsaft (0,3)	1,50
Apfelsaftschorle (0,5)	1,80
Orangensaft (0,3)	2,20
Warme Getränke	
Kaffee	1,90
Espresso	1,90
Tee	1,90

Alle Preise in Euro inklusive 19% MwSt. und 15% Bedienungsgeld

Der Service und die Steuer sind im Preis inklusive. Sie zahlen den Preis auf der Speisekarte. Im Restaurant gibt man Trinkgeld: bis zu 10 %.

In den meisten Restaurants in Deutschland sucht man sich selbst einen Tisch.

3 Komposita und Artikel

das Gemüse + die Suppe	→ die Gemüsesuppe	Das letze Wort bestimmt
der Apfel + der Saft + die Schorle	→ die Apfelsaftschorle	den Artikel.

4 Das Verb *mögen*

ich	mag	wir	mögen
du	magst	ihr	mögt
er/es/sie	mag	sie/Sie	mögen

Ich mag Pommes.

Magst du Currywurst?

Mein Freund mag keine Pommes.

5 Ja/Nein-Fragen und Antworten

(+) Magst du Sauerkraut?	Ja. / Nein.	(–) Magst du kein Sauerkraut?	Doch. / Nein.
(+) Lernen Sie viel zu Hause?	Ja. / Nein.	(–) Lernen Sie zu Hause nicht?	Doch. / Nein.

6 Verbposition im Imperativsatz

Position 1	Position 2	
Nehmen	Sie	doch ein Bier.
Frag/Fragt	–	doch den Kellner.

7 Verbformen Imperativ: *Sie*-Form, *du*-Form, *ihr*-Form

Präsens	Imperativ	Imperativsatz	
Sie probieren	probieren Sie	Probieren Sie mal die Pizza.	*Sie*-Form
du nimmst	~~du~~ nimm~~st~~	Nimm Gemüse!	*du*-Form
ihr esst	~~ihr~~ esst	Esst bitte noch Gemüse!	*ihr*-Form

8 Wortakzent: Komposita

Apfel/saft   Tomaten/suppe   Weizen/bier   Gemüse/suppe

Der Akzent ist auf dem 1. Wort.

1 Kopf oder Zahl – ein Wiederholungsspiel

Start

A		B
Buchstabieren Sie Ihren Namen.	1	Nennen Sie Ihre Telefonnummer.
Wie heißen die Artikel von Haus – Uhrzeit – Kurs?	2	Nennen Sie je ein Nomen mit der, das und die.
Antworten Sie bitte. ○ Guten Tag, ich bin Frau Org. ● …	3	Wie heißt die Frage? ○ … ● Paul.
Antworten Sie bitte. ○ Wie geht es Ihnen? ● …	4	Anworten Sie bitte. ○ Sind Sie Frau Kraus? ● …
Antworten Sie bitte. ○ Was trinkst du? ● …	5	Ist der Satz richtig oder falsch? „Möchten Sie Tee?"
Zählen Sie von 1 bis 10.	6	Nennen Sie die Preise. € 1,20 – € 8,80 – € 0,60
Nennen Sie Ihre Adresse mit Postleitzahl.	7	Ihre Stadt: Nennen Sie die Postleitzahl und die Vorwahl.
Wie heißt die Frage? ○ … ● Nein, ich arbeite in Hamburg.	8	Antworten Sie bitte. ○ Hast du die Telefonnummer 896543? ● …
Wie heißt das auf Deutsch? 	9	Wie heißt das auf Deutsch? 
Lesen Sie die Zahlen laut. 223 – 678 – 1245 – 3985	10	Welche Zahl fehlt in der Reihe? 2500 – 5000 – ??? – 10000
Ergänzen Sie bitte. ○ Das ist … Waschmaschine. ● Wie viel kostet … Waschmaschine?	11	Ergänzen Sie bitte. ○ Das ist … Wörterbuch. ● Wie viel kostet … Wörterbuch?

12

Wie heißt die Frage?
○ …
● Ein Laptop.

Wie heißt die Frage?
○ …
● 999 Euro.

13

Wie heißt das Gegenteil?
neu – … , billig – …

Wie heißt das Gegenteil?
Es funktioniert. – Es ist …

14

Nennen Sie die Uhrzeiten.

Nennen Sie die Uhrzeiten.

15

Wie heißt die Frage?
○ …
● Es ist Viertel vor neun.

Wann beginnt Ihr Deutschunterricht und wann ist er zu Ende?

16

Nennen Sie die Wochentage.
MODIMIDOFRSASO

Wie heißt der Satz?
Paul / aufstehen / um sechs Uhr /.

17

Nennen Sie zwei Milchprodukte.

Nennen Sie zwei Obstsorten.

18

Wie kaufen Sie das?
Milch – Liter, Bier – …, Käse – …

Wie kaufen Sie das?
Milch – Liter, Bananen – …, Marmelade – …

19

Wie heißt die Pluralform?
Nudel – Schnitzel – Apfel

Wie heißt die Pluralform?
Glas – Kartoffel – Kiwi

20

In der Bäckerei. Antworten Sie bitte.
○ Sie wünschen?
● Ich hätte …

Gemüse kaufen. Antworten Sie bitte.
○ Ja, bitte?
● Geben Sie …

21

Wie heißt die Frage?
○ …?
● Dahinten links.

Wie heißt die Frage?
○ …?
● 8 Euro 45 zusammen.

22

Nennen Sie drei Gerichte aus der Imbissbude.

Nennen Sie fünf Getränke.

23

Im Restaurant. Was fragt die Kellnerin?
(2 Beispiele)

Im Restaurant. Was fragen Sie?
(2 Beispiele)

24

Wie heißt das?
das … – die …

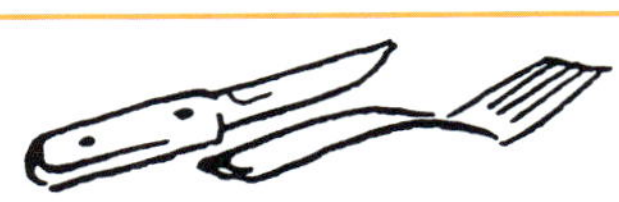

Wie heißt das?
das … – der …

25

Imperativ ihr-Form
Schnitzel mit Salat / nehmen /.

Imperativ du-Form
Currywurst mit Pommes / essen /.

Ziel

2 Wortfeld „Zeit" – Machen Sie ein Lernplakat im Kurs.

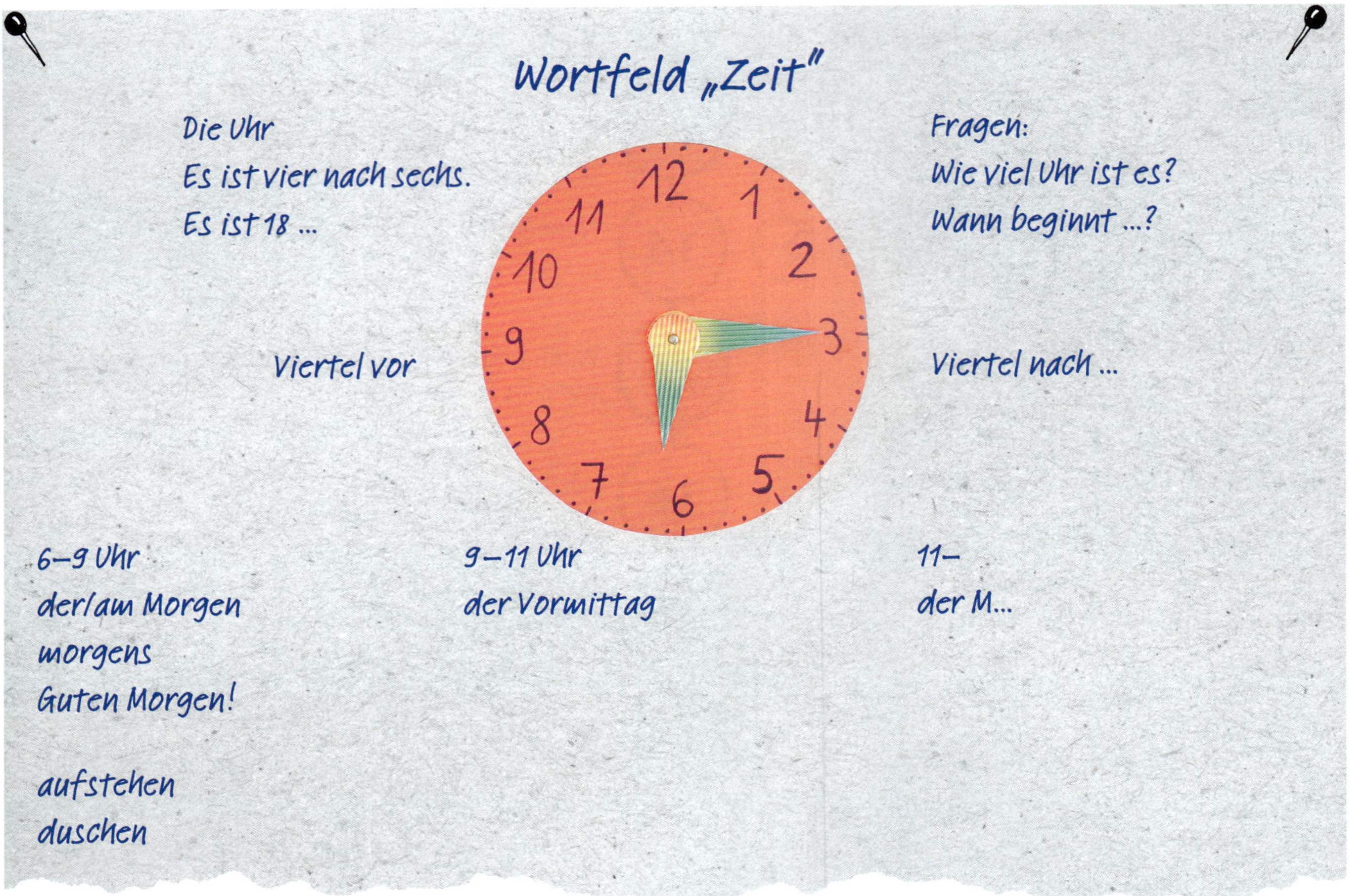

3 Zehn Verben – viele Sätze

- A sagt ein Verb, B schreibt Sätze (30 Sekunden).
- Dann sagt B ein Verb und A schreibt Sätze (30 Sekunden).
- Pro Satz gibt es einen Punkt.
- Der/Die Kursleiter/in kontrolliert.
- Spielzeit: 10 Minuten.
- Wer hat die meisten Punkte?

A	B
aufstehen	einkaufen
aufmachen	anfangen
zumachen	essen
frühstücken	wecken
kochen	mitkommen
einschalten	verkaufen
aufwachen	kaufen
putzen	brauchen
schlafen	bezahlen
beginnen	mitbringen

4 Essen und Trinken in Deutschland

Raten Sie und schreiben Sie die Lebensmittel und Getränke in die Statistik.

Bier
Brot und Brötchen
~~Erfrischungsgetränke~~
Fleisch
Frischobst
Fruchtsäfte
Gemüse
Kaffee
Kartoffeln
Milch
Mineralwasser
Zucker

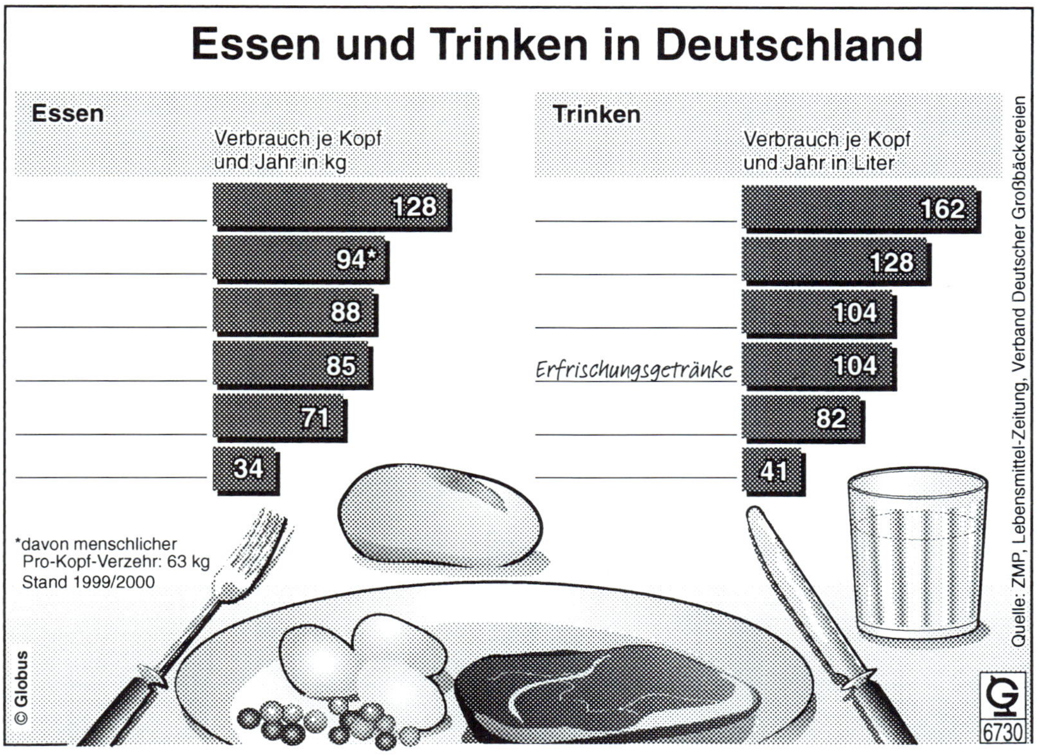

5 Namen und Sprachen: Aus dem „Buch der Listen"

Die zehn häufigsten deutschen Familiennamen

	Anzahl Bundesbürger mit diesem Namen
1. Müller	611.000
2. Schmidt	598.000
3. Meier	477.000
4. Schneider	255.000
5. Fischer	229.000
6. Weber	197.000
7. Becker	178.000
8. Wagner	177.000
9. Schäfer	153.000
10. Schulz	148.000

Wie viele Seiten davon sind in Ihrem Telefonbuch?
Welche Namen sind in Ihrem Land sehr häufig?

Die zehn häufigsten Muttersprachen der Erde

	Anzahl der Menschen mit dieser Muttersprache (1994)
Deutsch	792 Mio.
Japanisch	404 Mio.
Portugiesisch	329 Mio.
Hindi	325 Mio.
Englisch	210 Mio.
Chinesisch	198 Mio.
Russisch	180 Mio.
Arabisch	164 Mio.
Bengalisch	124 Mio.
Spanisch	91 Mio.

Raten Sie! Ordnen Sie zu.

Lösung Aufgabe 4 – Essen: 1. Frischobst 2. Fleisch 3. Gemüse 4. Brot u. Brötchen 5. Kartoffeln 6. Zucker – Trinken: 1. Kaffee 2. Bier 3. Mineralwasser 4. Erfrischungsgetränke 5. Milch 6. Fruchtsäfte
Lösung Aufgabe 5 – 1. Chinesisch 2. Hindi 3. Englisch 4. Spanisch 5. Russisch 6. Arabisch 7. Bengalisch 8. Portugiesisch 9. Japanisch 10. Deutsch

6 Der Raststätten-Rap – Hören und singen.

1.48

Jeden Morgen steh ich auf
und frage mich: Was mach ich hier?
Hat das alles einen Sinn?
Wann krieg ich endlich diese Wörter drauf?
Wann krieg ich endlich diese Sätze hin?
Ich lerne Deutsch, Deutsch.
Und es ist manchmal schwer.
Ich lerne Deutsch, Deutsch.
Aber täglich kann ich mehr.

Hallo, wie geht's? Und guten Tag.
Komm, wir gehen Kaffee trinken.
Und morgen Mittag schauen wir,
was wir auf dem Flohmarkt finden.
Bügeleisen, Waschmaschinen, Mäuse und Computer,
so viele Wörter lernt doch keiner, nicht einmal ein Guter.

Deutsch, Deutsch –
jeden Tag ein Stück.
Ich lerne Deutsch, Deutsch –
und ihr lernt alle mit.

Wie spät ist es, wie spät ist es?
Ich habe keine Uhr.
Die Zeit vergeht. Es ist zu spät.
Wann lern ich die Grammatik nur?
Ein Verb, ein Nomen, eine Frage –
jetzt sind Verben auch noch trennbar …
Was für eine Plage!

Doch ich bin hart.
Ich schaff das schon.
So schnell geb ich nicht auf.
Jetzt kommt mal her und seht mir zu,
wie ich schon Essen kauf.

Haben Sie noch Gouda?
Wo finde ich den Zucker?
Ist noch etwas Milch da?
Geben Sie mir Butter.

Ich hab es satt, es ist so schwer.
Ich mache weiter. Ich will mehr.

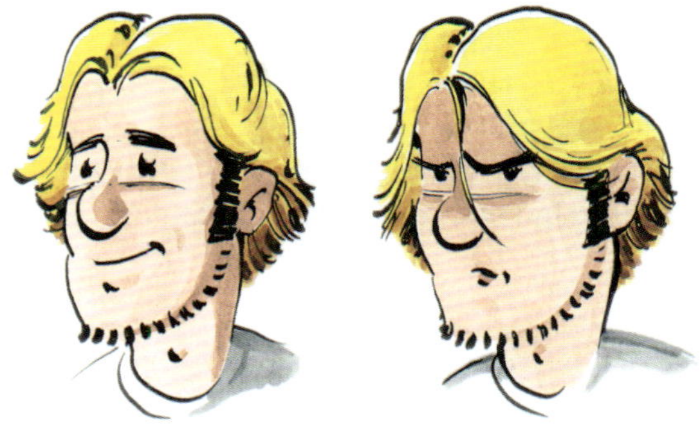

Deutsch, Deutsch –
jeden Tag ein Stück.
Ich lerne Deutsch, Deutsch –
und ihr lernt alle mit.

Deutsch, Deutsch –
und es ist manchmal schwer.
Deutsch, Deutsch –
aber täglich kann ich mehr.

Effektiv lernen

7 Carmens Lernplan

Mein Lernplan: Datum: 6. 10. – 11. 10	
Montag	Aussprache: „s“ / „ch“
Dienstag	Nomen + Artikel lernen
Mittwoch	Dialoge laut lesen
Donnerstag	Zeitung lesen!
Freitag	Nomen + Artikel
Samstag	–
Sonntag	–

Carmen macht die Hausaufgaben und lernt dann jeden Tag 15 Minuten.

a Was machen Sie? Wie viele Minuten lernen Sie pro Tag?

b Was können Sie zu Hause üben? Sammeln Sie weitere Beispiele im Kurs.

- Wortschatz-/Lernkarten schreiben
- Übungen wiederholen
- Dialoge hören und laut lesen
- Aussprache üben
- Verben und Konjugation üben
- …

c Machen Sie Ihren Lernplan.

Was kann ich schon?

8 Machen Sie die Aufgaben 1 bis 6 und kontrollieren Sie im Kurs.

1. Erfragen/Sagen Sie die Uhrzeit.
○ Wie …?
● Es ist …

2. Machen Sie einen Termin.
○ Hast du …?
● Ja … / Nein …

3. Lebensmittel – Kaufen Sie ein.
○ Was … ?
● Geben Sie …

4. Sagen Sie die Pluralformen.
Computer – Frau – Wurst – Glas – Auto

5. Im Imbiss – Bestellen Sie bitte.
○ Was … gern?
● Ich …

6. Machen Sie bitte Vorschläge.
○ Hm, was nehme ich denn?
● Portion Döner / nehmen / Sie /.

Mein Ergebnis finde ich: ☺ 😐 ☹

Willkommen in Bielefeld

1 ● Wie komme ich zum Ishara-Bad?
○ Keine Ahnung. Ich bin nicht von hier.

2 ● Gibt es am Freitag ein Fußballspiel?
○ …

Amt für Bürgerberatung
Neues Rathaus, Niederwall 23
(Von A wie Auskunft über P wie Pass bis W wie Wohngeld)

Öffnungszeiten:
Mo. u. Di. 7.30–16 Uhr, Mi. 7.30–13 Uhr
Do. 7.30–19 Uhr, Fr. 7.30–16 Uhr

3 ● Wo ist das Einwohnermeldeamt?
○ …

4 ● Ich suche das Ausländeramt.
○ …

Lernziele 7

- nach Orten fragen
- Wegbeschreibungen verstehen
- Bus und Bahn benutzen
- Präpositionen mit Dativ
- Frageartikel: *welcher, welches, welche*

Post
Nahariyastraße 1

Öffnungszeiten:
Mo. bis Fr. 9.00–18.30 Uhr,
Sa. 9.00–13.00 Uhr
Sonn- und Feiertage geschlossen

5 ● Welche Straßenbahn fährt zur Post?
○ …

6 ● Entschuldigung, ich suche den Reichstag.
○ …

1 Wo, was, wann? – Sehen Sie sich die Seite an. Finden Sie die Informationen.

Wo ist das Rathaus?
In welcher Straße ist das Internetcafé?
Wann ist die Bürgerberatung offen?
Wo ist die Post?
Wann spielt Arminia Bielefeld?
Was ist in der Heeper Straße?

2 Wo, was, wann? – Hören Sie. Ordnen Sie die Informationen den Dialogen zu.

2.1

zum Fußballstadion – in der Nähe vom Bahnhof – 2 1/2 Stunden – Straßenbahnlinie 1 – U-Bahn-Linie 4 – 510 – zwei Stationen – 133 – Telefonnummer – zur Post – Hausnummer – Ishara-Bad – Berlin

Dialog 7
133 / Hausnummer / Internetcafé

Das Internetcafé hat die Hausnummer 133.

NetCafé@Tor6
August-Bebel-Str. 133–145
www.baj-bi.de/icafe

7 ● Wo kann ich eine E-Mail verschicken?
○ …

▸ S. 190

3 Haltestellen – Lesen und hören Sie bitte. Markieren Sie auf dem Netzplan.

Dialog 1

- ● Entschuldigung, wie komme ich zur *Ziegelstraße*?↘
- ○ Gehen Sie dort zur Haltestelle *Prießallee* und nehmen Sie die Linie 2 in Richtung *Milse*.↘ Die fährt direkt zur *Ziegelstraße*.↘
- ● Wie viele Stationen sind das?↗
- ○ Tut mir leid, das weiß ich nicht genau, vielleicht zehn oder …→

Dialog 2

- ● Entschuldigung, ich möchte zur *Universität*.↘
- ○ Nehmen Sie die Linie 1 an der Haltestelle *Bethel* Richtung *Schildesche*. Steigen Sie am *Rathaus* um.↘ Dort hält auch die Linie 4.↘ Die fährt dann direkt zur *Universität*.↘

▸ S. 191

4 Schreiben Sie Dialoge und sprechen Sie.

Wie viele Stationen sind das?

Muss ich umsteigen?

Standort: Hauptbahnhof Ziel: Rudolf-Oetker-Halle	Standort: Normannenstraße Ziel: Teutoburger Straße	Standort: Brackwede, Kirche Ziel: Stieghorst, Zentrum	Standort: … Ziel: …

5 Die Konsonanten *p, t, k* und *b, d, g*

▸ S. 191

a Hören Sie und sprechen Sie nach.

1. Sie sprechen weich: der Bus • die Bahn • direkt nach Berlin • drei Tage in Genf und Graz
2. Sie sprechen hart: eine Karte von Köln • Treffpunkt Telekom • an der Post parken • mit dem Zug • montags und dienstags • nach Dortmund • ab Kiel

b Hören Sie und sprechen Sie nach.

Hamburg	die Hamburger S-Bahn	Dortmund	ein Dortmunder Pils
Heidelberg	das Heidelberger Rathaus	Bielefeld	der Bielefelder Markt
Freiburg	die Freiburger Innenstadt	Bad Herrenalb	Bad-Herrenalber Wasser

c Hören Sie und sprechen Sie nach.

Der Bielefelder Markt liegt in der Innenstadt.↘ • Der Bus fährt um siebzehn Uhr sieben ab Prießallee.↘ • Montags ist die Bibliothek geschlossen.↘

6 Präpositionen mit Dativ – Markieren Sie die Präpositionen und die Artikel.

► S. 192

von – nach – mit – zu – bei

1. Nach dem Rathaus kommt der Jahnplatz, da ist das Zentrum.
2. Nach der Station steige ich aus.
3. Mit dem Bus sind es drei Stationen und mit der Straßenbahn fahren Sie nur eine Station.
4. Mit den Straßenbahnen kommen Sie immer zum Bahnhof.
5. Das Ticket kaufen Sie beim Fahrer.
6. Fährt der Bus direkt zum Bahnhof?
7. Von der Haltestelle (bis) zur Schule sind es nur drei Minuten.
8. In der Nähe vom NetCafé ist eine U-Bahn-Station.

vom = vo~~n dem~~
zum = zu ~~de~~m
beim = bei ~~de~~m

7 Bestimmter Artikel: Dativ – Ergänzen Sie die Tabelle an der Tafel mit Beispielen aus 6.

	Dativ Singular	Dativ Plural
der Bus	Ich fahre mit (D) dem Bus.	... mit (D) den Bussen.
das Café	In der Nähe vom (D) Café.	... von (D) den Cafés.
die Straßenbahn	Ich fahre mit (D) der Straßenbahn.	... mit (D) den Straßenbahnen.

8 Dativformen von *ein* – Vergleichen Sie mit den bestimmten Artikeln in 7.

Ich fahre mit einem Bus / einem Auto / einer Straßenbahn / – Kollegen zur Arbeit.

9 Ergänzen Sie bitte die Endungen von *ein* im Dativ.

1. Nach ein ______ halben Jahr Deutschlernen sind wir jetzt schon ziemlich gut!
2. Meine Lehrerin fährt mit ein ______ VW-Käfer von 1969 zur Arbeit.
3. Nach ein ______ langen Arbeitstag habe ich oft keine Lust zum Lernen.
4. Von ein ______ Stadt zur anderen fährt man in Deutschland mit dem Auto oder der Bahn.
5. Am Wochenende bin ich oft bei ein ______ Freundin auf dem Land.

▶ S. 193

10 Wo ist was in Ihrer Stadt? Fragen Sie im Kurs.

Wo ist …
der Wochenmarkt?
das Rathaus?
die Polizei?
…

Wie komme ich …
Welche Straßenbahn /
Welcher Bus fährt …
nach … / zum … / zur …?

Wie viele Stationen sind es
bis nach / zum / zur …?

Im Stadtzentrum.
In der …straße.
Am …platz.
…

Linie … fährt ins Zentrum.
Nehmen Sie / Nimm die Linie
… bis …
Fragen Sie / Frag dann noch
einmal.

Fünf oder sechs.

Das weiß ich leider nicht. Ich bin nicht von hier.

2.4

11 Frau Lipinska kommt in ihre neue Firma. Hören Sie. Nummerieren Sie die Bilder nach den Dialogen.

Maria Lipinska, 26 Jahre

A ☐ Bei der Bank/Sparkasse

B ☐ die Monatskarte

C ☐ In der Kantine

D [1] Bei der Anmeldung

E ☐ Im Personalbüro

12 Wörter, Ausdrücke und Situationen

▶ S. 195

a Hören Sie die Dialoge noch einmal. Ordnen Sie bitte zu. Es gibt mehrere Möglichkeiten.

A Bank ein Konto eröffnen	B Straßenbahn/Bus Wo wohnen Sie?	E Personalbüro Füllen Sie bitte ... aus.

Adresse • Kasse • Girokonto • Ist das so richtig? • Personalbogen • Füllen Sie bitte ... aus. • Was ist das ... ? • Wo kann ich ...? • ein Konto eröffnen • Wo ist ...? • Das ist ... • Ich brauche ein .. • Gleich gegenüber. • Du brauchst ... • Monatskarte • Mein Name ist ... • Buchstabieren Sie bitte. • Vorname • Wie viele Zonen? • Nachname/Familienname • Wo arbeiten Sie? • Ich wohne in der ...straße. • Gehalt • geöffnet

b Hören Sie noch einmal und ergänzen Sie Ihre Notizen.

13 Informationen vor Ort – Wählen Sie eine Situation. Schreiben und spielen Sie Dialoge.

1. Sie möchten die Öffnungszeiten des Ausländeramts wissen.
2. Sie sind im Bahnhof und möchten nach Berlin fahren.
3. Sie möchten eine Monatskarte für die Straßenbahn/U-Bahn/den Bus.
4. Sie sind in der Kantine. Ihr Kollege stellt Sie einer anderen Kollegin vor.
5. Sie sind im Sprachkurs und müssen danach zum Rathaus.

14 Projekt „Unsere Stadt"

1. Verteilen Sie Suchaufträge:

Öffnungszeiten von Ämtern und Sparkassen, Preise von Straßenbahn und Bussen, Fahrpläne, Verkehrsverbindungen in andere Städte ...

2. Sammeln Sie Informationen und hängen Sie sie im Kursraum auf.

15 Sehenswürdigkeiten

a Markieren Sie die Sehenswürdigkeiten im Stadtplan unten.

28 Alsterpavillon – 1 Rathaus – 37 Großneumarkt – 39 Kirche St. Michaelis – 41 Schaarmarkt – 44 Landungsbrücken

2.5

b Straßennamen – Markieren Sie im Stadtplan und hören Sie dann zu.

Jungfernstieg • Große Bleichen • Poststraße • Neuer Wall • Stadthausbrücke • Alter Steinweg • Neanderstraße • Neuer Steinweg • Peterstraße • Ludwig-Erhard-Straße • Ditmar-Koel-Straße

2.6

16 Ein Spaziergang

a Hören Sie zu. Welche Fotos passen zum Text?

1 – Rathaus

2 – Tierpark Hagenbeck

3 – Peterstraße

4 – Deichtorhallen

5 – Speicherstadt

6 – Landungsbrücken und St. Michaelis

b Sehen Sie sich die Skizzen an. Lesen Sie den Text und markieren Sie den Spaziergang im Stadtplan auf Seite 82.

über die Brücke

die ...straße entlang

links 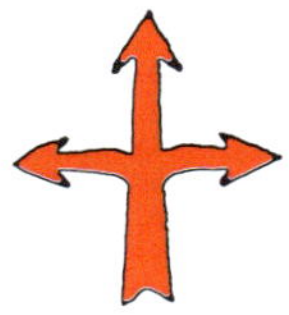 rechts

geradeaus

Norden

Westen 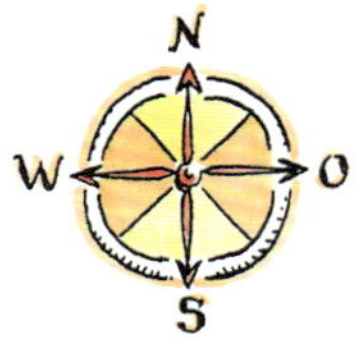 Osten

Süden

in die ...straße

gegenüber

Wir beginnen unseren Rundgang am *Alsterpavillon* auf dem *Jungfernstieg* ㉘. Von hier gehen wir in die *Große Bleichen* und biegen an der ersten Kreuzung gleich links in die *Poststraße* ein. Der Weg führt über eine Brücke, die *Schleusenbrücke*, auf den *Rathausmarkt*. Dort sehen wir rechts das *Hamburger Rathaus* ①. Nun gehen wir zurück über die Brücke und biegen dann gleich links in den *Neuen Wall* ein. Am Ende der Straße kommen wir zur *Stadthausbrücke*. Durch den *Alten Steinweg* geht es weiter zum *Großneumarkt*. Hier gibt es viele interessante Restaurants und Kneipen*. Verlassen Sie den *Großneumarkt* in Richtung Westen, das ist der *Neue Steinweg*, und biegen Sie gleich rechts in die *Neanderstraße* ein. Ein Stück weiter geradeaus, in der *Peterstraße*, können Sie sehen, wie ein typisches Hamburger Wohnviertel früher aussah. Wir gehen nun zurück in die *Neanderstraße*. Diese gehen wir rechts entlang. Kurz hinter der Kreuzung *Ludwig-Erhard-Straße* kommen wir zur Kirche *St. Michaelis*, dem „Michel" ㊴. Das ist das Wahrzeichen Hamburgs**. Steigen Sie auf den 132 Meter hohen Michel und genießen Sie das wunderbare Stadtpanorama. Nun führt unser Spaziergang über den *Schaarmarkt* ㊶ und durch die *Ditmar-Koel-Straße* zu den *St. Pauli Landungsbrücken* ㊹. Werfen Sie einen Blick auf die Schiffe, die von hier in die Welt fahren.

* einfache Restaurants **das Symbol für Hamburg

Strukturen verstehen

17 Präpositionen mit Dativ oder Akkusativ. Markieren Sie im Text *in, an, auf* mit den Artikeln.

Dativ = ● Ort	Ich bin	**auf**	**dem**	Rathausplatz.	der Platz
	Ich bin	**in**	**der**	Michaeliskirche.	die Kirche
Akkusativ = Richtung ▶	Ich gehe	**auf**	**den**	Rathausplatz.	der Platz
	Ich gehe	**in**	**die**	Michaeliskirche.	die Kirche

Diese Präpositionen können Dativ ● oder Akkusativ ▶ haben:

an auf hinter neben in über unter vor zwischen

Auf einen Blick

Im Alltag

1 Entschuldigung, ich suche ...

Entschuldigung,	ich suche	den Rathausplatz.
	wo ist	das Ausländeramt?
	wo finde ich	die Sparkasse?
		einen Geldautomaten?

Wie komme ich zum/zur ...?
Wie lange brauche ich zum/zur ...?
Kann ich zu Fuß gehen?
Gibt es einen Bus/eine Straßenbahn?
Welche Bahn fährt nachts/sonntags ...?
Mit welchem Bus kann ich ... fahren?

2 Wie bitte?

Wie bitte?
Das habe ich nicht verstanden.

Wiederholen Sie das bitte.
Sprechen Sie bitte langsamer.

i

Alle großen Städte in Deutschland, Österreich und der Schweiz finden Sie im Internet.
Auf diesen Seiten finden Sie Stadtpläne und viele Links.

www.wien.gv.at
www.stadt-salzburg.at
www.berlin.de
www.leipzig.de
www.bern.ch
www.basel.ch

Grammatik

3 Nomen und Artikel: Dativ

Singular		Maskulinum	Neutrum	Femininum
Nominativ	Das ist	der/(k)ein Bus	das/(k)ein Fahrrad	die/(k)eine Straßenbahn
Akkusativ	Ich nehme	den/(k)einen Bus	das/(k)ein Fahrrad	die/(k)eine Straßenbahn
Dativ	Sie fährt mit	dem/(k)einem Bus	dem/(k)einem Fahrrad	der/(k)einer Straßenbahn

Plural		Maskulinum / Neutrum / Femininum	
Nominativ	Das sind	die/keine*	Busse/Fahrräder/Straßenbahnen
Akkusativ	Wir brauchen	die/keine	Busse/Fahrräder/Straßenbahnen
Dativ	Sie fahren mit	den/(keinen)	Bussen/Fahrrädern/Straßenbahnen

* Der unbestimmte Artikel *ein/eine* hat keine Pluralform.

4 Präpositionen mit Dativ

von/vom	**Vom** Rathaus zum Bismarckplatz sind es 10 Minuten zu Fuß.
	Von 13 bis 15 Uhr ist die Bäckerei geschlossen.
aus	Ich komme **aus der** Türkei.
bei/beim	**Bei der** Michaeliskirche gehen Sie rechts.
mit	Ich fahre immer **mit dem** Fahrrad zur Arbeit.
nach	Die Bahnhofstraße ist die zweite Straße **nach der** Kaiserstraße.
	Nach dem Frühstück gehe ich arbeiten.
seit	**Seit** 300 Jahren hat Hamburg eine Neustadt.
zu/zum/zur	**Zum** Bahnhof brauchen Sie acht Minuten und zur U-Bahn zwei.

bei + ~~de~~m = beim	Aber:	bei den
von + ~~de~~m = vom		von der
zu + ~~de~~m / ~~de~~r = zum / zur		zu den

HERR **VON NACHSEITZU**
UND FRAU **AUSBEIMIT**
BLEIBEN MIT DEM DATIV FIT.

5 Frageartikel: *welch...*

	Singular Maskulinum	Neutrum	Femininum	Plural Mask. / Neutr. / Fem.
Nominativ	welcher Bus	welches Taxi	welche U-Bahn	welche Busse/Taxis/Bahnen
Akkusativ	welchen	welches	welche	welche
Dativ	welchem	welchem	welcher	welchen

Aussprache

6 Konsonanten: *p, t, k* und *b, d, g*

Sie schreiben/lesen:

-b, -d, -g am Wort- und Silbenende

Sie hören/sprechen „*p, t, k*":

a**b**fahren, un**d**, Ta**g**

Ich arbeite bei...

▷ Entschuldigung, ich suche das Personalbüro.

▶ Was machst du dieses Jahr im Urlaub?

● Guten Tag, wir sind die Elektriker.

○ Moment, Herr Fritsche, ich verbinde Sie mit dem Außendienst ...

1 Berufe – Welche kennen Sie auf Deutsch? Welche finden Sie im Bild?

Buchhalter/in
Elektriker/in
Fahrer/in
Informatiker/in
Kassierer/in
kaufmännische/r Angestellte/r
Verkäufer/in
Kraftfahrzeugmechaniker/in
Möbelpacker/in
Raumpfleger/in
Sachbearbeiter/in
Schreiner/in
Sekretär/in

2 Büroalltag – Hören Sie zu. Richtig oder falsch? Kreuzen Sie an.

2.7

▶ S. 196

1. r f Herr Kölmel muss um halb elf Uhr zum Chef.
2. r f Sabrina Bartusch ist Raumpflegerin.
3. r f Die Elektriker müssen im Lager Lampen reparieren.
4. r f Erhan will im Urlaub nach Frankreich fahren.
5. r f Theo arbeitet gern im Büro.
6. r f Das Personalbüro ist im zweiten Stock.
7. r f Herr Wetz ist in der Buchhaltung.

Lernziele 8

- **über Berufe/Arbeit sprechen**
- **Modalverben:** ***können, müssen, wollen, ‚möchten'***
- **Satzklammer**

3 Drei Berufe

a Richtig oder falsch? – Lesen Sie bitte Text 1 und kreuzen Sie an.

Sabine Schütz, 24 Jahre (Informatikerin)

1

Ich bin Informatikerin. Ich arbeite seit zwei Jahren bei der Spedition Höhne. Ich schreibe Programme für die Firma und pflege die Homepage. Ich muss Kollegen bei Computerproblemen helfen und berate die Firma beim Kauf von Computern. Die Arbeit ist interessant und macht Spaß. Ich kann selbständig arbeiten. Wir haben im Büro Gleitzeit. Von 9 bis 3 Uhr müssen alle da sein. Man kann aber schon um 7 kommen und wir können bis 8 Uhr abends arbeiten. Manchmal habe ich am Wochenende Bereitschaftsdienst. Dann muss ich immer das Handy dabeihaben. Bei Computerproblemen muss ich sofort in die Firma. Das Gehalt ist nicht schlecht. Netto sind es etwa 1900 Euro im Monat.

1. Sabine Schütz hilft den Kollegen bei Problemen. [r] [f]
2. Der Chef sagt ihr immer genau, was sie machen muss. [r] [f]
3. Bei der Firma Höhne arbeiten alle von 8 bis 17 Uhr. [r] [f]
4. Sabine arbeitet nie am Wochenende. [r] [f]
5. Sabine hilft beim Kauf von Computern. [r] [f]

b Fragen – Lesen Sie bitte Text 2 und 3. Beantworten Sie dann die Fragen.

1. Wie viel verdienen Alvaro und Maxi in der Stunde?
2. Wie viele Stunden müssen sie in der Woche arbeiten?
3. Von wann bis wann arbeiten sie jeden Tag?
4. Ist Maxis Mann gern in Deutschland?
5. Wo möchten Maxi und die Kinder leben und wo ihr Mann?

2

Die Arbeit ist ganz o.k. Die Kollegen sind nett. Ich will viel unterwegs sein. Als Elektriker muss ich oft auf eine andere Baustelle. Das finde ich gut. Man kann immer neue Kollegen kennen lernen. Wir fangen morgens um sieben Uhr an und arbeiten bis vier. Im Sommer stehe ich gern früh auf, dann ist der Tag lang, aber im Winter ist es manchmal hart. Wir haben die 35-Stunden-Woche. Manchmal müssen wir Überstunden machen. Das Geld? Na ja, es geht: elf Euro Stundenlohn. Ich möchte in zwei Jahren die Meisterprüfung machen, dann verdiene ich auch mehr. In fünf Jahren will ich eine eigene Firma haben. Hoffentlich klappt es!

Alvaro Peneda, 27 Jahre (Elektriker)

3

Den Job mache ich seit zwei Jahren. Eigentlich bin ich Verkäuferin. Jetzt putze ich Büros. Die Arbeit ist schwer und langweilig. Aber ich bin lieber „Raumpflegerin“ als arbeitslos. Mein Mann und ich arbeiten für eine Zeitarbeitsfirma. Die Bezahlung ist schlecht. Sieben Euro die Stunde. Die Arbeitszeit wechselt oft. Zurzeit arbeite ich von 16 Uhr bis 20 Uhr. Mein Mann will immer aus Deutschland weg. In Amerika, sagt er, da ist alles besser. Da hat jeder eine Chance. Aber in Amerika musst du auch Glück haben. Ich will hier bleiben und der Sohn und die Tochter auch. In der Weststadt gibt es bald einen neuen Supermarkt. Vielleicht kann ich da später arbeiten.

Maxi Mladic, 38 Jahre (Raumpflegerin)

4 **Schreiben Sie Fragen zu den Texten auf. Fragen Sie im Kurs.**

► S. 196

Hat Maxi Mladic einen Beruf?

Was arbeitet ...?

Wie heißt ...?

Seit wann ...?

Als was ...?

Wann steht Maxi Mladic auf?

Wie viel ...?

Das steht nicht im Text.

Ja, sie ist Verkäuferin.

Das weiß ich nicht.

5 **Satzklammer mit Modalverben – Sammeln Sie Beispiele an der Tafel.**

		Modalverb		Verb (Infinitiv)
müssen	Alvaro	muss	immer früh	aufstehen.
wollen	Ich	will	. . .	
können				
möchten				

6 Schreiben Sie die Aussagen und Fragen.

1. aufstehen / jeden Morgen / um fünf Uhr / ich muss / .
2. ins Kino gehen / heute Abend / willst du / ?
3. arbeiten / am Wochenende / manchmal / wir müssen / .
4. kennen lernen / im Büro / viele neue Leute / man / kann / .
5. mir / helfen / mit dem Computer / kannst du / ?
6. müsst ihr / Überstunden machen / viele / ?
7. in Urlaub gehen / im August / könnt ihr / ?
8. das Formular / ausfüllen / am Computer / sie können / .
9. in ein paar Jahren / wir möchten / eine eigene Firma haben / .

1. Ich muss jeden Morgen um … .
2. Willst du … .

7 Modalverben – Markieren Sie die Modalverben in 3–6. Machen Sie eine Tabelle.

	müssen	können	wollen	möchten
ich	muss	kann		
du	mu			

8 Aussprache üben – *ich*-Laut, *ach*-Laut, *sch*

2.8

► S. 197

a Hören Sie bitte und sprechen Sie nach.

Sie lesen/schreiben:	Sie hören/sprechen:
a, o, u, au + ch	suchen • machen • die Buchhaltung • auch • am Wochenende Wir haben acht Sachbearbeiter. Herr Koch ist auch Buchhalter.
ch/-ig	ich • möchten • manchmal • welche • hoffentlich • ein Mechaniker • das ist nicht wichtig • hoffentlich klappt es • natürlich in München
st-, sp-, sch	schreiben • Spaß machen • im dritten Stock • früh aufstehen • Schreiner sein • über Berufe sprechen • Überstunden machen • Der Stundenlohn ist schlecht.

b Hören Sie bitte und sprechen Sie nach.

1. Viele Kollegen möchten Überstunden machen. ↘ Ich auch! ↘
2. Herr Koch ist Buchhalter. ↘ Das Gehalt ist nicht schlecht. ↘
3. Machen Sie mittwochs Überstunden? ↗ Ich arbeite vierzig Stunden in der Woche. ↘
4. Arbeiten Sie auch am Wochenende? ↗ Nie, Wochenendarbeit kommt nicht infrage. ↘

9 Arbeitsplatz und Beruf – Was ist für Sie wichtig? Wählen Sie aus und schreiben Sie fünf Sätze.

Ich möchte (nicht) Ich will (nicht) Ich kann (nicht)	mit den Händen arbeiten. viel Geld verdienen. meinen Tag frei einteilen. keine anstrengende Arbeit machen. mit Kindern arbeiten. morgens früh anfangen. nachmittags früh aufhören. im Büro arbeiten. an der frischen Luft arbeiten. viel/wenig Auto fahren. mit vielen Menschen Kontakt haben. mit dem Fahrrad zur Arbeit fahren.
Die Arbeit muss	interessant/kreativ/sicher/gut bezahlt sein. Spaß machen.

Kranken-schwester

Landwirt/in

Lehrer/in

DJ

Architekt/in

10 Welche Berufe aus diesem Kapitel passen zu Ihnen?

▶ S. 199

Lkw-Fahrerin passt zu mir. Ich will viel Auto fahren. Die Arbeit ist interessant und macht Spaß.

Lkw-Fahrer/in

11 Interviews im Kurs

Sammeln Sie Fragen und Beispiele für Antworten. Machen Sie Interviews. Sie können auch Personen erfinden.

Beruf • Stunden pro Woche • Urlaub • Geld – Spaß • anfangen • aufhören • Kollegen ...

Was bist du von Beruf?

Ich bin Sängerin.

12 Selektives Lesen – Lesen Sie zuerst die Aufgaben und dann die Anzeigen. Ordnen Sie die Anzeigen den Aussagen zu. Mehrere Lösungen sind möglich.

①

Huber Gastronomie
Koenigspark

Wir suchen ab sofort
zur Festanstellung

Imbissverkäufer/in
für Fernsehturm

Kellner/in
für das Restaurant im Fernsehturm

Kassierer
für das Restaurant am Buggelsee

Wir bieten einen interessanten
Arbeitsplatz in einem jungen Team.

Bitte rufen Sie Frau Dierkes an.
Telefon 0 69 / 30 66 85

Huber Gastronomie · Ludwig-Erhard-Ring 8

②

In 35 Städten in Deutschland sind wir präsent.
Zum Ausbau unseres Service in Frankfurt suchen wir engagierte und fachkundige Mitarbeiter:

Sachbearbeiterin/Sekretärin
für Telefonservice und Abrechnungen

Sie kommen idealerweise aus der Speditionsbranche. Sie sind kommunikationsfreudig, kundenorientiert, einsatzfreudig und teamorientiert.
Wir garantieren Ihnen einen interessanten Arbeitsplatz und gute Bezahlung.

Schreiner im Außendienst
Handwerkliche Fähigkeiten zeichnen Sie aus. Sie haben Erfahrung im Möbelkundendienst und einen Führerschein Klasse 3. Eine Schreinerausbildung wäre von Vorteil.

③

Klafkis Press & Buch GmbH
sucht ab sofort für Schichtdienst in unserem
Geschäft im Hauptbahnhof
engagierte/n und freundliche/n Buchhändler/in
(Erfahrungen im Buchhandel wären gut.
Sehr gute Deutschkenntnisse sind Voraussetzung.)
Vollzeitstelle, befristet auf 12 Monate.
Bewerbungen bitte an: Frau Pohl
02 02 / 21 43 65

④

Telefonieren Sie gern?
Würde Ihnen die Arbeit in einem netten, jungen Team Spaß machen? Wir suchen freundliche Damen und Herren mit angenehmer Telefonstimme zum sofortigen Beginn.
Rufen Sie uns an:
030 / 5 57 38

⑤

Reinigungsfrau
für unseren neuen Laden in der
Schreiber-Passage (Stadtmitte) gesucht.
Arbeitszeit: Mo.–Fr. ab 20 Uhr,
Samstag ab 16 Uhr, je 2 Stunden
Wiener Spezialitätenbäckerei
Sprechen Sie mit Herrn Kobel:
Tel. ab Mo. 8 Uhr, 93 12 53

	Anzeige
1. Sabine Schütz zeigt Ihnen eine Stellenanzeige der Firma Höhne.	______
2. Sie arbeiten gerne mit jungen Menschen zusammen.	______
3. Sie machen einen Sprachkurs. Am Abend könnten Sie noch zwei Stunden arbeiten.	______
4. Ihre Freundin liest gern und sucht einen Job.	______
5. Sie sprechen gerne mit Menschen.	______
6. Sie würden gerne in einem Büro arbeiten.	______
7. Sie hätten gerne eine feste Stelle.	______

13 Informationen in den Anzeigen

a Notieren Sie je eine Information zu jedem Stichwort.

Arbeitszeit	Kollegen	Ausbildung

b Welche Informationen fehlen? Notieren Sie zwei Beispiele.

Anzeige 1: Arbeitszeit

14 **Zwei Telefongespräche – Hören Sie bitte. Welche Anzeigen passen?**

2.9

Telefongespräch	1	2
Anzeige	☐	☐

15 **Projekt „Stellenanzeigen" – Stellenanzeigen in Ihren Regionalzeitungen. Was ist interessant? Sammeln Sie Beispiele. Machen Sie ein Plakat im Kurs.**

Strukturen verstehen

16 **Konjunktiv II – *Was ich gern wäre, aber nicht bin* – Ein Grammatikgedicht.**

a Hören und lesen Sie das Gedicht.

2.10

Traumberufe

Mein Traumberuf ist Künstlerin. Ich würde so gern malen.
Ich wäre sehr gern Physiker, doch klappt's nicht mit den Zahlen.
Ach, wäre ich doch Stewardess, dann würde ich viel fliegen.
Auch würd ich gern Minister sein, doch könnte ich nicht lügen.
Ich hätte gerne einen Job mit Spaß und Kreativität.
Schön wäre doch Erfinderin, doch die Idee kommt viel zu spät!
Ich wäre lang schon Millionär, wenn nur der Konjunktiv nicht wär.

b Markieren Sie die Verbformen in a.

Mit Formen wie *wäre, hätte, würde* ... kann man sagen, was (noch) nicht Realität ist.

Auf einen Blick

Im Alltag

1 Was sind Sie von Beruf?

Wo arbeiten Sie?	Ich arbeite bei ...
Als was arbeiten Sie?	Ich bin Künstlerin/Kellner/Politikerin ...
Wie viele Stunden arbeiten Sie am Tag / in der Woche?	... Stunden am Tag / in der Woche.
Von wann bis wann müssen Sie ...?	Von ... bis ... Uhr.
Was verdient man als ... pro Stunde/Monat?*	... € die Stunde. ... € brutto/netto im Monat.
Wie viele Tage haben Sie Urlaub?	30 Tage im Jahr.
Müssen Sie viele Überstunden machen?	...

* Manche Leute in den deutschsprachigen Ländern finden die Frage „Was verdienen Sie?" zu privat.

2 Wer ist am Apparat?

Sie rufen an:

1. Die andere Person meldet sich:

- Lemcke. / Michaela Schild.
- Spedition Höhne, guten Tag.
- Spedition Höhne, mein Name ist Conny Kramer, was kann ich für Sie tun?

2. Sie begrüßen, sagen, wer Sie sind und was Sie wollen:

- Hallo, hier ist Swetlana, wie geht's?
- Guten Tag, mein Name ist Bauer, ich möchte Informationen über ...

oder wen Sie sprechen wollen:

- Guten Tag, mein Name ist Bauer, ich möchte Herrn/Frau ... sprechen / können Sie mich mit Herrn/Frau ... verbinden?

3. Die andere Person reagiert:

- Einen Moment, ich verbinde.
- Herr/Frau ... ist zur Zeit nicht im Haus.
- Können Sie vielleicht später anrufen?

Probleme am Telefon – nachfragen:

- Wer ist am Apparat?
- Mit wem spreche ich?
- Können Sie das bitte wiederholen?
- Sprechen Sie bitte etwas lauter/langsamer.
- Entschuldigung, ich habe mich verwählt.

Grammatik

3 Satzklammer – Modalverben (▶ S. 49)

Ich	muss	von Montag bis Freitag um sechs Uhr	aufstehen.
Alvaro	will	in fünf Jahren eine eigene Firma	haben.
Können	Sie	bitte den Satz	aufschreiben?

4 Modalverben – Konjugation (▶ S. 69)

Infinitiv	können	müssen	möchten	wollen
ich	kann	muss	möchte	will
du	kannst	musst	möchtest	willst
er/es/sie	kann	muss	möchte	will
wir	können	müssen	möchten	wollen
ihr	könnt	müsst	möchtet	wollt
sie/Sie	können	müssen	möchten	wollen

5 Modalverben – Bedeutung (Beispiele)

Fähigkeit	Ich **kann** Deutsch lesen, aber noch nicht so gut sprechen.
Möglichkeit	Wir **können** abends bis acht Uhr arbeiten, aber wir müssen nicht.
Pflicht/Befehl	Herr Kölmel, Sie **müssen** heute bis acht bleiben. Ich brauche Sie.
Wunsch	Ich **möchte** mit den Händen arbeiten und nicht nur im Büro sitzen.
Absicht	Ich **will** in zwei Jahren die Meisterprüfung machen.

Aussprache

6 Laute: *ich, ach, sch*

Sie lesen/schreiben:	Sie hören/sprechen:	Beispiele:
a, o, u, au + ch	*ach*-Laut	ma**ch**en, Wo**ch**e, su**ch**en, **auch**
ch, -ig	*ich*-Laut	**ich**, mö**ch**ten, wel**ch**e, man**ch**mal, richt**ig**
st-, sp-, sch	*scht-, schp-, sch*	**St**unde, **Sp**aß, **sch**lecht

Gesund und fit

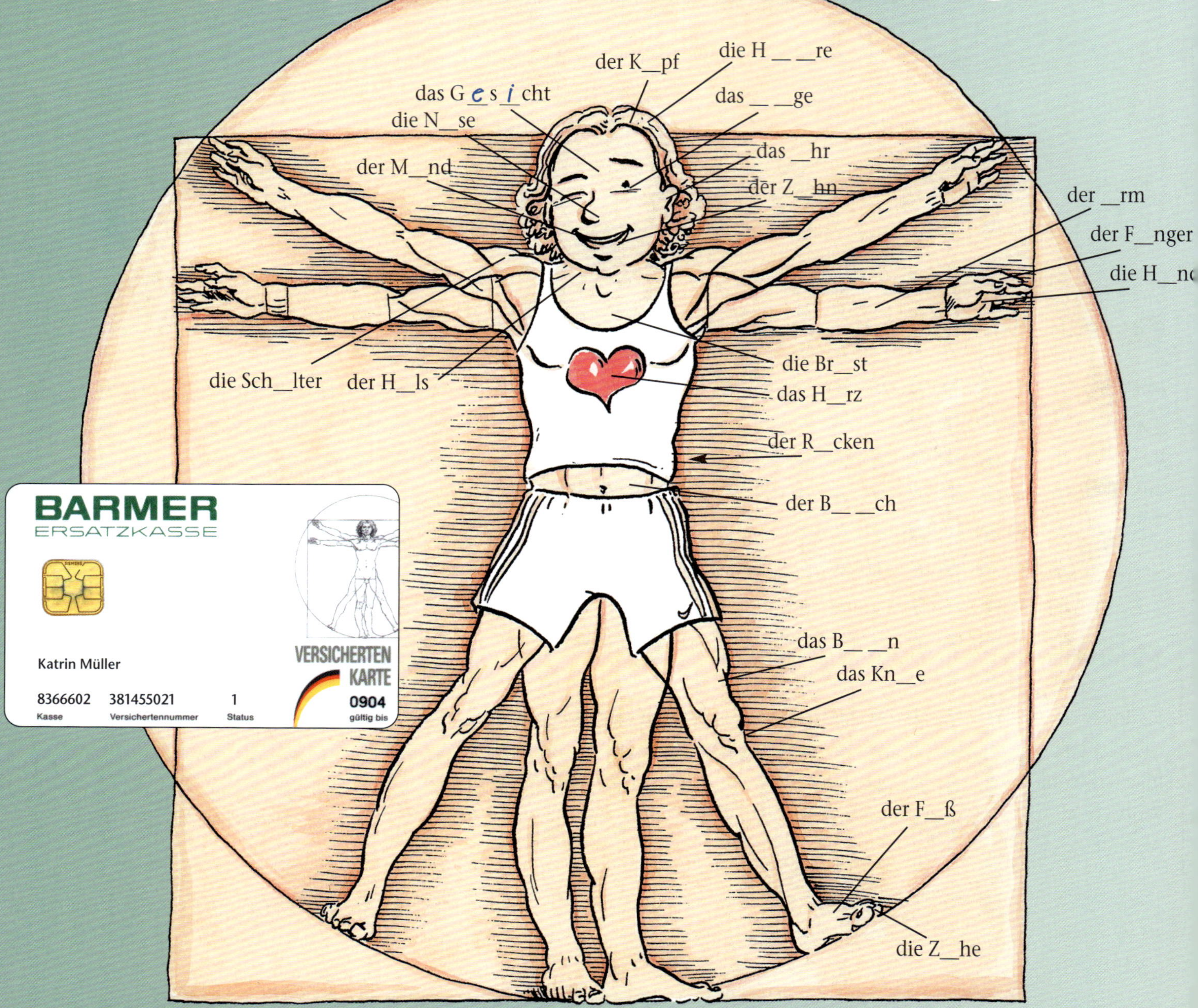

Lernziele 9

- Körperteile benennen
- über Gesundheit und Krankheit sprechen
- Possessivartikel
- Modalverb *dürfen*

2.11

2.12

▸ S. 202

1 Der Körper – Hören Sie zu und ergänzen Sie: a, e, i, o, u, ü, au, ei.

2 Hören Sie zu und zeigen Sie auf die Körperteile.

3 Ärztehaus – Hören und notieren Sie: Wohin wollen Katrin, Peter und Sabine?

2.13

Peter Guten Morgen, Sabine, was machst du denn hier?
Sabine Ich habe Bauchweh. Ich muss zum Internisten. Und du?

Katrin ______________ Peter ______________ Sabine ______________

4 Wortfeld „Arztbesuch": Probleme, Ärzte, Sonstiges – Ordnen Sie bitte.

Probleme	Ärzte/Ärztinnen	Sonstiges
die Grippe	Hausarzt	die Versichertenkarte

Arm gebrochen • das Bauchweh • das Rezept • der Hörtest • der Termin • die Allergie • ~~die Grippe~~ • die Tablette • ~~die Versichertenkarte~~ • die Zahnschmerzen • Finger verstaucht • Hals-Nasen-Ohren-Arzt/-Ärztin • ~~Hausarzt/-ärztin~~ • Hautarzt/-ärztin • Internist/-in • Karies • Orthopäde/-din • Röntgenarzt/-ärztin • Unfallarzt/-ärztin • Zahnarzt/-ärztin

Ihr nächster Termin

Mo ☐ Di ☐ Mi ☐ Do ☐ Fr ☐

Datum: ....

Uhrzeit: ....

Versichertenkarte bitte mitbringen ☐

Arztstempel

Dr. med. Rita Heitz
Fachärztin für Allgemeinmedizin
Hauptstraße 132
Tel. 06221/67 53 21

Datum *21.05.03*

Rp. *Mobilat® Salbe*

2.14

5 Drei Dialoge – Lesen Sie die Aussagen. Hören Sie bitte zu. Markieren Sie die richtigen Aussagen.

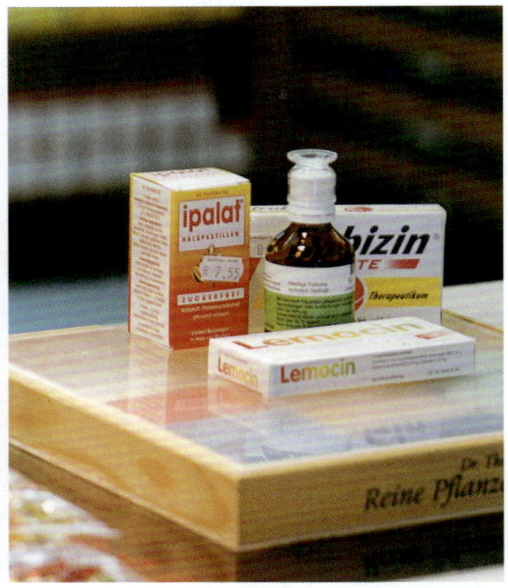

Dialog 1 In der Apotheke

1. Frau Tomba hat — Bauchschmerzen/Rückenschmerzen/Kopfschmerzen.
2. Sie möchte — ein Schmerzmittel / ein Grippemittel / einen Hustensaft.
3. Sie braucht — einen Termin / ein Rezept / ihre Versichertenkarte.
4. Sie muss — ins Krankenhaus / nach Hause / zu ihrem Arzt.

Dialog 2 In der Anmeldung

1. Frau Tomba spricht mit — der Sprechstundenhilfe / der Apothekerin / der Ärztin.
2. Sie braucht — die Versichertenkarte / eine Krankmeldung / ein Rezept.
3. Sie muss — später kommen / im Wartezimmer warten / ein Formular ausfüllen.

Dialog 3 Im Sprechzimmer

1. Die Ärztin schickt Frau Tomba — ins Krankenhaus / in die Apotheke / zum Röntgen.
2. Frau Tomba bekommt — ein Rezept / ein Medikament / einen Verband.
3. Für den Röntgenarzt braucht sie — ein Rezept / eine Notiz / eine Überweisung.

6 Bei der Hausärztin – Ordnen Sie die Dialogteile zu. Hören Sie Dialog 3 noch einmal zur Kontrolle. Üben Sie den Dialog.

- ● Guten Tag, Frau Tomba. Was fehlt Ihnen denn?
- ○ ______________________________
- ● Hm, wie lange haben Sie das schon?
- ○ ______________________________
- ● Wir müssen erst mal röntgen. Ich schreibe Ihnen eine Überweisung zum Röntgen und ein Rezept für Schmerztabletten und eine Salbe.
- ○ ______________________________
- ● Ich schreibe Sie bis Freitag krank.
- ○ ______________________________
- ● Dreimal am Tag zu den Mahlzeiten.
- ○ ______________________________
- ● Nein, das dürfen Sie nicht!

1. Darf ich Sport machen?
2. Hier oben tut es so weh und da auch bis in mein Bein.
3. Ich brauche eine Krankmeldung …
4. Seit vorgestern …
5. Wie oft muss ich die Tabletten nehmen?

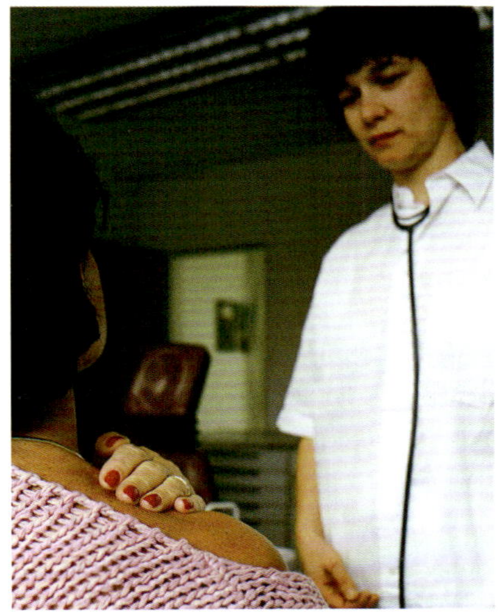

2.15

7 Modalverb *dürfen* – Ergänzen Sie die Dialoge und spielen Sie.

ich darf • du darfst • er/es/sie darf • wir dürfen • ihr dürft • sie/Sie dürfen

- ● __________ ich Sport machen?
- ● __________ wir Computer spielen?
- ● Herr Doktor, __________ mein Mann rauchen?

- ○ Nein, Sie __________ eine Woche lang nichts machen.
- ○ Ja, ihr __________ ein bisschen spielen.
- ○ Er __________ auf keinen Fall rauchen.

8 Dialoge beim Arzt – Schreiben und spielen Sie Kurzdialoge.

▸ S. 203

Das fragt/sagt die Ärztin / der Arzt:	Das können Sie sagen:
Wo tut es Ihnen weh?	Hier tut es weh.
Wo haben Sie Schmerzen?	Mir ist schlecht/nicht gut.
Was fehlt Ihnen denn?	Ich bin krank/erkältet.
Ich schreibe Ihnen ein Rezept/…	Ich habe Fieber/Grippe/Husten/Schnupfen …
Nehmen Sie die Tropfen dreimal täglich zum Essen/…	Ich habe Kopf-/Hals-/Ohrenschmerzen
Sie müssen sich ausruhen/viel schlafen …	Mein Bein/Arm … tut weh.
Sie dürfen nicht rauchen/arbeiten …	Ich brauche ein Rezept für … / eine Krankmeldung …
Sie dürfen keinen Alkohol trinken / keinen Sport machen.	Wie oft muss ich die Tropfen / die Medizin nehmen?
…	…

9 Eine E-Mail – Lesen Sie bitte. Ordnen Sie die Informationen den Personen zu.

Personen: Rita • Maike • Klaus • Jan • Lisa
Informationen: ist das Baby / die Tochter / der Vater / die Mutter / der Sohn
hat Rückenschmerzen/Husten / bekommt ein Baby

Maike ist das Baby.

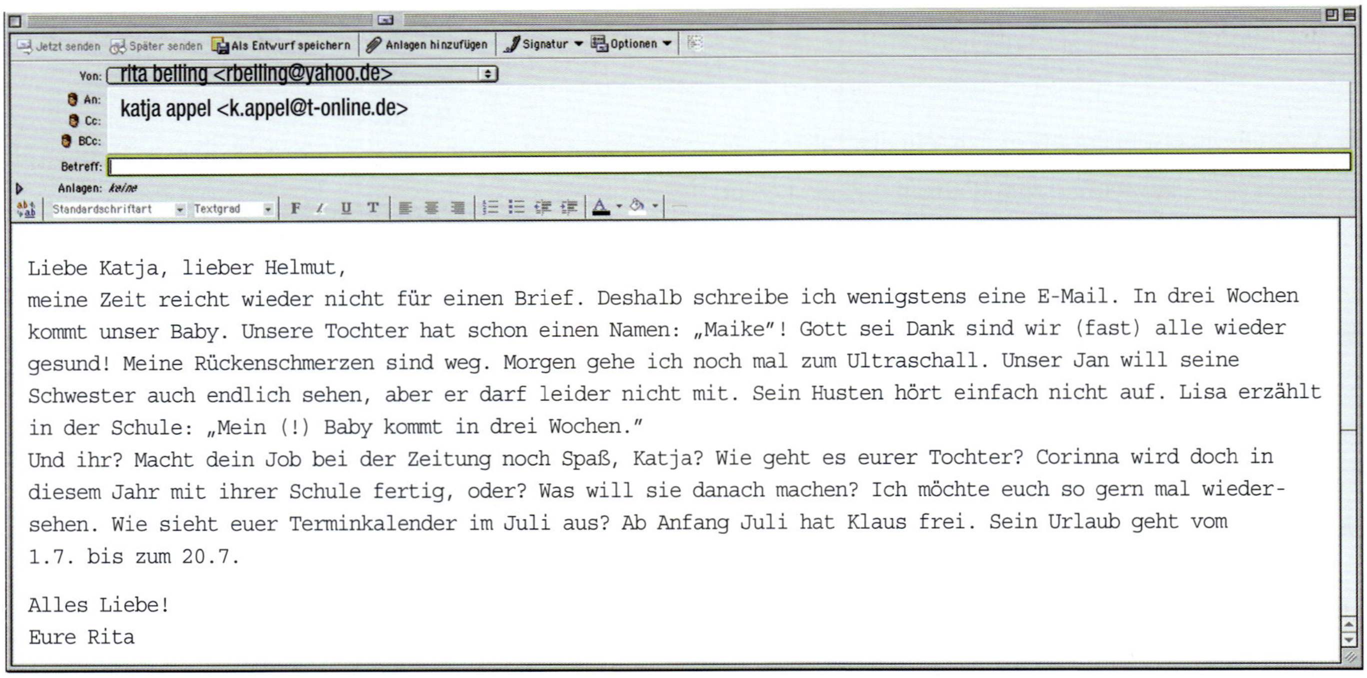
Jetzt senden | Später senden | Als Entwurf speichern | Anlagen hinzufügen | Signatur | Optionen

Von: rita belling <rbelling@yahoo.de>
An: katja appel <k.appel@t-online.de>
Cc:
BCc:
Betreff:
Anlagen: keine

Liebe Katja, lieber Helmut,
meine Zeit reicht wieder nicht für einen Brief. Deshalb schreibe ich wenigstens eine E-Mail. In drei Wochen kommt unser Baby. Unsere Tochter hat schon einen Namen: „Maike“! Gott sei Dank sind wir (fast) alle wieder gesund! Meine Rückenschmerzen sind weg. Morgen gehe ich noch mal zum Ultraschall. Unser Jan will seine Schwester auch endlich sehen, aber er darf leider nicht mit. Sein Husten hört einfach nicht auf. Lisa erzählt in der Schule: „Mein (!) Baby kommt in drei Wochen.“
Und ihr? Macht dein Job bei der Zeitung noch Spaß, Katja? Wie geht es eurer Tochter? Corinna wird doch in diesem Jahr mit ihrer Schule fertig, oder? Was will sie danach machen? Ich möchte euch so gern mal wiedersehen. Wie sieht euer Terminkalender im Juli aus? Ab Anfang Juli hat Klaus frei. Sein Urlaub geht vom 1.7. bis zum 20.7.

Alles Liebe!
Eure Rita

10 Possessivartikel (Formen)

a Markieren Sie in der E-Mail die Possessivartikel mit den Nomen.

meine Zeit   unser Baby

b Schreiben Sie die Possessivartikel zu den passenden Personalpronomen.

ich	du	er/es	sie	wir	ihr	sie/Sie
meine Zeit				unser Baby		

c Possessiv-Rap – Hören Sie zu, rappen Sie mit.

Possessiv-Rap
Mein, dein, sein und ihr,
im Singular, da sind es vier.
Unser, euer, ihr – au wei!
Im Plural sind es ja nur drei.
Und es tut kein bisschen weh:
Denn nur bei „die“, da steht ein -e.

11 **Possessivartikel und Kasus (N, A, D) – Die Endungen sind wie bei *ein/kein*. Sammeln Sie Beispiele im Kurs.**

N. Das ist / sind (Pl)	unser Hausarzt / unser Baby / unsere Tochter – Pl. unsere Töchter
A. Ich mag (A)	unseren Arzt / unser Krankenhaus / unsere Ärztin – Pl. unsere Ärzte
D. Wir spielen mit (D)	unserem Sohn / unserem Baby / unserer Tochter – Pl. unseren Töchtern

12 **Ersetzen Sie die Artikel durch Possessivartikel (N, A, D).**

► S. 205

mein • dein • sein • ihr • unser • euer • ihr/Ihr

1. Er besucht *die* Hausärztin.
2. Lest ihr *das* Buch?
3. Wir verkaufen *das* Auto.
4. Sie fährt mit *dem* Fahrrad ins Büro.
5. Er geht mit *dem* Hund spazieren.
6. Fährt er mit *dem* Auto in den Urlaub?
7. Ich lerne heute *die* Deutschlehrerin kennen.
8. Er muss *die* Waschmaschine reparieren.

Er besucht meine/unsere Hausärztin. Lest ihr …

13 **Aussprache üben: *r***

2.17 ► S. 206

a Hören Sie und sprechen Sie nach.

Sie sprechen *r*: der Rücken • ein Rezept • die Grippe • die Brust • Karies
sie braucht ein Rezept • krankschreiben • Sie dürfen nicht rauchen

Sie sprechen kein *r*: der Finger • die Schulter • untersuchen • der Hörtest
um vier Uhr • unser Auto verkaufen • euer Terminkalender • und ihr?

b Hören Sie und sprechen Sie nach.

2.18

1. Er hat Grippe und geht zum Hausarzt.↘
2. Darf Frau Traube am Computer arbeiten?↗
3. Der Arzt untersucht den Rücken und die Schulter.↘
4. Wer braucht ein Rezept?↘
5. Was macht Ihr Sohn im Urlaub?↘
6. Wir möchten euch wiedersehen.↘

14 **Projekt „Ärzte und Krankenhäuser" in Ihrer Nähe – Suchen Sie:**

- fünf Ärzte (Internist, Augenarzt …) mit Adresse und Telefonnummer.
- die Notrufnummern von Polizei, Feuerwehr …
- drei Krankenhäuser (Adressen/Telefonnummer).
- Notdienste (Apotheken – Ärzte – Zahnärzte …).

Viva Das Gesundheitsmagazin

Große Fitness-Umfrage: Was tun Sie für Ihren Körper?

Laura Brause (25), kaufmännische Angestellte

A Ich laufe jeden Morgen eine halbe Stunde! Das braucht mein Körper. Im Büro sitze ich den ganzen Tag vor dem Computer. Früher hatte ich oft Probleme mit starken Rückenschmerzen – heute bin ich den ganzen Tag fit. Zum Frühstück esse ich nur frisches Obst und Müsli, in der Firma dann meistens einen kleinen Joghurt oder einen frischen Salat. Das normale Kantinenessen macht dick!

Alexa Koller (35), Geschäftsfrau

B Bei mir im Haus gibt es ein Sonnenstudio. Da gehe ich oft abends hin. Das ist gut für meine Haut. Für regelmäßigen Sport habe ich keine Zeit. Ich bin Geschäftsfrau und habe einen kleinen Gemüseladen. Ich muss jeden Tag zehn Stunden arbeiten und habe viel Stress. Deshalb rauche ich auch noch. Nächstes Jahr will ich damit aufhören. Vielleicht mache ich dann auch ein bisschen Sport – Schwimmen oder so.

Eva Raguet (16), Schülerin

C Ich bin im Volleyballverein. Das ist prima! Wir trainieren zweimal in der Woche und am Samstag spielen wir gegen andere Clubs. Volleyball ist super! In unserem Verein haben wir einen großen Fitnessraum, da bin ich auch einmal in der Woche.

15 Globales Lesen – Zu welchen Texten passen die Aussagen?

	Texte
1. Sport ist interessant. Aber nur im Fernsehen.	___
2. Gesund essen ist sehr wichtig.	___
3. Etwas Sport und gesunde Ernährung sind wichtig.	___
4. Sport? Keine Zeit!	___
5. Ich brauche viel Sport.	___

16 Detailliertes Lesen – Wer tut was für seine Gesundheit? Notieren Sie Stichworte.

Laura: laufen, Obst, Salat ...

Sibylle Roth (58), Frührentnerin

D Ich bin seit ein paar Jahren Vegetarierin. Früher war ich oft krank. Das hatte bestimmt mit meiner falschen Ernährung zu tun! Seit drei Jahren esse ich nur noch Biogemüse, Obst und Milchprodukte von einem Biobauern aus unserer Region. Jetzt bin ich wieder schlank und habe fast keine Probleme mehr mit meiner Gesundheit. Ich sage immer: Auf die gesunde Ernährung kommt es an! Bei mir in der Nähe gibt es eine tolle Sauna. Da gehe ich alle zwei Wochen mit guten Freunden von mir hin.

Johannes Blass (45), Ex-Möbelpacker

F Ich finde Sport super. Jeden Samstag sehe ich drei Stunden Sport im Fernsehen. Aktiv darf ich nichts machen, weil ich Probleme mit meinem kaputten Rücken habe. 15 Jahre Möbelpacker! "Berufskrankheit", sagt der Arzt. Heute arbeite ich im Büro, aber durch das Sitzen habe ich zehn Kilo zugenommen. Mit dem Rauchen will ich aufhören, weil ich oft starken Husten und viele Erkältungen habe. Sonntags mache ich immer einen kurzen Spaziergang.

Tom Koenig (25), Verkäufer

E Fitness? Das ist das Wichtigste in meinem Leben! Mindestens dreimal die Woche: Mountainbikefahren, Joggen, Schwimmen, im Winter Ski fahren usw. Gesund essen ist auch wichtig, aber ich esse gern gut und es macht mir Spaß, mit Freunden zusammen ein paar Bier zu trinken. Zu Hause rauche ich fast nicht mehr. Meine Freundin ist Nichtraucherin. Früher habe ich viel Squash gespielt, aber ich habe ein bisschen Probleme mit meinen Knien.

17 Wer lebt gesund, wer nicht? Schreiben Sie die Namen auf die Skala.

gesund — ungesund

18 Zwei Interviews – Wohin passen Uli und Sophie auf der Skala in 17?

Strukturen verstehen

19 Adjektive vor dem Nomen – Markieren Sie die Adjektive vor den Nomen in den Texten A–F. Was fällt Ihnen auf?

Die häufigste Adjektivendung ist -__________.

Auf einen Blick

Im Alltag

1 Ich habe Probleme mit …

Arzt/Ärztin	Patient/Patientin
Wo tut es Ihnen weh? Tut das hier weh?	Ich habe …schmerzen Ich habe Erkältung/Schnupfen/Husten/Grippe/Fieber. Ich habe den Fuß / die Hand verstaucht. Ich habe Probleme mit dem/der … Mein Bein/Arm/Finger … tut weh. Meine Nase/… tut weh. Hier oben/unten/hinten tut es weh.
Wie lange haben Sie das schon? Hatten Sie das schon einmal?	Seit … Tagen/Wochen / letzten Montag.
Wir müssen röntgen / Blut abnehmen / einen Ultraschall/Hörtest/Sehtest machen.	
Ich schreibe Ihnen eine Überweisung / zum/zur … / eine Krankmeldung.	Ich brauche ein Rezept für … / eine Überweisung
Nehmen Sie die Tabletten/Tropfen dreimal täglich nach/vor den Mahlzeiten/ jede Stunde.	Wie oft muss ich die Tabletten/Tropfen nehmen?

2 Termin machen / Anmeldung

Haben Sie am Montag/morgen/übermorgen Zeit?
…
Können Sie heute/morgen … um 15 Uhr?
Kommen Sie am Donnerstag / in drei Tagen / … wieder.

Ich habe einen Termin bei Dr. …
Ich arbeite bis vier Uhr.
Ich kann ab fünf Uhr.
Ich kann (nicht) morgens/nachmittags nächste Woche bis/ab …

Grammatik

3 Possessivartikel

ich	mein	wir	unser
du	dein	ihr	euer
er/es	sein	sie/Sie	ihr/Ihr
sie	ihr		

ich ← meine → Tochter (die Tochter)

du ← dein Buch (das Buch)

4 Possessivartikel – Nominativ, Akkusativ, Dativ

Singular		der	das	die
Nominativ	Das ist	mein Sohn	mein Kind	meine Tochter
Akkusativ	Ich suche	meinen Sohn	mein Kind	meine Tochter
Dativ	Ich spiele mit	meinem Sohn	meinem Kind	meiner Tochter

Plural	die	
Nominativ	Das sind	meine Söhne/Kinder/Töchter
Akkusativ	Ich suche	meine Söhne/Kinder/Töchter
Dativ	Ich spiele mit	meinen Söhnen/Kindern/Töchtern

Alle Possessivartikel funktionieren so.
Bei *euer* fällt das e meistens weg: euer Sohn, eure Tochter, euren Sohn, eurem Hund ...

5 Modalverb dürfen (▶ S. 97)

ich	darf	Darf ich am Samstag wieder Sport machen?
du	darfst	Was sagt dein Arzt? Wann darfst du wieder aufstehen?
er/es/sie	darf	Er darf arbeiten, aber nur vier Stunden täglich.
wir	dürfen	Dürfen wir an Ihrem Computer arbeiten?
ihr	dürft	Ihr dürft hier nicht Rad fahren. Das ist verboten.
sie/Sie	dürfen	Sie dürfen hier nicht parken. Hier ist Parkverbot.

Aussprache

6 Laute: *r*

Sie lesen/schreiben *r*:	Sie hören/sprechen kein *r*:
-er am Wortende	Finger, Schulter, Tochter, Kinder
r nach langem Vokal	vier, Uhr, ihr, wir, der
in den Präfixen vor-, ver-, er-	vorstellen, verboten, verkaufen, erklären

Raststätte

2.20

1 Hören, verstehen und Wege beschreiben

a Wegbeschreibungen – Sammeln Sie Redemittel an der Tafel.

b Sie hören drei Dialoge. Wo wollen die Leute hin?

Dialog 1	Dialog 2	Dialog 3
Ziel: ______________	Ziel: ______________	Ziel: ______________

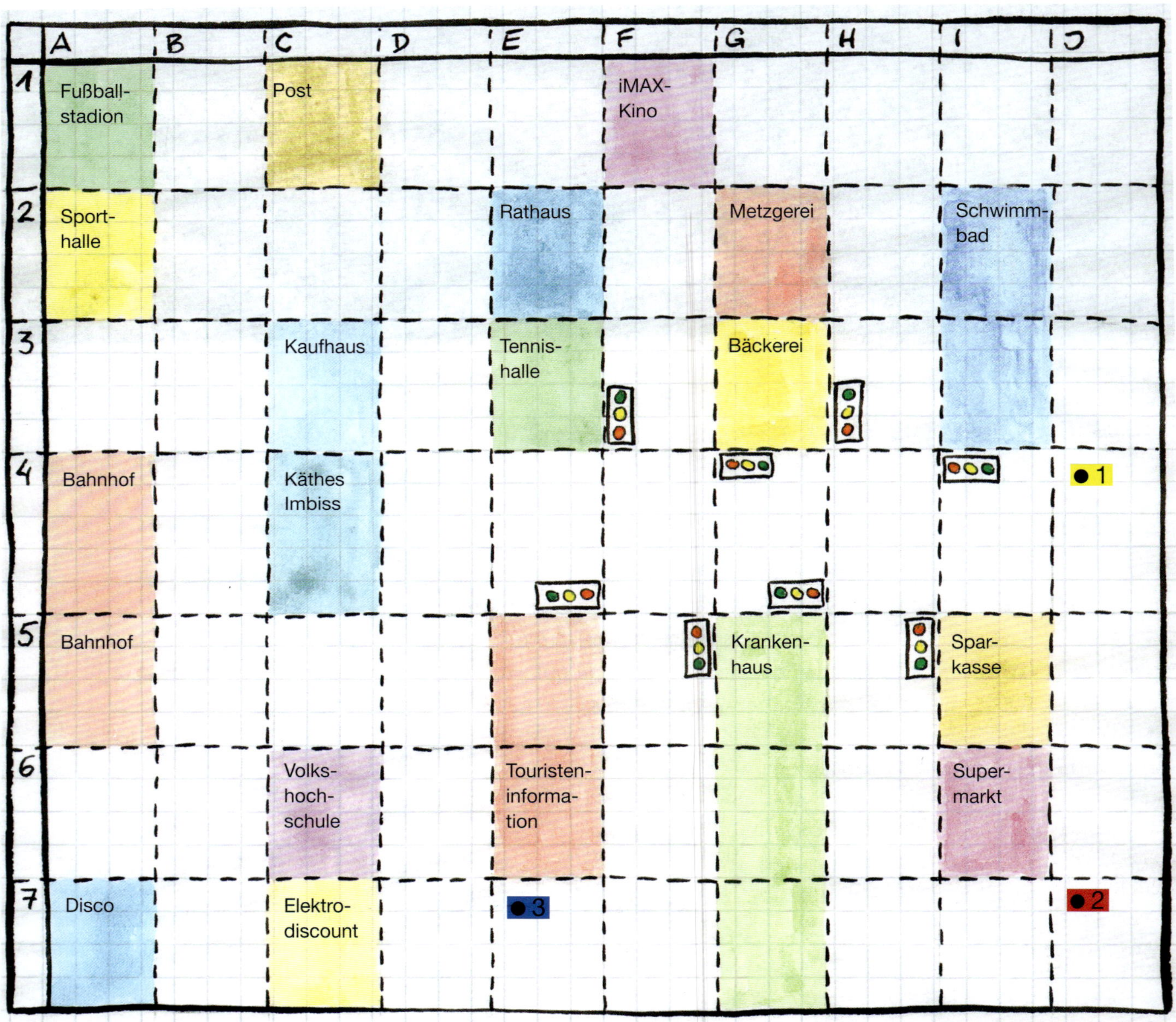

c Fünf Situationen – Spielen Sie Dialoge.

1. Sie sind in der Disco und wollen zum Bahnhof.
2. Sie sind am Bahnhof und wollen zum Rathaus.
3. Sie sind in der Volkshochschule und wollen zum Supermarkt.
4. Sie sind in der Touristeninformation. Sie brauchen Euros.
5. Sie sind in der Post und haben Hunger.

2 Vier Wortfelder wiederholen

a Arbeiten Sie in Gruppen. Jede Gruppe macht ein Lernplakat zu einem Wortfeld.

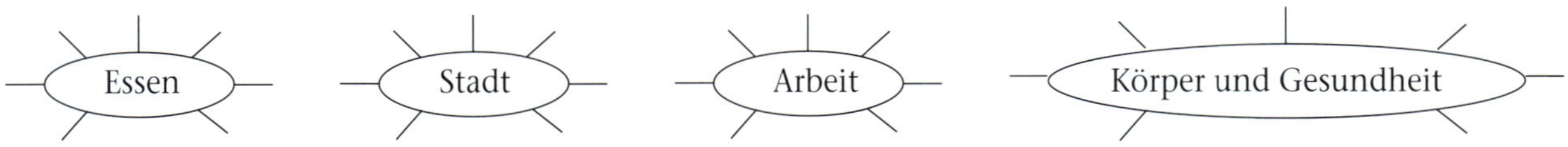

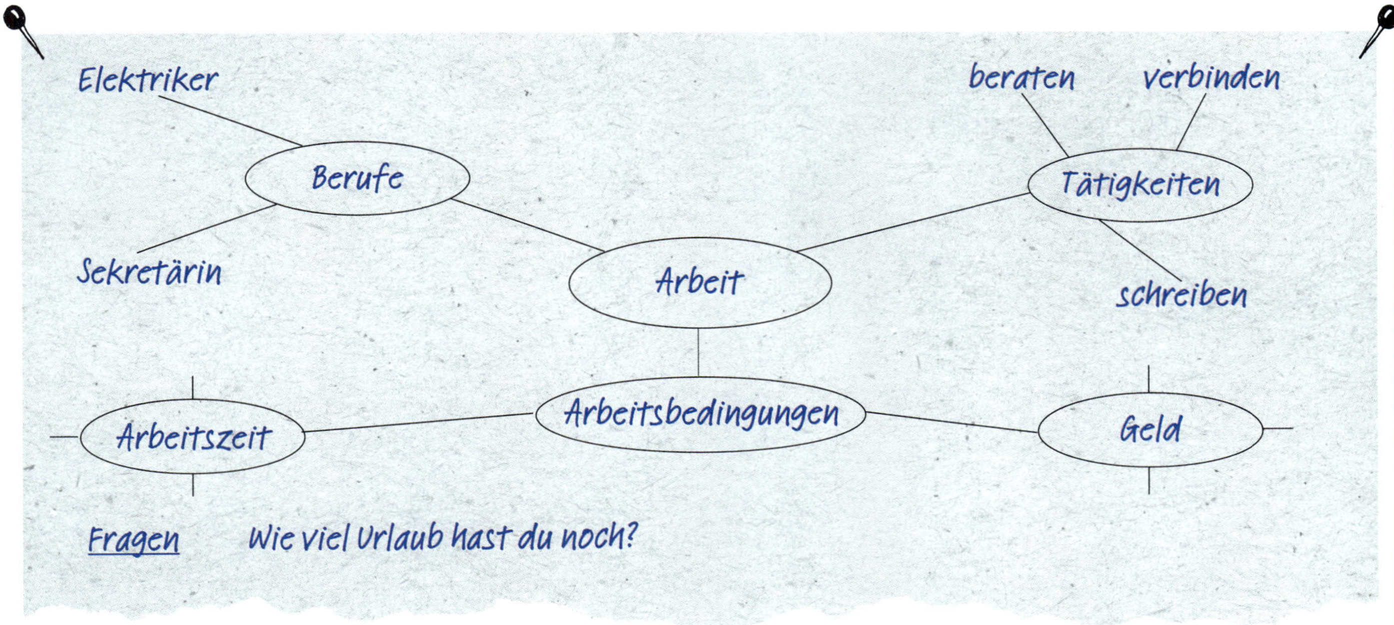

b Hängen Sie die Plakate im Kursraum auf. Ergänzen Sie den Wortschatz gemeinsam.

3 Satzanfänge

a Wählen Sie ein Thema:

Tagesablauf/Zeit   Einkaufen   Arbeit   In der Stadt   Im Unterricht

b Sie haben 5 Minuten Zeit. Wie viele Sätze finden Sie zu Ihrem Thema? Markieren Sie und schreiben Sie dann Sätze.

35 Stunden die Woche • am Montag arbeiten • am Sonntag nie • am Wochenende arbeiten • Auto fahren • den Marktplatz • der Bus auch nachts • Deutsch • die Straßenbahn ins Zentrum • die Tür zumachen • ein Kilo Tomaten • ein Rezept • ein Stück Butter • eine Krankmeldung • gern • Helgi nach Wien • Herrn K. • heute bis acht bleiben • kein Geld • keine Zeit • Kinder hast du • kostet das Buch • meinen Füller • mit dem Arzt sprechen • morgen nicht arbeiten • Probleme • Sie aus Spanien • die Elektriker • Stunden musst du arbeiten • Teilnehmerinnen sind im Kurs • Tests schreiben wir • um acht Uhr kommen • viel Geld • viel Geld verdienen • viele Überstunden machen • zu mir ins Büro kommen • zum Arzt

Unterricht

Ich lerne 35 Stunden in der Woche Deutsch.

4 Verben wiederholen

Schreiben Sie 20 Verben aus den Kapiteln 4 bis 9 auf Karten.

A nimmt eine Karte.
B wählt eine Person aus dem Kasten. →
A sagt einen passenden Satz.

ich	wir
du	ihr
Tina	Herr und Frau Müller

A 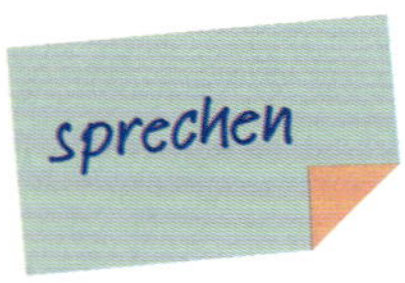

B Herr und Frau Müller

A Herr und Frau Müller sprechen Polnisch.

5 W-Fragen-Spiel

a Ergänzen Sie die Fragen. Es gibt zum Teil mehrere Möglichkeiten.

1. W__ k__ d__ ?
2. W__ St__ f__ zum Bahnhof?
3. W__ w__ Frau Wohlfahrt?
4. W__ v__ Eier m__ Sie?
5. W__ k__ m__ ins K__ ?
6. W__ v__l v__ Sie?
7. W__ f__ der F__ an?
8. U__ w__ v__l U__ k__ d__?
9. W__ t__ es Ihnen w__?

b Tauschen Sie Ihre Fragen im Kurs. Schreiben Sie Antworten.

6 Präpositionen wiederholen

a Kennen Sie noch den Merkspruch?

Herr v_____ N_____ s_____ z_____ und Frau
A_____ b_____ m_____ bleiben mit dem D_______ fit.

b **A sagt eine Präposition aus 6a. B sagt damit Sätze. Dann fängt B an …**

Das Auto ist	Bahnhof
Der Film geht	Berlin
Fährt der Bus	Tschechien
Ich arbeite	Miele
Ich bin gern	meinem Bruder
Ich fahre morgen	zwanzig Jahren
Ich lerne	Hause
Pavel kommt	20 Uhr bis 22 Uhr
…	…

7 Possessivartikel – Ordnen Sie bitte die Fragen und Antworten zu. Ergänzen Sie dann die Possessivartikel.

1. Wie heißt _euer_ Hausarzt?
2. Hast du dein Wörterbuch dabei?
3. Wo wohnt ________ Tochter?
4. Für wie viel verkaufen Sie ________ Auto?
5. Wie geht's ________ Sohn?
6. Haben Sie ________ Versichertenkarte?
7. Hast du die Telefonnummer von ________ Zahnarzt?

a) ________ Auto verkaufen wir nicht!
b) ________ Versichertenkarte? Was ist das?
c) Meine Tochter wohnt jetzt in Wien.
d) Ja, die ist 9 12 51 67.
e) Nein, ________ Wörterbuch ist zu Hause.
f) Unser Hausarzt heißt Dr. Mabuse.
g) Gut. Der wohnt jetzt mit ________ Freundin in München.

Wie heißt euer Hausarzt?

Unser Hausarzt heißt Dr. Mabuse.

Effektiv lernen

8 Lernkarten

Mit Lernkarten können Sie Grammatik üben. So funktioniert es:

Thema „Possessivartikel"

Vorderseite	Rückseite
M... Vater heißt Otto	mein

Thema: Ja/Nein-Fragen

Vorderseite	Rückseite
– Müller / heißen / Sie / ? – ...	– Heißen Sie Müller? – Ja. / Nein.
– Sie / nicht / sprechen / Deutsch / ?	Sprechen Sie nicht Deutsch? – ...

Thema: Präpositionen mit Dativ

Vorderseite	Rückseite
Wie komme ich z ... Stadtzentrum.	zum
Ich gehe mit mein ... Freundin ins Kino.	meiner

Schreiben Sie je vier Lernkarten. Tauschen Sie die Lernkarten im Kurs. Üben Sie gemeinsam.

Was kann ich schon?

9 Machen Sie Aufgabe 1 bis 9. Kontrollieren Sie im Kurs.

1. Fragen Sie nach dem Weg.

... das Rathaus?

... zum Bahnhof?

... ist das Internetcafé?

2. Ergänzen Sie die Präpositionen.

Ich wohne ______ ______ Nähe ______ Bahnhof.

Wie komme ich ______ U-Bahn-Station?

(16 Uhr 10) Es ist zehn ______ vier.

3. Ein Telefongespräch beginnen

○ Stadtverwaltung, guten Tag.

● ...

○ Einen Moment. Ich verbinde.

4. Thema „Arbeit" – Fragen Sie bitte.

...? Von 8 bis 5 Uhr.

...? 1000 Euro im Monat.

...? 30 Tage im Jahr.

5. Termin bei der Ärztin – Schreiben Sie bitte den Dialog.

○ Ich ... bei Frau Dr. Heitz.

● Können Sie morgen früh um 9 Uhr?

○ ☹ ☹ / Nachmittag / 17 Uhr 30

● Gut, dann kommen Sie bitte um sechs.

6. Sagen Sie, wo etwas wehtut.

○ Wo tut es Ihnen weh?

● Ich habe ... / Mein/Meine ...

○ Wie lange haben Sie das schon?

● ...

7. Thema „Körper" – Ergänzen Sie den Text.

Wir haben Millionen Haare, zwei A______________, zwei O______________, zwei A______________, zwei H______________, 10 F______________, zwei B______________, zwei F______________, 10 Z______________, aber nur ein H______________ und einen K______________.

8. Bilden Sie Sätze mit Modalverben.

Ich muss ...

Können Sie ...?

Darf ich ...?

Ich will ...

9. Ergänzen Sie die Possessivartikel.

Ich liebe m___________ Hund.

Kann ich d___________ Wörterbuch haben?

I___________ Mutter wohnt in Berlin.

U___________ Kinder haben Grippe.

Mein Ergebnis finde ich: ☺ 😐 ☹

Zimmer, Küche, Bad

B

5 ZKB Billig! 125 m² **Köln-Nippes**, Altb. 4. OG, Ofenhz; Tel: 8332412

A

Lohmar, 35-m²-Wohnung, 1 Zimmer, K, DU/WC, sep. Eingang / Etage, 250,– plus 150,– NK, S-Bahn 25 Min; Tel. 0 22 67/ 827 83 50

Checkliste „Wohnungssuche"

Wie viel Euro darf die Wohnung kosten?
Wie viele Zimmer brauche ich?
Wie groß muss die Wohnung sein?
Muss die Wohnung ruhig sein?
Brauche ich einen Parkplatz / einen Balkon / einen Garten?
Wo muss die Wohnung sein?
- *im Zentrum / am Stadtrand?*

Was möchte ich in der Nähe haben?
- *Arbeitsplatz*
- *Supermarkt ...*
- *Kino/Disco ...*
- *Spielplatz/Schule ...*
- *Haltestelle*
- *Sportmöglichkeiten*

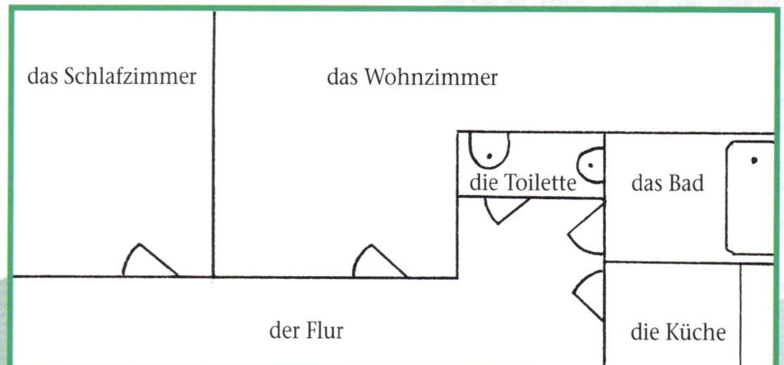

1 Abkürzungen – Lesen Sie die Anzeigen A–F und klären Sie die Abkürzungen und Wörter.

ZKB	Zimmer, Küche, Bad	Altb.	Altbau
2-Zi-APP	Zweizimmerappartement	Ofenhzg.	Ofenheizung
NK	Nebenkosten (Heizung, Wasser, Steuern ...)	DU/WC	Dusche/Toilette (keine Badewanne)
Kochni.	Kochnische	m²/qm	Quadratmeter
sep.	separat		

2.21

2 Ich suche eine Wohnung – Drei Dialoge. Ordnen Sie bitte den Anzeigen A–F zu.

Dialog 1	Dialog 2	Dialog 3
Anzeige ☐	Anzeige ☐	Anzeige ☐

C

Zeitraum: 01.01. bis 30.04.
Köln Poll, 19 m², 1 Zimmer, möbliert in 63 m² Wohnung, 2. Etage, sehr ruhig und hell, Bad, Kabel-TV, Waschmaschine, 2 Min. zur Linie 7! Nur für Frauen! Kaution € 500,– Miete € 230; Tel. 20 04 33

D

Zentrum, Apartment, 3 Zimmer, Küche, Diele, Bad, Balkon, 82 m², € 630,– Kaution.
Tel. Köln 366 15 95, ab 17 Uhr.

E

Köln Zentrum 2 ZKB, WC/DU, 86 m², Bahnhof 10 Min., € 585 + NK; 99 91 46

F

Köln-Neustadt, Aachener Straße, 4 Zimmer, Küche, Bad, WC, 103 m², Altbau, 740,– + Nebenkosten. 02234/790 090.

3 Hören Sie die Dialoge noch einmal. Notieren Sie Informationen zu den Stichwörtern.

▶ S. 212

S-Bahn/U-Bahn　　Kaution　　Nebenkosten　　Bus　　Auto

4 Wünsche und Möglichkeiten – Was ist für Sie wichtig? Lesen Sie die Checkliste. Machen Sie Notizen. Sprechen Sie im Kurs.

Die Wohnung kann bis zu 450 Euro kosten. Sie muss zwei Zimmer haben.

Miete ± 450,– inkl. NK
Größe 60 qm / 2 Zi.
Wichtig: Schule, Bus

Lernziele 10

- über Wohnungen sprechen
- Präteritum *haben/sein*
- Perfekt mit *haben*
- Konjunktionen: *aber, denn, und*

5 Wohnungssuche 1

a Lesen Sie die Texte und markieren Sie wichtige Informationen für die Wohnungssuche.

Lucia Paoletti ist 25 Jahre alt und Italienerin. Sie macht ein Praktikum als Toningenieurin bei „Filmwerk" in Köln. Zurzeit wohnt sie bei Freunden, aber sie sucht ein Zimmer für drei bis vier Monate. Lucia hat nicht viel Geld, aber sie hat ein Stipendium von 500 Euro im Monat und ihr Vater gibt ihr auch noch 100 Euro monatlich. Lucias Freund, Federico, will sie Ende Januar eine Woche besuchen. Nach dem Praktikum will Lucia vielleicht in Köln bleiben und studieren.

Ulrike und Bernd Klotz haben zwei Kinder. Sie brauchen eine größere Wohnung, denn bald kommt das dritte Kind. Herr Klotz ist Taxifahrer und verdient ungefähr 1900 Euro im Monat. Seine Frau betreut zweimal pro Woche zu Hause eine Kindergruppe mit drei Kindern und bekommt 250 Euro.

Das sind Güven und Susi Toluk. Güven ist Ingenieur und arbeitet seit zwei Jahren in Köln. Susi ist Deutschlehrerin. Sie unterrichtet 12 Stunden in der Woche Deutsch als Fremdsprache. Sie möchte gerne mehr arbeiten, aber das ist schwer in diesem Beruf. Güven verdient zurzeit 1800 Euro netto und Susi bekommt 400 Euro im Monat. Sie suchen eine Wohnung, für ungefähr 500–600 Euro im Monat, mit einem Kinderzimmer!

b Suchen Sie in den Anzeigen auf Seite 112–113 eine passende Wohnung.

6 Wohnungssuche 2 – Schreiben Sie die Dialoge und spielen Sie sie.

▶ S. 213

Dialog 1

- ● Eva Stortz.
- ○ Toluk / Ich suche …
- ● Sind Sie verheiratet?
- ○ + / Baby
- ● Das ist schön. Die Wohnung ist sehr gut für drei Personen.
- ○ Miete / €?
- ● 630 € / plus Nebenkosten.
- ○ – / zu teuer

Dialog 2

- ● Millowitsch.
- ○ Klotz / Ich suche …
- ● Ist die Wohnung für Sie allein?
- ○ – / Frau, Kinder
- ● Das ist ideal. Im Haus wohnen drei Familien mit Kindern.
- ○ Miete / €?
- ● Die Wohnung kostet 620 €. Dazu kommen etwa 60 € Nebenkosten. Die Wohnung hat Ofenheizung.
- ○ …

7 Konjunktionen: *und, aber, denn* – Markieren Sie in Aufgabe 5.

1	2			1	2	
Herr Klotz	(ist)	Taxifahrer	und	(er)	(verdient)	ungefähr 1900 Euro im Monat.
Zurzeit	(wohnt)	sie ...,	aber	sie	(sucht)	...

8 Was passt zusammen? Ordnen Sie zu.

▶ S. 214

1. Ich suche eine 2-Zimmer-Wohnung,
2. Morgen früh habe ich keine Zeit,
3. Wir brauchen eine große Wohnung,
4. Ich suche ein möbliertes Zimmer,
5. Die Wohnung ist ruhig,
6. Ich komme für drei Monate nach Köln,

a) denn wir haben drei Kinder.
b) denn ich mache hier ein Praktikum.
c) denn ich habe keine Möbel.
d) aber Sie können jetzt gleich kommen.
e) und sie liegt in der Nähe vom Park.
f) aber sie darf maximal € 300 kosten.

9 Nach dem Praktikum: Lucia hat eine Wohnung gefunden.

2.22

a Schauen Sie die Fotos an und hören Sie zu.
Nummerieren Sie die Fotos in der richtigen Reihenfolge.

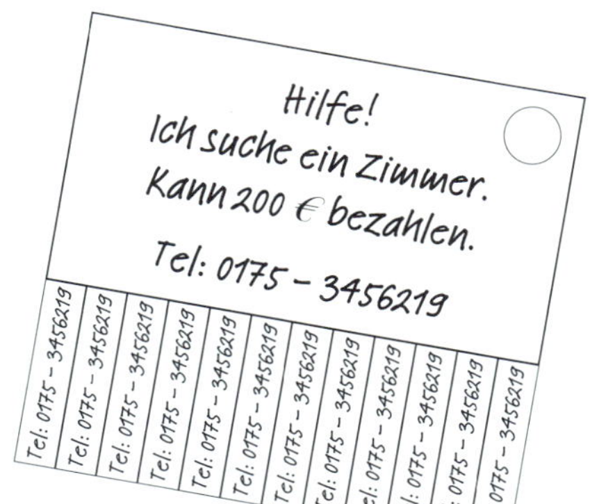

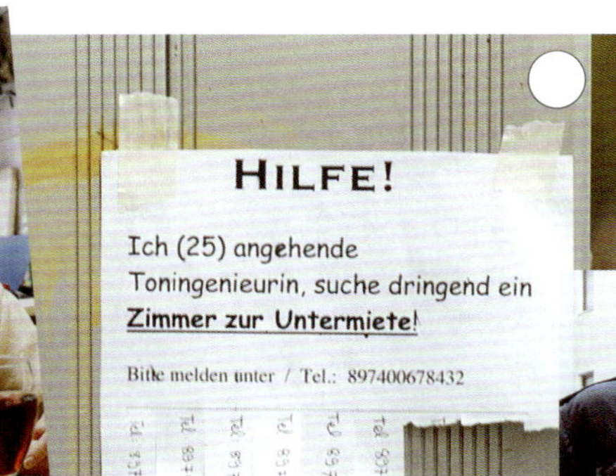

b Richtig oder falsch? Kreuzen Sie bitte an.

1. r f Lucia hat eine Anzeige in der Zeitung gelesen.
2. r f Frau Fischers Wohnung war plötzlich frei.
3. r f Frau Fischer hat Lucia einen Spiegel geschenkt.
4. r f Der Umzug hat drei Tage gedauert.
5. r f Federico hat beim Umzug geholfen.
6. r f Lucia hat die Kartons gepackt.
7. r f Frau Fischer hat die Waschmaschine getragen.
8. r f Lucias Freunde haben die Möbel getragen.
9. r f Lucia hat Lasagne gekocht.

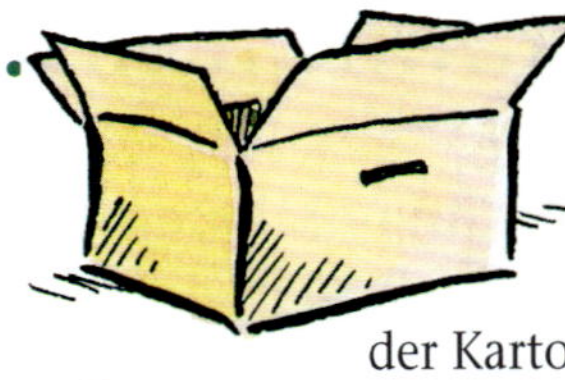
der Karton

10 Lucias Wohnung – Lesen Sie und korrigieren Sie die Aussagen aus 9b.

● Wie hast du die Wohnung gefunden?
○ Ich habe eine Zeichnung gemacht und habe sie im Supermarkt, an Haltestellen usw. aufgehängt. Kurz danach hat Frau Fischer angerufen. Ihr Mieter hat plötzlich gekündigt und da war die Wohnung frei!
● Da hattest du aber Glück!
○ Und wie! Und Frau Fischer ist so nett. Wir haben telefoniert, sie hat mich eingeladen und ich habe mich vorgestellt. Ich habe gleich den Mietvertrag unterschrieben. Sie hat mir sogar Möbel geschenkt. Hier, den Schrank, den Spiegel und den Stuhl.
● Toll! So einen Schrank hatte meine Oma auch. Und dann? Der Umzug hat ja nicht lange gedauert. War Federico da?
○ Nein, der hatte Grippe. Aber meine Freunde haben einen VW geliehen. Ich habe gepackt und die Jungs haben geholfen. Es war ja nicht so viel. Die Jungs haben auch alles hochgetragen. Die Kartons waren ja nicht so schwer, aber die Waschmaschine ...
● Und du?
○ Ich habe für alle Spaghetti gekocht. Frau Fischer hat zwei Flaschen Wein mitgebracht und wir haben gut gegessen, getrunken und viel erzählt.

der Schrank

der Spiegel

11 Perfekt – Markieren Sie die Perfektformen in 10. Wie heißen die Infinitive?

● Wie hast du die Wohnung gefunden?

finden!

der Stuhl

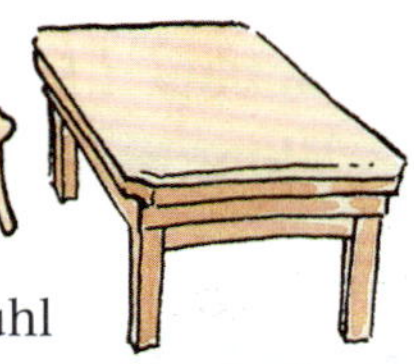
der Tisch

12 Partizip II

a Markieren Sie *ge* und machen Sie eine Tabelle.

gemacht – angefangen – gekauft – unterschrieben – gekündigt – gepackt – geliehen – hochgetragen – verkauft – gelesen – aufgehängt – telefoniert – eingeladen – notiert – geschenkt – geliehen – eingepackt – geholfen – gekocht – angerufen – getrunken

der Sessel

das Bett

einfache Verben	trennbare Verben	nicht trennbare Verben	Verben auf -ieren
gemacht	angefangen	verkauft	telefoniert

b Partizip II der unregelmäßigen Verben – Markieren Sie in der Tabelle alle Partizipien mit der Endung *-en*. Wie heißen die Infinitive?

Unregelmäßige Verben: Das Partizip II hat die Endung -en.
Oft ändert sich auch der Stammvokal: helfen → geholfen, leihen → geliehen

13 Güven und Susi haben eine Wohnung gefunden. Schreiben Sie.

▶ S. 215

zuerst • dann • danach • später • daraufhin • schließlich • zuletzt

(eine Zeitung) kaufen / (eine Anzeige) lesen / (mit dem Vermieter) telefonieren / (die Wohnung) ansehen / (den Mietvertrag) unterschreiben / (die alte Wohnung) kündigen – (Kartons) packen / (Auto) leihen / (viele Freunde) anrufen / (alles) hochtragen / (3 Kästen Bier) trinken / (Lammbraten) kochen / (die Nachbarn) zum Fest einladen

Zuerst haben Güven und Susi eine Zeitung gekauft. Dann haben …

14 Präteritum von *sein* und *haben*

▶ S. 216

a Ergänzen Sie die Tabelle. Suchen Sie in Aufgabe 10.

	ich	du	er/es/sie	wir	ihr	sie/Sie
haben	*hatte*	______	______	______	______	______
sein	*war*	______	______	______	______	______

b Schreiben Sie die Sätze.

1. letzte Woche / mein Umzug / sein / .
2. ich / viel zu tun / haben / .
3. Federico / leider krank / sein / .
4. meine Freunde / Zeit / haben / .
5. du / viel Arbeit / haben / ?
6. der Umzug / nicht kompliziert / sein / .

Letzte Woche war …

15 Aussprache von *w–f / v–s*

a Hören Sie und sprechen Sie nach.

2.23

▶ S. 217

wohnen • warm • eine Woche • der Wein • Wer will wann in welche Wohnung?

fahren • vermieten • das Telefon • am Freitag • Frau Fischer hat um fünf nach vier angerufen.

sie lesen • am Sonntag • suchen • sehr sauber • Susi saust am Samstag in den Supermarkt.

was • der Bus • das Wasser • alles macht Spaß • Klaus liest montags die Zeitung im Bus.

b Hören Sie und sprechen Sie nach.

2.24

Wer vermietet die Wohnung?↘

Welchen Beruf hat Walter Fischer?↘

Am Samstag essen sie Pizza und Salat.↘

Wer will eine Waschmaschine verkaufen?↘

Frau Funk kommt um Viertel vor fünf.↘

Dazu gibt es Mineralwasser und Saft.↘

Deutsch verstehen

16 **Sag mir, wo die Möbel sind – Ein Wortfeld erarbeiten. Hören Sie das Lied. Notieren Sie die Wörter zu den Bildern.**

2.25

das Regal

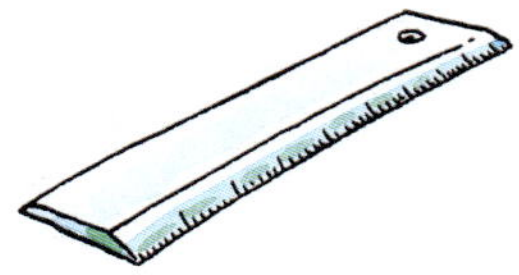

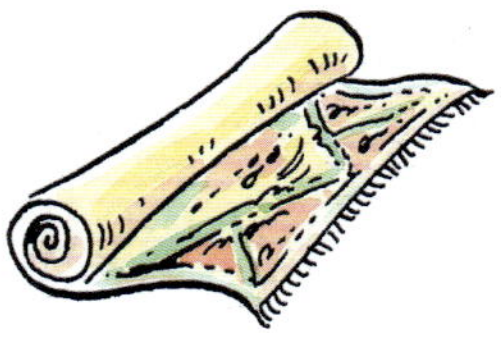

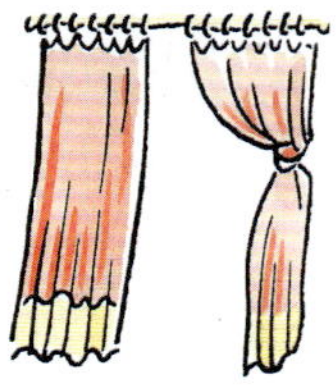

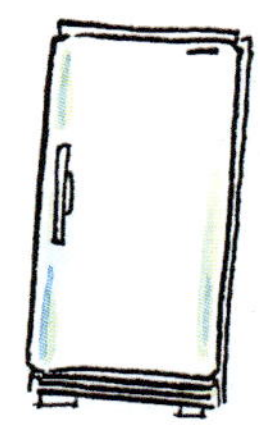

Sag mir, wo die Möbel sind,
wo sind sie geblieben?

Ich steh in meiner Wohnung rum,
habe nichts zum Liegen.
Stühle, Sessel, Tisch und Bett –
sie sind weg, ist nicht nett.

Refrain: Sag mir …

Auch der Schreibtisch und's Regal,
Füller, Bleistift, Lineal,
sind nicht da, nicht egal!

Refrain

Teppich, Vorhang, Küchenschrank,
nichts ist da, das macht mich krank!
Leere Wände und kein Bild.
Ich krieg die Wut und werde wild!

Refrain

Halt! Da klingelt's an der Tür,
wer mag da wohl kommen?
„Guten Tag, Spedition Zapf. Wir bringen die Möbel!"

Sag, wo soll die Lampe hin?
Ach, so viele Fragen!
Kleiderschrank und Kinderbett,
hilf doch mal beim Tragen!
Kühlschrank hier und Sofa dort,
Mensch, das wird ein schöner Ort!

Sag, wo soll'n die Möbel hin?
Ach, so viele Fragen!
Badewanne und WC
sind schon da! Ist o.k.
Auch die Spüle und das Becken
sind schon drin, muss niemand schleppen.

17 **Welche Möbel passen in die Räume? Notieren Sie.**

Wohnzimmer	Küche	Schlafzimmer	Arbeitszimmer	Sonstiges
der Sessel				

Borstellstraße 24

A Hausordnung

Treppenreinigung: Bitte reinigen Sie 1x pro Monat die Treppe und den Flur.
Ruhe: Bitte vermeiden Sie Lärm!
Besonders in der Mittagspause und nach 22 Uhr.
Müll: Bitte beachten Sie die Hinweise zur Mülltrennung!
Bitte halten Sie den Müllplatz sauber.
Waschküche: Bitte tragen Sie Waschzeiten zwei Tage vorher ein.
Hof: Parken ist im Hof verboten!
Fahrräder bitte in den Fahrradkeller stellen.
Hausmeister: Gustav Kreil, Borstellstraße 28,
Tel: 330897

B Mülltrennung

C Einzugsparty

Liebe Nachbarn!
Wir sind neu im Haus!
Kommt doch alle
zu unserer Einzugsparty!
Freitag, 6. Juni, ab 18.00 Uhr
Ihre Familie Rosenstock, 2.Stock

D !!! Heizungsablesung !!!

Am Donnerstag, den 5. Juni, kommt die Firma ISKA
zur Heizungsablesung.
Bitte sorgen Sie dafür, dass zwischen 14 und 18 Uhr
jemand zu Hause ist, oder geben Sie
einen Hausschlüssel bei mir ab.

Gustav Kreil (Hausmeister)

18 Welche Texte passen zu den Aussagen 1–4?

	Text
1. „Hören Sie, es ist Mittagspause. Machen Sie die Musik leise!“	___
2. „Herr Kreil, hier ist mein Schlüssel. Ich bin heute nicht da.“	___
3. „Guten Tag, ich bin Frau Bläss aus dem 3. Stock. Vielen Dank für die Einladung. Mein Freund und ich kommen gern.“	___
4. „Die Zeitungen dürfen Sie nicht in die grüne Tonne tun.“	___

Strukturen verstehen

19 Hypothesen zu Wörtern

Welche Wortteile kennen Sie? Wie heißt das Grundwort? Gibt es ein ähnliches Wort in Ihrer Sprache?
Hilft der Kontext / das Thema?

Mittagsruhe	der Mittag + die Ruhe
Fahrradkeller	das Fahrrad + der Keller
Heizungsablesung	heizen / die Heizung + ablesen / die Ablesung

Auf einen Blick

Im Alltag

1 Ist die Wohnung frei?

Das können Sie fragen:

Ich habe Ihre Anzeige gelesen.
Ich suche eine Wohnung.
Ist die Wohnung / das Zimmer noch frei?
Wie hoch ist die Miete?
Wie hoch sind die Nebenkosten?
Muss ich Kaution bezahlen?
Wann kann ich die Wohnung ansehen?
Gibt es einen ISDN-Anschluss?
Wo kann ich meine Wäsche waschen/trocknen?
Wo kann man das Auto parken / das Fahrrad abstellen?

Gibt es in der Nähe	einen Supermarkt / eine Haltestelle ... ?
Wie weit ist es bis	zum Bahnhof / zu den nächsten Geschäften / ins Stadtzentrum ... ?

Grammatik

2 Konjunktionen *und, aber, denn*

1	2			1	2	
Herr Klotz	(ist)	Taxifahrer	**und**	(er)	(verdient)	1900 Euro.
Zurzeit	(wohnt)	Lucia bei Freunden,	**aber**	sie	(sucht)	ein Zimmer.
Wir	(brauchen)	eine große Wohnung,	**denn**	wir	(haben)	Kinder.

3 Präteritum: *sein* und *haben*

Infinitiv	sein	haben	**Infinitiv**	sein	haben
ich	war	hatt**e**	wir	war**en**	hatt**en**
du	war**st**	hatt**est**	ihr	war**t**	hatt**et**
er/es/sie	war	hatt**e**	sie/Sie	war**en**	hatt**en**

④ Perfekt – Satzklammer (▶ S. 95)

	haben/sein		Partizip II
Ich	habe	die Kisten	gepackt.
Federico	ist*	nicht	gekommen.

*Perfekt mit *sein*
▶ Kapitel 11

⑤ Verb – Partizip II

	regelmäßige Verben		unregelmäßige Verben	
	Infinitiv	Partizip II	Infinitiv	Partizip II
einfache Verben	hören packen	gehört gepackt	lesen nehmen	gelesen genommen
trennbare Verben	einkaufen abholen	eingekauft abgeholt	einladen anrufen	eingeladen angerufen
nicht trennbare Verben	verkaufen	verkauft	bekommen verstehen	bekommen verstanden
Verben auf *-ieren*	telefonieren	telefoniert		

TIPP Die unregelmäßigen Verben immer mit Infinitiv und Partizip II lernen.

lesen
ich lese / sie liest
ich habe gelesen

Aussprache

⑥ Aussprache von *w–f/v–s*

Sie lesen / schreiben:

Sie hören / sprechen:

w	♫: wer, Wein, schwer, wohnen
f/v	fahren, anfangen, vier
s- am Wort-/Silbenanfang	♫: Sonntag, sehr, besuchen
-s am Wort-/Silbenende / *ss*/*ß*	Bus, Spaß, Wasser

Was ist passiert?

B

- ● Wo warst du gestern?
- ○ Ich war im Krankenhaus. Ich bin von der Leiter gefallen.

A

- ● Was hast du am Wochenende gemacht?
- ○ Ich war in einem Rock-Konzert, „Pur im Park“.

C

- ● Und was haben Sie am Wochenende gemacht, Herr Schuhmann?
- ○ Am Samstag habe ich lange geschlafen. Ich bin um elf aufgestanden …

Hallo, Leute,
Wien ist toll! Gestern war ich den ganzen Tag im Prater. Ich bin mit dem Riesenrad gefahren und habe fast ein Kilo Eis gegessen!! Abends waren wir dann in einem „Beisl". Das sind kleine Weinlokale. Nach drei Gläsern Wein habe ich alle Leute prima verstanden!
Morgen gibt es Kultur: das Kunsthistorische Museum, Schloss Schönbrunn, Stephansdom ... und abends gehen wir ins Burgtheater.
Bis bald und viele Grüße!
Eure Helgi
PS: Weiter viel Spaß beim Perfekt!?

D

● Oh, schaut mal, Birsen hat einen Kuchen mitgebracht.

E

● Wo ist eigentlich Helgi?

Lernziele 11

- über Tagesabläufe sprechen
- Lebensläufe schreiben
- sagen, was man gemacht hat
- Perfekt mit *sein*
- Zeitadverbien

1 Fünf Dialoge – Lesen und hören Sie bitte. Richtig oder falsch? Kreuzen Sie an.

2.26

1. r f Die Rockband hat über zwei Stunden gespielt.
2. r f Herr Schuhmann ist ins Restaurant gegangen.
3. r f Carmen hat ein Problem mit dem Bein.
4. r f Hosni ist beim Fensterputzen von der Leiter gefallen.
5. r f Birsen hat Geburtstag.
6. r f Helgi war zu spät an der Straßenbahnhaltestelle.

2 Was hat Herr Schuhmann am Wochenende gemacht? Schreiben Sie bitte.

▶ S. 218

ist ... aufgestanden – ist ... gegangen – hat ... besucht – hat ... gegessen – ist ... gefahren – hat ... geschlafen

Herr Schuhmann hat lange ge.... Er ist um ...

3 Gestern war Haushaltstag bei Hosni.

a Nummerieren Sie die Ausdrücke in der zeitlichen Reihenfolge.

- ☐ hat weggebracht (die Flaschen)
- ☐ ist gefahren (zum Unfallarzt)
- ☐ hat geholt (die Leiter)
- ☐ hat geputzt (das Fenster)
- ☐ ist gegangen (zu Hause ins Bett)
- ☐ hat angerufen (seine Mama)
- ☐ hat gewählt (112)
- ☐ hat ferngesehen (den ganzen Abend)
- ☐ hat geduscht
- 1 hat geklingelt (der Wecker)
- ☐ hat gerufen (den Krankenwagen)
- ☐ ist aufgestanden
- ☐ ist aufgewacht
- ☐ hat abgewaschen
- ☐ hat gefrühstückt
- ☐ ist gewesen (drei Stunden im Krankenhaus)
- ☐ ist gefallen (von der Leiter)

b Schreiben Sie eine Geschichte. Benutzen Sie auch die Zeitangaben.

Zuerst … Dann … Danach … Schließlich … Zuletzt …

Der Wecker hat um 6 Uhr geklingelt und Hosni ist aufgewacht. Zuerst hat er geduscht und dann …

Um 7 Uhr ist Hosni aufgewacht. Der Wecker hat nicht geklingelt! Zuerst hat er abgewaschen. …

▸ S. 219

4 Diese Verben bilden das Perfekt mit *sein*. Wie heißen die Infinitive? Ordnen Sie zu.

ist … umgestiegen • ist … gefahren • ist … gegangen • ist … eingeschlafen • ist … gefallen • ist … aufgewacht • ist … aufgestanden • ist … gekommen

Bewegung	Zustandsveränderung	Ausnahmen
einsteigen – ist eingestiegen	ist eingeschlafen	sein – ist … gewesen
		bleiben – ist … geblieben
		passieren – ist … passiert

5 Ihr Tag

a Ergänzen Sie die Fragen.

1. nach Hause kommen: Wann ______________ du gestern ________________________________ ?
2. Hausaufgaben machen: Wie lange ______________ du ________________________________ ?
3. fernsehen: Wie lange ______________ du ________________________________ ?
4. ins Bett gehen: Wann ______________ du ________________________________ ?
5. aufwachen: Wann ______________ du heute Morgen ________________________________ ?
6. am Sonntag aufstehen: Wann ______________ du ________________________________ ?
7. für den Test lernen: Wie lange ______________ du ________________________________ ?
8. zu Mittag essen: Wann ______________ du gestern ________________________________ ?

b Schreiben Sie Antworten zu 5a in ganzen Sätzen.

Ich bin gestern um vier Uhr nach Hause gekommen.

6 *Was hast du … gemacht?* Fragen Sie im Kurs.

▸ S. 220

vorgestern • gestern • letzten Monat • letztes Wochenende • letzte Woche • am Samstagabend • am Sonntagmittag • gestern Morgen/Nachmittag/Abend

Was hast du gestern gemacht?

Ich bin um 6 Uhr aufgestanden und habe Hausaufgaben gemacht!

Ich war in München. Ich habe Freunde besucht.

7 Aussprache: *h*-Laut. Hören Sie und sprechen Sie nach.

2.27

heute • hier in Hamburg • Hausaufgaben • nach Hause kommen • Haushaltstag haben • Husten haben • von Hannover nach Hamburg • in Heidelberg heiraten • Hallo, Heidi!

Gestern hat Herr Hansen seine Heidi geheiratet.↘ Wo?↗ In Hamburg!↘

Heute hat Hosni keine Hausaufgaben gemacht.↘ Hosni hat Haushaltstag!↘

8 *e* unbetont – Hören Sie und sprechen Sie nach.

2.28

▸ S. 221

gemacht • besuchen • nach Hause gehen • danke • die Woche • viele Grüße • die Postkarte

Ich habe alle Leute verstanden.↘ Heute habe ich lange geschlafen.↘

2.29

9 Das Fotoalbum von Swetlana Riesen

a Schauen Sie die Fotos an. Beantworten Sie 1 bis 5. Raten Sie bitte.

b Hören Sie das Interview. Korrigieren Sie Ihre Vermutungen aus 9a.

a = Raten Sie! b = Korrigieren Sie.

①

1. Woher kommt Swetlana Riesen?

a	b	
☐	☐	Aus Polen.
☐	☐	Aus Russland.
☐	☐	Aus Tschechien.

2. Zu Foto 1: Wie alt ist sie ungefähr?

a ________ b ________

②

3. Zu Foto 2: Sie geht ...

a	b	
☐	☐	... in die Küche.
☐	☐	... zum Geburtstag.
☐	☐	... in die Schule.

③

4. Zu Foto 3: Was macht sie hier?

a	b	
☐	☐	Sie fährt in Urlaub.
☐	☐	Sie arbeitet als Straßenbahnfahrerin.
☐	☐	Sie fährt in die Stadt.

5. Zu Foto 5: Wo ist das?

a	b	
☐	☐	Bei einer Familienfeier.
☐	☐	Im Sprachkurs.
☐	☐	Bei der Weihnachtsfeier in der Firma.

⑤

④

10 Lebenslauf – Ordnen Sie die Textabschnitte in der richtigen Reihenfolge.

a ☐ 1993 sind wir nach Deutschland ausgereist. Zunächst habe ich einen Sprachkurs in der Benedictschule besucht und habe dann einen 8-monatigen Lehrgang „Handel. Lager und Versand" bei der DAA* gemacht.

b ☐ Dann habe ich eine Ausbildung als Straßenbahnfahrerin gemacht und habe ein Jahr als Straßenbahnfahrerin in Tula gearbeitet. 1989 sind wir wieder nach Orenburg umgezogen. Dort habe ich in einem Bauunternehmen gearbeitet.

c ☐ Seit dem 1. Februar 2000 bin ich Angestellte in der Anna-Luise-Altendorf-Stiftung in Minden.

d ☐ Nach meiner Schulausbildung bin ich mit meiner Familie 1981 nach Tula gezogen. Tula liegt bei Moskau. Da habe ich dann meine Berufsausbildung als Kassiererin in der Handelsschule gemacht. Danach habe ich fünf Jahre im Einzelhandel gearbeitet.

e ☐ Ich heiße Swetlana Riesen. Ich bin im Jahr 1964 in Orenburg in Russland geboren. Meine Mutter hat als Buchhalterin gearbeitet. Ich habe zwei Geschwister: eine Schwester und einen Bruder. 1971 bin ich in Kasachstan in die Schule gekommen.

f ☐ Bei der DAA habe ich danach eine Umschulung zur Industriekauffrau gemacht. Das hat noch einmal 21 Monate gedauert.

*Deutsche Angestellten-Akademie

11 Interviews im Kurs

a Lesen Sie die Stichwörter und notieren Sie Fragen für Interviews.

► S. 221

b Notieren Sie Stichwörter zu Ihrem Lebenslauf.

Name	Wie?
Geboren	Wann? Wo?
Eltern	Beruf/Arbeit?
Geschwister	Bruder/Schwester?
Wohnen	mit Mutter/Vater/Onkel/Tante/Großmutter/Großvater?
Schulausbildung	Welche Schule? Von wann bis wann? Wo?
Berufsausbildung	Welcher Beruf? Von wann bis wann? Wo?
Ausreise/Umzug	Wann? Wohin? Mit Familie/allein?
Sprachkurs/Lehrgang	Wo? Wie lange? Was?
Familie	verheiratet? Kinder?
Beruf/Arbeitsstelle	Was? Wo?

Wie heißen Sie?

Wann sind Sie nach Deutschland gekommen?

c Machen Sie Interviews im Kurs.

12 Wiener Geschichten

a Was ist in Wien passiert? Lesen und hören Sie.

„Hallo, Helgi!“
„Hallo, Carmen!“
„Wie geht’s dir?“
„Mir? Einfach toll!“
„Wie war’s in Wien?“
„Super! Wien ist super! Eine tolle Stadt, in der man so viel erleben kann ...“
„Äh, ich habe mal eine Frage an dich, vielleicht ein bisschen indiskret ...“
„Carmen! Du bist meine Freundin, frag mich! Dir sage ich alles!“
„In deiner Karte hast du geschrieben, ‚gestern war *ich* im Prater‘ und dann hast du geschrieben, ‚abends sind *wir* dann in einem Beisl gewesen‘ ...Wie heißt er?“
„Also Carmen! Das ist wirklich indiskret ... Er heißt Leopold ... “
„Und?“
„Er ist süß. Ein echter ‚Weana‘. Sein Charme, seine Augen, sein Lächeln, sein ...“
„Helgi, du bist ja verliebt!“
„Vielleicht, ein bisschen ...“
„Hast du ein Foto? Wie hast du ihn kennen gelernt?“

b Schauen Sie die Bilder an. Wer ist Leopold? Hören Sie zur Kontrolle.

c **Lesen und hören Sie weiter.**

2.32

„... Dann hat er mich gefragt: ‚Kennst du Wien?' Ja, und dann hat er mir seine Stadt gezeigt. Wir sind mit seinem Auto ins Zentrum gefahren, dann sind wir durch die Altstadt spaziert und über den „Naschmarkt" gegangen. Das ist ein toller Markt. Und am Abend sind wir in ein ‚Beisl' gegangen. Und im ‚Beisl' ... ähm ...
Also ... am nächsten Morgen ist er ins Hotel gekommen und hat mich abgeholt. Kulturtag! Wir sind in das Kunsthist..."
„Stopp! Das weiß ich doch alles, das hast du uns auf deiner Karte geschrieben. Was war im Beisl? Ich möchte wissen, was du nicht geschrieben hast!"

d **Was hat Helgi nicht auf der Postkarte geschrieben? Sammeln Sie Ideen im Kurs. Hören Sie dann den Schluss.**

2.33

Er ist 1,57 groß.

Er ist 90 Kilo schwer.

Er hat ...

e **Was macht Carmen in Wien? Schreiben Sie einen Text mit fünf Sätzen.**

Strukturen verstehen

13 Personalpronomen Dativ und Akkusativ

a ***dir, dich, ihn ...*: Wer sind die Personen? – Notieren Sie.**

Carmen: Wie geht's dir? Helgi
Carmen: ... ich hätte mal eine Frage an dich ... ______
Helgi: Dir sage ich alles! ______
Carmen: Wie hast du ihn kennen gelernt? ______
Helgi: Dann hat er mich gefragt ... ______
Helgi: ... dann hat er mir seine Stadt gezeigt. ______
Carmen: ... das hast du uns auf deiner Karte geschrieben. ______

b **Markieren Sie die Formen aus 13a in der Tabelle.**

	Personalpronomen					
Nominativ	ich	du	er/es/sie	wir	ihr	sie/Sie
Akkusativ	mich	dich	ihn/es/sie	uns	euch	sie/Sie
Dativ	mir	dir	ihm/ihm/ihr	uns	euch	ihnen/Ihnen

Auf einen Blick

Im Alltag

1 Was hast du ... gemacht? (▶ S. 48)

Was	hast du gestern gemacht?
Wann	bist du gestern nach Hause gekommen?
Wie lange	hast du für den Test gelernt?
Wie viel Zeit	hast du für die Aufgaben gebraucht?
Von wann bis wann	warst du in der Schule?

2 *Zuerst, dann, danach ...*

Reihenfolgen	Zuerst	bin ich aufgestanden.
	Dann	habe ich geduscht.
	Danach	habe ich das Bett gemacht.
	Schließlich	habe ich gefrühstückt.
	Zuletzt	habe ich die Küche aufgeräumt.

3 *Gestern, vorgestern, letztes Jahr ...*

Zeitpunkte	Gestern/vorgestern	hat mein Freund angerufen.
	Gestern Morgen/Mittag ...	bin ich zum Bahnhof gegangen.
	Letzte Woche	sind wir nach Düsseldorf gefahren.
	Letztes Wochenende	hatte ich Grippe.
	Letzten Monat	haben wir ein Konzert besucht.
	Letztes Jahr	war ich zu Hause.
	Am Samstagabend/ Wochenende ...	bin ich nach Hause gefahren.

4 Lebenslauf

Familienname:	Riesen
Vorname:	Swetlana
Geburtstag:	02.03.1964
Geburtsort:	Orenburg, Russland
Schule:	1970–1981
Berufsausbildung:	Straßenbahnfahrerin/ Kassiererin/Industriekauffrau
Beruf:	Industriekauffrau

Ich heiße ...
Ich bin in ... geboren.
Von ... bis ... bin ich in die ...schule gegangen.
Danach habe ich ... gelernt / ... studiert.
Ich bin ... von Beruf.

Grammatik

5 Perfekt mit *sein*

Verben der Bewegung	fallen fahren kommen	Hosni ist von der Leiter gefallen. Er ist ins Krankenhaus gefahren. Seine Mutter ist gekommen.
Verben der Zustandsveränderung	einschlafen aufwachen umsteigen	Helgi ist im Zug eingeschlafen. Sie ist kurz vor Frankfurt wieder aufgewacht. In Frankfurt ist sie umgestiegen.
Ausnahmen	bleiben passieren sein	Sie ist im Zug geblieben. Es ist nichts passiert. Sie ist in Wien gewesen.

Die meisten Verben bilden das Perfekt mit haben.

TIPP Lernen Sie das Partizip II immer mit der Perfektform.

kommen ist gekommen	kaufen hat gekauft	nehmen hat genommen

Aussprache

6 *h*-Laut

Sie lesen / schreiben

h am Wort- und Silbenanfang

! Sie sprechen kein „h" nach Vokalen

Sie hören / sprechen

heute, **H**aus, wieder**h**olen, Alko**h**ol

nehmen, fahren

7 *e* unbetont

Sie lesen / schreiben

-*e*- am Wortende

ge-, *be-*

Sie hören / sprechen

danke, jeden, Schweden

gekommen, besuchen

Das steht dir gut!

A

B

C

der Anzug
der Rock
~~das Kleid~~
das T-Shirt
~~das Hemd~~
der Anorak
die Jeans
die Schuhe
die Sportschuhe

Lernziele 12

- über Kleidung sprechen
- Kleidung kaufen
- Demonstrativpronomen
- Graduierung und Komparativ
  zu klein – größer

1 Kleidung – Hören Sie zu. Schreiben Sie die fehlenden Wörter zu den Bildern. 2.34

2 Wörtertraining – Sie haben fünf Minuten Zeit. Notieren Sie je drei Kleidungsstücke zu den Situationen 1–5.

Was tragen Sie ...
1. bei der Arbeit? *2. am Wochenende?* *3. im Urlaub?* *4. im Sommer?* *5. im Winter?*
einen Rock, eine Bluse

3 Hören Sie zu. Zu welchen Bildern passen die Texte? 2.35

4 Was trägst du wann? Hören Sie und sprechen Sie im Kurs. 2.36

► S. 224

Trägst du	gern manchmal nie	Hosen/...? einen Rock/...? eine Krawatte/...?	Nein, lieber Röcke oder Kleider. Ja, ich trage fast immer einen Rock. Doch, im Büro, aber in der Freizeit nie.
Was trägst du	im Sommer/Winter? bei der Arbeit / in der Freizeit? am Strand / beim Wandern?		Im Sommer trage ich immer T-Shirts.

100 %
immer
oft
manchmal
selten
nie
0 %

5 Orientierung im Kaufhaus – Sehen Sie sich das Bild und den Wegweiser an. Fragen und antworten Sie.

3. Obergeschoss
Fernsehen, Radio, Computer
Spielzeugabteilung
Kinderbekleidung
Kinderbetreuung

2. Obergeschoss
Herrenbekleidung
Sportbekleidung
Sportartikel

1. Obergeschoss
Damenbekleidung
Accessoires, Schmuck

Erdgeschoss
Kosmetik, Toilettenartikel,
Zeitschriften, Bücher, Reisebüro

1. Untergeschoss
Lebensmittel

Wo ist / finde ich …?	Vorne rechts/links.	Im Erdgeschoss hinten links.
Ich suche …	Hinten rechts/links.	Im ersten Stock / Obergeschoss.
Haben Sie …?	Hinten bei den …	Im zweiten/dritten Stock
Ist/Sind …?	Gleich hier.	

Wo ist die Kinderabteilung?

Im dritten Stock.

Haben Sie Herrenmäntel?

Ja, da vorne links.

2.37

6 Kleidung kaufen

a Was passt zu welchem Dialog? Markieren Sie mit 1, 2 oder 3.

1. ☐ Eine Frau sucht etwas zum Anziehen.
2. ☐ Ein Mann und eine Frau kaufen ein.
3. ☐ Eine Frau geht mit ihrem Sohn einkaufen.
4. ☐ Jemand sucht etwas für den Winter.
5. ☐ Ein Mann möchte etwas für die Arbeit.

b Hören Sie nun die Dialoge einzeln. Ordnen Sie die Wörter den Dialogen zu.

anprobieren • billiger • der Anorak • der Anzug • der Spiegel • der Winter • die Bluse • die Umkleidekabine • eine Nummer größer • fürs Büro • Größe 52 • keine Ahnung • warm • zu teuer

Dialog 1	Dialog 2	Dialog 3
anprobieren	der Anorak	keine Ahnung

c Hören Sie noch einmal und ergänzen Sie Ihre Notizen.

7 Dialoge üben

► S. 225

a Lesen Sie die Dialoge laut.

Dialog 2

○ Sind Sie hier zuständig?↗
● Ja, wie kann ich Ihnen helfen?↘
○ Mein Sohn braucht einen Anorak.↘
● Für den Winter?↗
○ Ja, schon warm, aber nicht zu warm.↘
● Welche Größe?↗
○ Das weiß ich nicht.↘
● Wie groß bist du?↘
▶ Einen Meter 34.↘
● Dann schauen Sie mal dahinten.↘

Dialog 3

● Guten Tag. Mein Mann sucht einen Anzug.↘
○ Etwas „Festliches" oder fürs Büro?↗
▶ Eher fürs Büro. Ich bin Buchhalter, wissen Sie, und …↘
○ Welche Größe?↗
▶ Keine Ahnung. Margot, welche Größe hab ich denn?↘
● Größe 52 oder 54, denke ich.↘

b Sie möchten eine Hose, einen Mantel … kaufen. Schreiben Sie einen Dialog und spielen Sie ihn.

8 Aussprache – Zwei Konsonanten

2.38

► S. 226

a Hören Sie und sprechen Sie nach.

Sie hören/sprechen

„ts" anziehen • in der Freizeit • die Information • zuständig • rechts • eine Mütze

„pf" das Kopftuch • der Strumpf • eine Strumpfhose • empfehlen • abfahren

„ks" dahinten links • du trägst eine Krawatte • montags • extra günstig

„st" du hast Zeit • zuerst • etwas Festliches • das passt gut • du kaufst Socken

„scht" im dritten Stock • ein Paar Stiefel • am Strand • eine Strumpfhose anziehen

b Hören Sie und sprechen Sie nach.

Wo bekomme ich Strumpfhosen?↘ • Im ersten Stock ist die Strumpfabteilung.↘

Wer ist hier zuständig?↘ • Die Mütze ist zu warm.↘ • Haben Sie auch Kopftücher?↗

Jeans ziehe ich nur in meiner Freizeit an↘, jetzt suche ich aber etwas Festliches.↘

2.39

▶ S. 227

9 Die Anprobe – Ein Sketch

a Hören Sie bitte. Was möchte die Dame?

gelb grün blau rot orange lila
braun schwarz grau

- ● Guten Tag, ich suche einen Rock.↘
- ○ Kurz oder lang?↘
- ● Eher etwas länger als der hier.↘
- ○ Dann probieren Sie mal den hier.↘
- ● Der ist mir zu weit, das sehe ich schon so.↘
- ○ Der hier ist eine Nummer kleiner.↘
- ● Aber zu kurz.↘
- ○ In Größe 42 habe ich nur noch den.↘
- ● Gut, den probier ich mal an.↘

…

- ○ Der steht Ihnen super.↘
- ● Aber er ist zu eng.↘ Wo haben Sie denn Hosen?↘
- ○ Da drüben habe ich Sommerhosen im Sonderangebot.↘
- ● Ich suche eine in Gelb oder in Grün.↘
- ○ In Ihrer Größe habe ich nur noch welche in Blau und Schwarz.↘
- ● Na gut, ich probier mal die da.↘

…

- ● Die passt. ↘ Was kostet die?↗
- ○ Die steht Ihnen aber ausgezeichnet.↘
- ● Und was kostet sie? ↗
- ○ Sie ist im Sonderangebot!↘ Nur 95 Euro! ↘
- ● Sonderangebot?!!! Das ist viel zu teuer.↘
- ○ Der Rock war billiger als die Hose.↘
- ● Aber zu eng.↘
- ○ Tja …
- ● Vielleicht schau ich doch mal bei den Kleidern.↘ Haben Sie da was in Rot?↗
- ○ Nein, die haben wir nur noch in Gelb oder Grün.↘
- ● Oh …

b Hören und lesen Sie den Text. Spielen Sie den Sketch.

10 Lesen Sie die Beispiele und markieren Sie die Demonstrativpronomen in 9a.

- ● Der Rock steht Ihnen sehr gut.
- ○ Nein, der ist viel zu weit.
- ● Nehmen Sie doch den Mantel.
- ○ Nein, der ist zu teuer.
- ● Probieren Sie mal die Bluse.
- ○ Ja, die ist schön.

11 Ergänzen Sie die Minidialoge.

▸ S. 227

1. ● Die Hose ist aber teuer.
   ○ ______ hier kostet nicht so viel.
2. ● Der Pullover ist zu teuer.
   ○ ______ gibt es im Sonderangebot.
3. ● Das Hemd ist mir zu eng.
   ○ Probier doch mal ______ hier.
4. ● Der Anzug kostet 200 Euro.
   ○ Aber ______ hier kostet nur die Hälfte.

12 Vergleiche – Sehen Sie in 9 nach und ergänzen Sie die Tabelle.

zu groß	→	kleiner	zu ______	→	größer
zu eng	→	weiter	zu weit	→	______
zu kurz	→	______	zu ______	→	kürzer
zu teuer	→	______			

13 Vergleiche: *genauso schön wie / schöner als ...* – Vergleichen Sie.

▸ S. 228

Das Hemd ist genauso	schön	wie	die Hose.			
Das Hemd ist	schöner	als	die Hose.	schön	→	schöner
Das Hemd kostet	mehr	als	die Hose.	viel	→	mehr
Ich trage	lieber Jeans	als	Röcke.	gern	→	lieber

1. Hemd 25 € / Pullover 25 €, teuer sein
2. Schuhe 80 € / Stiefel 120 €, billig sein
3. Hemd / Krawatte, schön sein
4. T-Shirt / Bluse, weit sein
5. Hose 50 € / Rock 40 €, viel kosten
6. Bikini 30 € / Badeanzug 30 €, viel kosten
7. Peter, Jeans / Anzug, gern tragen
8. Karin, Hosen / Röcke, gern tragen

14 Projekt: Wo kann man in Ihrer Region günstig Kleidung kaufen?

Schlussverkauf – Fabrikverkauf –
Secondhand-Läden – Flohmärkte ...

„Second-Hand" – Billig einkaufen aus zweiter Hand

① Wo macht das Einkaufen am meisten Spaß?
Wo ist die Auswahl für Damen und Herren am größten?
Und wo ist das am billigsten?

→ Hedis Secondhand ←

Große Sommer-Sonderaktion.
Alles noch mal bis zu 50% reduziert.
Am besten kommen Sie heute noch vorbei!
An- und Verkauf
Erfurter Str. 74, 10532 Berlin, Tel. 9 23 88 24
Mo–Fr. 11.00-18.00 Uhr, Sa. 10.00–13.00 Uhr

② **Pumuckel Kinder-Secondhand**

Diese Woche:
Hosen ab **3** Euro!
Anoraks ab **7** Euro!
Inliner, Gr. 34 nur **15** Euro!
Mützen, Handschuhe, Schals schon ab **1** Euro!
Breite Straße 12
Öffnungszeiten:

Verkäufe

③ Jungenbekleidung Gr. 146, supergünstig ab 2,– Euro, Tel. 3 63 601
④ Babysachen, fast geschenkt! Tel. 50 14 32 ab 18 Uhr
⑤ Komplette Küche (mit Markengeräten), Schnäppchen-Preis, Tel. 88 34 46, ab Sa
⑥ Kinderwagen, Buggy, Kinderbett, Seilheimer, Hochstr. 92, Fr ab 16 Uhr
⑦ Schlafzimmer mit Kleiderschrank, Breite 3 m, Doppelbett, 2 Kommoden, zus. nur 250 Euro, Tel. 3 60 45, abends
⑧ Viel Möbel für wenig Geld! Wohnungsauflösung, Berliner Str. 42, 4. Stock, Sa 10–14 Uhr
⑨ Preiswerte Herrenkleidung: 2 Anzüge, Sakkos, Hosen, Lederjacke (fast neu!), Tel. 24 90 85, Noweck
⑩ Brautkleid, Größe 42, 1x getragen, günstig zu verkaufen! Tel. 34 99 82

15 Selektives Lesen – In welchen Anzeigen finden Sie das?

1. Sie brauchen Babysachen, Kinderwagen usw. ____________
2. Sie möchten einen Anzug verkaufen. ____________
3. Boris (10 J.) und Anja (8 J.) brauchen Winterkleidung. ____________
4. Ulrike schenkt Kurt eine Lederjacke. Wo hat sie angerufen? ____________
5. Irene (40 J.) möchte heiraten. ____________

16 Hedis Kleiderkiste

2.40

a Globalverstehen – Hören und lesen Sie bitte. Was möchte die Kundin?

● Guten Tag.
○ Guten Tag. Ich habe das Schild gesehen. Sie kaufen auch Sachen?
● Natürlich! Am liebsten Markenkleidung. Was möchten Sie denn verkaufen?
○ Ich habe einen Mantel und drei Kleider.
● Ah, schön. Größe 40. Darf ich mal?
○ Was suchen Sie?
● Ich muss die Stücke kontrollieren. Sowohl die Nähte und die Knöpfe als auch den Reißverschluss. Die Sachen müssen in Ordnung sein. Sind die Kleider gereinigt?
○ Ja, natürlich!
● Aber das gelbe Kleid hat Flecken!
○ Ja, ich weiß, aber es ist frisch gereinigt und es ist am ...!
● Niemand kauft ein Kleid mit Flecken. Am besten gefällt mir der Mantel. Und das schwarze Kleid ist eleganter als das rote. Ich nehme den Mantel und das schwarze Kleid.
○ Und wie viel bekomme ich dafür?
● Also, den Mantel kann ich am teuersten verkaufen, für 60 Euro, und das Kleid für 40. Das sind für Sie dann 50 Euro.
○ Wieso nur 50 Euro? Der Mantel hat vor zwei Jahren fast dreihundert Euro gekostet.
● Ich bekomme 50 Prozent, das sind die Regeln. Die Kleidung muss gereinigt und in gutem Zustand sein. Nach Verkauf bekommen Sie die Hälfte. Ich rufe Sie dann an. Lassen Sie die Sachen da?

b Detailverstehen – Richtig oder falsch? Kreuzen Sie bitte an.

1. r f Hedis Secondhand kauft und verkauft Kleidung.
2. r f Die Kundin hat nur vier Kleider dabei.
3. r f Die Kleidung ist nicht ganz sauber? Kein Problem!
4. r f Hedi nimmt den Mantel und ein Kleid.
5. r f Die Kundin bekommt 50 Euro.
6. r f Sie bekommt das Geld gleich.

Strukturen verstehen

17 Superlativformen

a Lesen Sie und markieren Sie dann die Superlativformen in Text 1 auf S. 138 und im Dialog.

		Superlativ	
schön	schöner	am schönsten	der/das/die schönste ...
viel	mehr	am meisten	der/das/die meiste ...

b Ergänzen Sie bitte.

Den Superlativ erkennt man am –__________ am Ende.

Auf einen Blick

Im Alltag

1 Orientierung im Kaufhaus

Entschuldigung, ich suche die ...abteilung.
Wo finde ich Kinderkleidung?
Haben Sie auch Unterwäsche?
Sind die Herrenanzüge auch im dritten Stock?

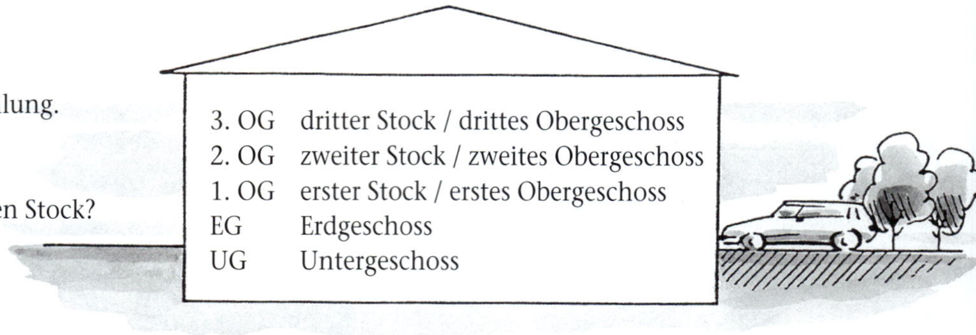

3. OG	dritter Stock / drittes Obergeschoss
2. OG	zweiter Stock / zweites Obergeschoss
1. OG	erster Stock / erstes Obergeschoss
EG	Erdgeschoss
UG	Untergeschoss

2 Kleidung einkaufen

Ich suche einen Rock / ein Kleid / eine Hose ...

Wo kann ich anprobieren?
Wo sind die Umkleidekabinen?
Ich suche einen Spiegel.

Der Rock ist zu lang/kurz/weit/eng/teuer.
Haben Sie die Bluse eine Nummer größer/kleiner?

Ist die Hose im Sonderangebot?
Haben Sie zur Zeit Unterwäsche im Sonderangebot?

Kann ich mit EC-Karte bezahlen?

Das steht dir/Ihnen
☺☺ sehr gut.
☺ gut.
☺☹ ganz gut.
☹☺ nicht schlecht.
☹ nicht so gut.
☹☹ überhaupt nicht.

3 Vergleiche

Die Hose ist genauso teuer wie der Rock.
In kleinen Läden kauft man oft nicht teurer ein als in Kaufhäusern.
Billige Kleidung ist oft nicht schlechter als teure.

Grammatik

4 Komparation

Regelmäßige Formen

	Adjektiv	+ Umlaut	-e	Ebenso mit Umlaut:
Grundform	eng	groß	teuer	älter – größer – härter –
Komparativ	enger	größer	teurer	kürzer – länger – schwärzer ...

TIPP Einsilbige Adjektive haben oft einen Umlaut: a → *ä*, o → *ö*, u → *ü*

Unregelmäßige Formen

gut	besser	am besten*
gern	lieber	am liebsten*
viel	mehr	am meisten*

* Den Superlativ üben Sie später.

5 Demonstrativpronomen

Bestimmter Artikel	Demonstrativpronomen	
Der Rock ist super.	Was? Der ist doch langweilig.	Nominativ
	Den finde ich viel zu teuer.	Akkusativ
	Mit dem siehst du toll aus.	Dativ
Das Hemd ist zu lang.	Das hier ist eine Nummer kleiner.	Nominativ
	Probier mal das hier.	Akkusativ
	Bei dem finde ich die Farbe langweilig.	Dativ
Die Bluse ist gut.	Die ist doch viel zu teuer.	Nominativ
	Die habe ich auch schon mal anprobiert.	Akkusativ
	Mit der siehst du fünf Jahre älter aus.	Dativ

Aussprache

6 Konsonantenverbindungen *z, x, pf, st*

Sie hören/sprechen:

„ts"
„pf"
„ks"
„st" am Wort-/Silbenende
„scht" am Wort/Silbenanfang

Sie lesen/schreiben:

Freizeit, rechts, Information, Mütze
empfehlen, die Strumpfhose
extra, links, du trägst
du kaufst, zuerst, festlich
Stiefel, aufstehen

1 Wiederholungsspiel – Drei in einer Reihe

Sie können zu zweit oder zu viert (in zwei Gruppen) spielen.
Das Spiel:
1. Legen Sie eine Münze auf ein Feld. Lösen Sie die Aufgabe.
2. Haben Sie 3 Münzen in einer Reihe?
   Sie haben gewonnen.

Sie möchten die Speisekarte.
Was sagen Sie?

Was haben Sie gestern gemacht?
4 Dinge.

Ich habe ...

Wie heißt der Plural?

Saft, Fuß, Büro, Bus

Dativpräpositionen:
Wie heißt der Spruch?

Herr von N...

3 typische Speisen aus deutschsprachigen Ländern

Wie heißt das Partizip?

hören
lesen
einkaufen

Vokale: kurz oder lang?
Sprechen Sie.

Öffnungszeiten
Wohnung
Woche

5 Berufe

Ergänzen Sie bitte.

Ich arbeite G... . Manchmal schon ab 7 Uhr 30 und manchmal erst ab 9 Uhr.

Ergänzen Sie den Dialog:

Arzt: Haben Sie Bauchschmerzen?
Sie: Nein, ...

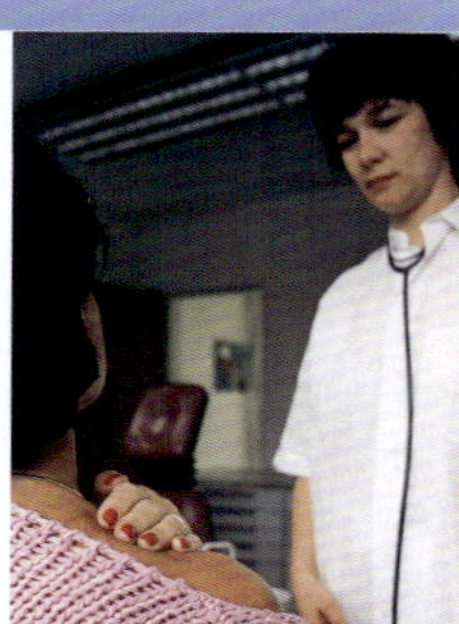

Arbeit – Was ist wichtig?
3 Beispiele.

Ich möchte ...
Ich will nicht ...
Die Arbeit muss ...

Nennen Sie 5 Möbelstücke.

Wie heißt das Präteritum von *sein* und *haben*?

ich ...
du ...

Sie suchen den Bahnhof.
Fragen Sie.

– W...

DB

Richtig? / Falsch?

An der Imbissbude gibt man 10% Trinkgeld.

einer Reihe

Was bedeuten die Abkürzungen?

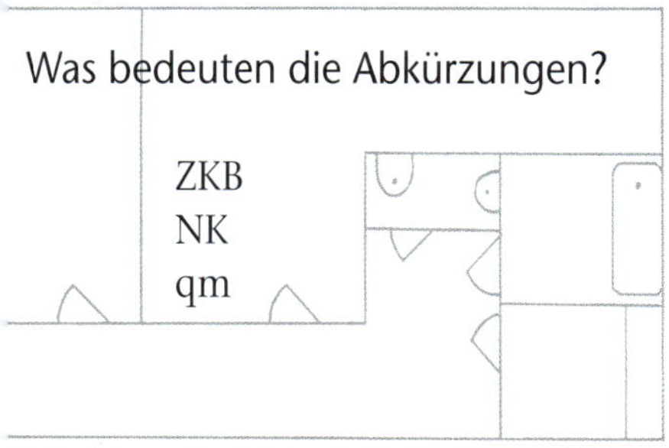

Sie gehen zum Arzt.

Was müssen Sie mitbringen?

In welcher deutschen Stadt steht der „Reichstag"?

Sie können nicht arbeiten und brauchen ein Medikament.

Was sagen Sie zum Arzt?

Sie möchten die Rechnung.
Was sagen Sie?

Wie heißt die Frage?

Wortfeld „Stadt":
5 Nomen.

Fragen Sie: Bus / Uhrzeit / Rathausplatz

„Wohnungssuche" – 3 Fragen

Wie …
Wann …
Wo …

Wohnung.
Was ist wichtig?
4 Beispiele.

Wo? Wie viel? …

Wie heißt das Gegenteil:

früh ▶ s…
teuer ▶ …
interessant ▶ …

Antworten Sie bitte:

Lernen Sie nicht Deutsch?

Welche Körperteile haben wir zweimal?
4 Beispiele

Wir haben zwei A…

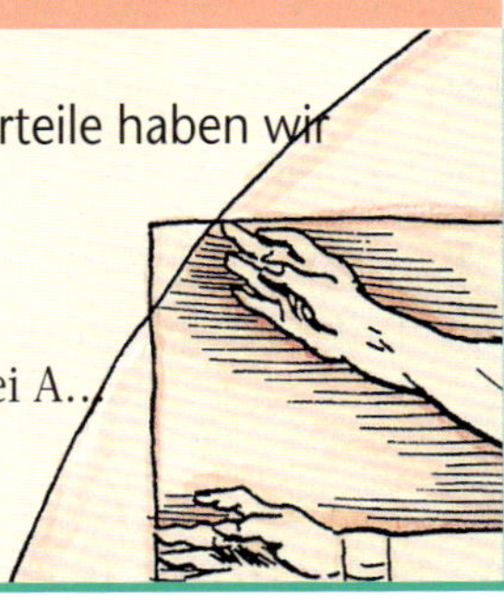

Wie heißt der Satz?

Ich / müssen / jeden Tag / arbeiten / 8 Stunden

Nennen Sie 4 Krankheiten.

Effektiv lernen

2 Wörter in Gruppen lernen

Hier sind 100 Wörter. Ordnen Sie sie in Gruppen. Wie? Das bestimmen Sie.

Abend
anprobieren
arbeiten
arbeitslos
Arbeitsplatz
aufstehen
Banane
Bauchweh
billig
blau
Brot
Büro
Butter
Cafeteria
Computer
dauern
duschen
essen
Fahrrad
Familienfeier
Fisch
funktionieren
Geld
Gesicht

Gleitzeit
Gramm
Grippe
günstig
Haltestelle
Hausarzt
Hausnummer
Joghurt
kaputt
Kartoffel
Käse
Kino
Kleid
Kollege
kommen
Konto
Kopf
Krankmeldung
Küche
Kuli
kündigen
Kundin
Lebenslauf
Liter
machen
Mann
Maus
Medikament
Messer

Mineralwasser
Mittagessen
Mutter
nach
Nebenkosten
nehmen
Obst
öffnen
Ordner
Parkplatz
Pass
Postleitzahl
Preis
Pullover
putzen
Rathaus
reparieren
rot
Salat
sauber machen

schmecken
Schrank
Sekretärin
Socke
Sohn
Sparkasse
spazieren gehen
spielen
Sport
Straßenbahn
Stunde
Tante
Tee
Telefonnummer
Teller
Tisch
umsteigen
Unterricht
verdienen
Verkäuferin
vermieten
Waschmaschine
wehtun
Wohnung
zahlen
Zentrum
Zucker

a **Wählen Sie zwei oder drei Wortfelder aus und schreiben Sie die Wörter auf ein großes Blatt. Ergänzen Sie Ihre Wortfelder mit weiteren Wörtern.**

b **Sie haben drei Minuten Zeit. Wie viele Nomen aus der Liste können Sie mit Artikel und Pluralform nennen?**

c **Markieren Sie alle Verben in der Liste und schreiben Sie zehn Verben mit Partizip II ins Heft.**

3 Wie gut kennen Sie „Berliner Platz 1"? Ein Spiel gegen die Uhr. Bilden Sie Gruppen und spielen Sie nach Zeit.

1. Welches Problem hat Hosni nach seinem Haushaltstag?
2. Wie heißen die Endstationen der Straßenbahnlinie 2 in Bielefeld?
3. Wer ist Beata?
4. Was ist der häufigste Familienname in Deutschland?
5. Was zeigt dieses Bild?
6. Wer ist das?
7. Was ist das?
8. Was kostet ein Pfund Tomaten bei Nico?
9. Wie heißt die Ärztin?
10. Nennen Sie die kompletten Namen von fünf Kursteilnehmern aus dem Buch.
11. Familie Schmidt war im Restaurant. Wie heißt es?
12. Kommt Helgi Org aus Russland?
13. Wo arbeitet Swetlana heute?
14. Sucht der Buchhalter einen Mantel?
15. Ist Sabine Schütz Raumpflegerin?
16. Was isst Hosni an der Imbissbude?
17. Um wie viel Uhr macht die Bäckerei auf?
18. Was macht Frau Schmidt beim Frühstücken?
19. Von wann bis wann spielt Pur in Grünstadt?
20. Was trägt der Architekt in Kapitel 12?
21. Wie viel Gramm Zucchini braucht man für einen Zucchiniauflauf?
22. Wie viel verdient Frau Schütz im Monat?
23. War Swetlana früher Busfahrerin?
24. Was bestellt Herr Schmidt zu essen?
25. Weltsprachen: Auf welchem Platz steht „Deutsch"?
26. Um wie viel Uhr macht in Bielefeld mittwochs die Bürgerberatung auf?
27. Welche Hausnummer hat das Internetcafé in Bielefeld?
28. Wo beginnt der Rundgang durch Hamburg?
29. Welches Problem hat der Möbelpacker in der Buchhaltung?
30. Was möchte Frau Tomba in der Apotheke?
31. Fährt Tom Koenig Fahrrad?

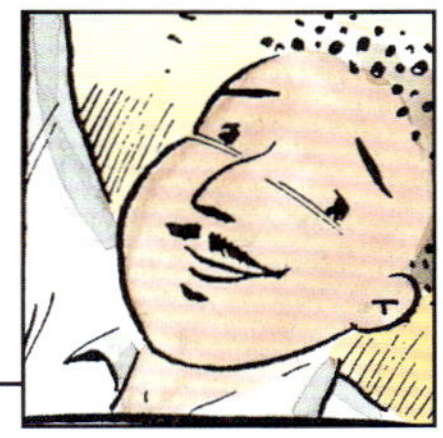

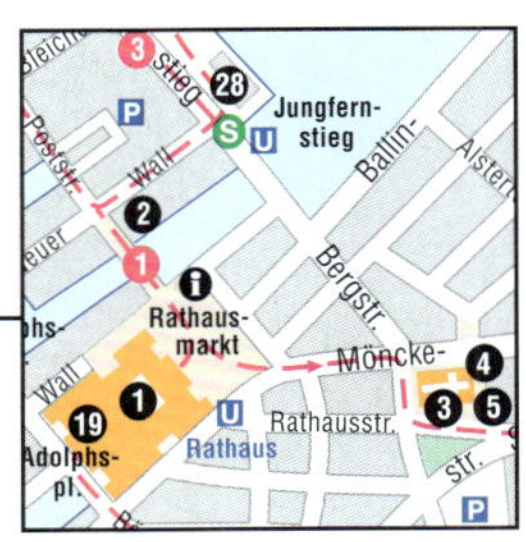

4 Drei Worte – Ein Lied hören und genießen.

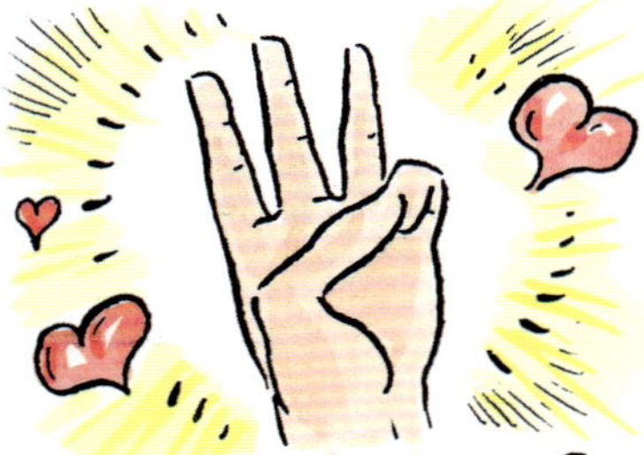

Drei Worte.
Ich brauche drei Worte.
Ich brauch nur drei Worte für dich.

Ich hab schon gelernt viel zu fragen.
Ich kann viele Sätze schon sagen.

Refrain

Ich finde allein meinen Weg durch die Stadt.
Ich weiß, wer die besten Brötchen hier hat.
Ich kenn 100 Worte auf Deutsch oder mehr.
Aber nichts ist so wichtig und nichts ist so schwer
wie diese drei Worte.
Ich brauche drei Worte.
Ich brauch nur drei Worte für dich.

Ich war schon beim Arzt, aber der hilft mir nicht.
Bei Tag und bei Nacht seh ich nur dein Gesicht.
Ich kann dich beschreiben, deine Augen, deinen Mund.
Aber das alles macht mich nicht gesund.
Denn ich brauch drei Worte.
Ich brauche drei Worte.
Ich brauch die drei Worte für dich.

Und jetzt stehst du vor mir und schaust mich so an.
Und ich weiß, dass ich sie schon wieder nicht kann.
Drei Worte, drei Worte, das ist doch nicht schwer.
Und da hör ich dich sagen:
Ich liebe dich –
Sehr!

Was kann ich schon?

5 Machen Sie die Aufgaben 1 bis 12 und kontrollieren Sie im Kurs.

1. Stellen Sie Ihren Nachbarn/Ihre Nachbarin vor (4 Informationen).

Das ist ...

Sie/Er ...

2. Fragen Sie nach dem Preis.
○ Was ... der Fernseher?
● ...
○ Das ist zu ...

3. Öffnungszeiten. Fragen und antworten Sie.
○ W... ... die Apotheke ...?
● ...

4. Im Supermarkt an der Käsetheke:
○ Sie wünschen, bitte?
● ... (Gouda)
○ In Scheiben oder am Stück?
● ...

5. Im Imbiss – Bestellen Sie bitte.
○ Was ... gern?
● ...
○ Das habe ich heute leider nicht.
● ...

6. Fragen Sie nach dem Weg.
○ ...? (Volkshochschule)
● Nehmen Sie die Linie 2 bis zur Haltestelle Berliner Platz.

7. Thema „Beruf" – Stellen Sie 3 Fragen.
Was ...?
Von wann ...?
Wie viel ...?

8. Beim Arzt. Was sagen Sie?
○ Was fehlt Ihnen denn?
● ...

9. Thema „Wohnungssuche" – Stellen Sie 3 Fragen.

10. Was haben Sie gestern gemacht? – 3 Aussagen.

11. Ihr Lebenslauf – 3 Aussagen: geboren – Schule ...

12. Im Kleiderladen
○ Wie kann ich Ihnen helfen?
● Ich ...

Mein Ergebnis finde ich: ☺ 😐 ☹

Arbeitsbuchteil

1 Hallo!

▶2

1 Wie? Woher? – Ergänzen Sie bitte die Dialoge.

● ________________ heißen Sie?

○ Ich heiße ________________.

● ________________ kommen Sie?

○ Ich komme aus ________________.

2 Begrüßung – Ergänzen Sie den Satz.

Guten __________, mein __________ ist Helgi Org.

▶3

3 Schreiben Sie bitte die Dialoge.

Dialog 1

~~ich bin~~ • Ich bin • Hosni • du • Carmen • Wie heißt

● Hallo, *ich bin*________________. ________________?

○ Tag, Carmen. ________________.

Dialog 2

Guten Tag • Guten Tag • Ich bin • Mein Name ist • Frau

● ______________. ________________ Sabine Wohlfahrt.

○ ________________, __________ Wohlfahrt. ________________ Tom Winter.

Dialog 3

Entschuldigung • Guten Tag • Guten Tag • wie heißen Sie?

● Guten Tag, Frau ... ?
○ Org, Helgi Org.
● ______________, ______________
○ Org, Helgi Org.
● ______________, Herr Bouslimi.
◇ ______________, Frau Wohlfahrt.

4

4 Aussprache üben: Melodie und Akzent

3.2

a Lesen und hören Sie und markieren Sie ↘ oder ↗?

1. Wie heißen Sie? ↘ ↗
2. Ich heiße Carlos. ↘ ↗
3. Mein Name ist Carlos Ponte. ↘ ↗
4. Entschuldigung, wie heißen Sie? ↘ ↗
5. Ponte, Carlos Ponte. ↘ ↗
6. Woher kommen Sie? ↘ ↗
7. Aus Guadelajara. ↘ ↗
8. Wie bitte? ↘ ↗
9. Aus Guadelajara in Mexiko. ↘ ↗

b Hören Sie noch einmal und markieren Sie in 4a das Akzentwort.

5 Aussprache üben: freundlich oder sachlich? Markieren Sie. Sprechen Sie.

3.3

1. Wie heißen Sie? ☺ 😐
2. Woher kommst du? ☺ 😐
3. Wer spricht Englisch? ☺ 😐
4. Wie heißt du? ☺ 😐
5. Wie ist Ihr Name? ☺ 😐
6. Woher kommen Sie? ☺ 😐

8

6 Schreiben Sie die Sätze in die Tabelle.

~~Ich~~ heiße Carmen Sans. • Woher kommen Sie? • Ich komme aus Spanien. • ~~Wie~~ heißt du? • Helgi ist aus Estland. • Woher kommst du?

	Position 1	Position 2 (Verb)	
1. Aussagesätze	Ich		
2. W-Fragen	Wie		

12

7 Suchrätsel – 5 Verben (sein ...) und 5 Nomen. Schreiben Sie die Wörter.

Z	T	G	N	C	Z	S	R	S	A	O
C	E	C	U	H	B	P	H	E	J	H
D	I	A	L	O	G	R	B	I	L	D
Y	L	W	O	H	N	E	N	N	Z	K
H	N	E	E	Q	K	C	K	S	I	Q
D	E	U	T	S	C	H	K	U	R	S
F	H	K	O	M	M	E	N	E	N	P
C	M	L	X	G	U	N	J	H	A	X
L	E	H	R	E	R	I	N	Q	M	Q
L	R	C	O	H	Ö	R	E	N	V	A

sein

8 Ergänzen Sie die Verben.

kommen • sprechen • sein • heißen

1. Frau Nunes ________________ Portugiesisch.
2. Tom Winter ________________ aus Schweden.
3. Die Frau aus Mexiko ________________ Magdalena Marquez.
4. Herr Schuhmann ________________ Deutschlehrer.

9 Länder, Sprachen, Kursteilnehmer – Ergänzen Sie bitte.

	D	ROK	E	TR
Land	________	________	Spanien	die ________
Sprache	Deutsch	Koreanisch	________	Türkisch
im Kurs	Frau Wohlfahrt	________	________	________

	BR	TN	S	CZ
Land	________	Tunesien	________	________
Sprache	Portugiesisch	________	Schwedisch	Tschechisch
im Kurs	Mônica Nunes	________	________	________

16

10 Kontinente – Hören Sie zu. Schreiben Sie bitte.

3.4

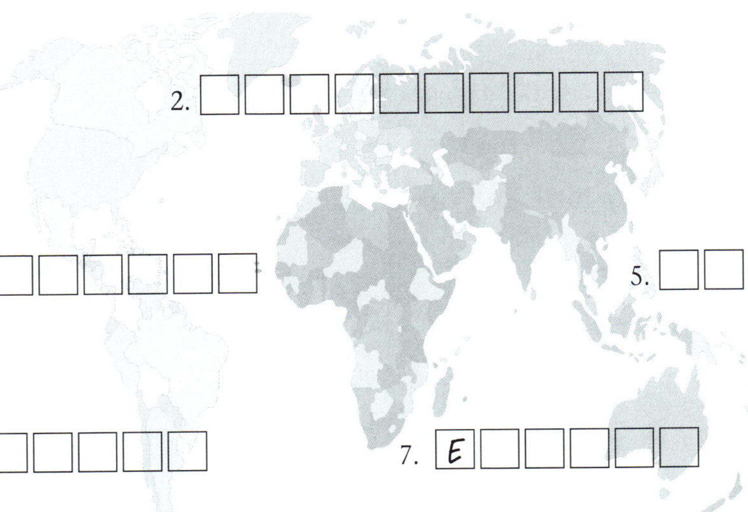

1. □□□□□
2. □□□□□□□□□□
3. A□□□□□
4. □□□□□□□□□□□
5. □□□□□□□□□
6. □□□□□□□□□□
7. E□□□□□

3.5

11 **Name – Hören Sie den Dialog. Schreiben Sie die Wörter.**

Aussprache spezial

3.6

12 **Aussprache üben: *h*. Hören Sie bitte zu und sprechen Sie nach.**

hallo • heißen • woher • Herr Winter •

Hören Sie.↘ • Hallo Helgi!↘ • Hallo Hosni!↘

3.7

13 **Aussprache üben: *w* – Hören Sie und sprechen Sie.**

wer • wie • woher • Schweden • Tom Winter •

Wer ist Tom Winter?↘ Woher kommt er?↘

3.8

14 **Aussprache üben: *sch, schp, scht* –**
Hören Sie bitte und sprechen Sie nach.

Deutsch • Spanisch • sprechen • Stadt • aus Schweden • Deutsch lernen

Wer spricht Polnisch?↘ • Pavel spricht Russisch und Polnisch.↘

3.9

15 **Aussprache üben: *s* – Hören Sie bitte und sprechen Sie nach.**

Sie • sind • Sabine • Pilsen • Tunesien • Brasilien

Sind Sie aus Brasilien?↗ Sie kommt aus Tunesien.↘

aus • das • heißen • Frau Kraus • Tunis • etwas • sprichst

Kommst du aus Tunis?↗ Das ist Frau Kraus.↘

Effektiv lernen

16 **Wörter in Sätzen lernen – Schreiben Sie 5 Wortschatzkarten wie im Beispiel.**

heißen sie heißt Wie heißen Sie? Ich heiße Regina.	liegen sie liegt Tallinn liegt in Estland.

sein
wohnen
sprechen
buchstabieren
kommen

17 **Wartezeit ist Lernzeit – Ergänzen Sie bitte.**

Ich heiße …
Wie heißt du?

Er ______________

Wie heißen Sie?
Woher kommen Sie?

Wo ______________ ?

der Hausmeister
das Sekretariat

____

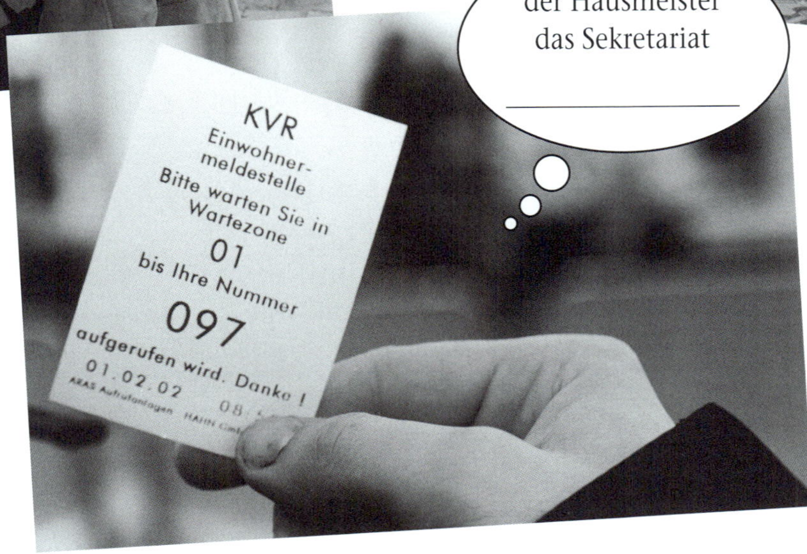

2 Wie geht's?

▶3

1 Getränke – Schreiben Sie die Wörter zu den Bildern.

1 der Kaffee

2 ______

3 ______

4 ______

5 ______

2 Dialoge – Schreiben Sie bitte.

Dialog 1

Möchtest du etwas trinken?	○	Hallo,
Danke, gut, und dir?	●	
Ja, Kaffee, bitte.	○	
~~Hallo~~, wie geht's?	●	
Auch gut.	○	

Dialog 2

Ist das in Mexiko?	○	
Was trinken Sie?	●	
Woher kommen Sie?	○	
Guten Tag, sind Sie Frau Marquez?	●	
Ich komme aus Puebla.	○	
Ja, ich bin Magdalena Marquez.	●	
Espresso, bitte.	○	
Ja, Mexiko.	●	

3 Dialoge – Ergänzen Sie bitte.

Dialog 1

● Entschuldigung, sind Sie Frau Weiß?

○ Nein, ich ____________ Org, Helgi Org.

Dialog 2

● Ich ____________ Cola.

____________ du auch Cola?

○ ____________, lieber Apfelsaft.

Dialog 3

● Guten ____________, Herr Bouslimi.

Wie geht es ____________?

○ Es ____________.

● ____________ Sie Kaffee?

○ Ja, gern, mit ____________ und Zucker.

4 *Ja/Nein*-Fragen – Schreiben Sie die Fragen und schreiben Sie Ihre Antworten.

1. kaffeesietrinken

Trinken Sie Kaffee? | Ja, gerne / Nein, lieber ...

2. inwohnensieköln

____________ | ____________

3. ausberlinkommensie

____________ | ____________

4. englischsprichstdu

____________ | ____________

5. möchtestorangensaftdu

____________ | ____________

▶4

3.10

5 Satzmelodie – Was hören Sie? Kreuzen Sie bitte an.

1. Heißen Sie Winter? ↘ ↗
2. Kommen Sie aus Schweden? ↘ ↗
3. Ich bin Bernd Schuhmann. ↘ ↗
4. Wo wohnt sie? ↘ ↗
5. In Bielefeld. ↘ ↗
6. Kommen Sie aus Österreich? ↘ ↗

▶6

3.11

6 Welche Antwort passt? Hören Sie und kreuzen Sie bitte an.

1. [a] Nein, ich komme aus St. Petersburg.
   [b] Ja, gerne.
2. [a] Michael Kukan und Sie?
   [b] Michael und du?
3. [a] Ich bin aus Russland.
   [b] Ich lerne Deutsch.
4. [a] Ich trinke Kaffee.
   [b] Nein, ich trinke Tee.
5. [a] Nein.
   [b] Ja, ich bin aus Prag.
6. [a] Ich komme aus Tunis.
   [b] In Berlin – und du?

▶8

7 Personalpronomen – Ergänzen Sie bitte.

1. Trinkst _du_ Kaffee mit Milch und Zucker?
2. Nehmt ________ Espresso oder Cappuccino?
3. Kommt ________ aus Polen? (Beata/Maria)
4. Was machst ________ in Bielefeld?
5. ________ heißt Bernd Schuhmann.
6. ________ möchten zwei Mineralwasser, bitte.
7. ________ heiße Stan und ________ heißt Olli.

8 Sätze – Schreiben Sie bitte 5 Fragen/Aussagen mit 5 Verben. Kontrollieren Sie im Kurs.

WAS WO WOHER ICH DU ER/SIE MARIA FRAU WOHLFAHRT WIR IHR SIE/SIE	LERNEN MÖCHTEN SEIN SPRECHEN TRINKEN WOHNEN ARBEITEN KOMMEN	AUS BIELEFELD AUS WARSCHAU BRASILIANERIN DEUTSCH IM DEUTSCHKURS IN BIELEFELD IN DEUTSCHLAND KAFFEE MIT MILCH LEHRERIN LIEBER TEE ZU HAUSE

Trinkst du ... ? ______ *Ich trinke* ______

______

______

______

______

______

13

9 Zahlen von eins bis zwölf – Ergänzen Sie die Buchstaben und notieren Sie die Ziffern.

z___lf	12	___ns		z___hn		___lf	
zw___		v___r		s___chs		f___nf	
s___ben		___cht		dr___		n___n	

10 Dialoge – Hören und notieren Sie die Telefonnummern und Hausnummern.

3.12

	Vorwahl (Stadt)	Telefonnummer	Hausnummer	
1.	______	______	Mozartstraße	______
2.	______	______	Hegelstraße	______
3.	______	______	Kaiserstraße	______

▶ 14

11 **Zahlenrätsel – Wie geht die Reihe weiter? Schreiben Sie je drei Zahlen.**

eins • drei • fünf • ______ • ______ • ______

neun • zehn • acht • neun • sie ______ • ______ • ______

eins • vier • zwei • fünf • dr ______ • ______ • ______ • ______

zwei • vier • acht • sechzehn • ______ • ______

12 **Mathematik – Hören Sie zu und notieren Sie bitte.**

3.13

3 x 3 = 9

Drei mal drei ist neun.

1. 5 x 5 = 25
2. 8 x ______ = ______
3. 7 x ______ = ______
4. 12 x ______ = ______
5. ______ x 23 = ______
6. ______ x 2 = ______

▶ 16

13 **Bezahlen – Ergänzen Sie bitte den Dialog. Die Getränkekarte hilft.**

SELBSTBEDIENUNG

Getränke

Kaffee/Tee	1,10	Cola/Fanta	1,00
Espresso	0,80	Wasser	0,70
Cappuccino	1,20	Orangensaft	1,30
Milch	0,80		

○ Entschuldigung, ______?

● Zwei Kaffee, ein Espresso und ein ______ macht vier Euro 30.

○ Fünf Euro.

● ______

● Danke. Und ______ Cent zurück.

○ Danke, tschüs!

● ______

Aussprache spezial

14 Aussprache üben: *ch* – Hören Sie bitte und sprechen Sie nach.

„ch" ich • möchten • Milch • nicht • sprechen Ich möchte bitte Milch.↘

15 Aussprache üben: *p, t, k* – Hören Sie bitte und sprechen Sie nach.

„t" Tunesien • Russland • Abend • sind In der Türkei trinke ich nur Tee.↘
„p" Polen • perfekt • Verb • Frau Jakob Frau Jakob kommt aus Paris.↘
„k" Kaffee • kommen • du fragst • Prag Guten Tag, ich komme aus Prag.↘

16 Aussprache üben: *ts* – Hören Sie und sprechen Sie nach.

„ts" Zucker • Zahl • zwei • zehn • zwölf
Zwei plus (+) zehn mal (·) zwei, minus (–) zehn, minus (–) zwölf ist (=) zwei.
Er kommt aus Zürich, aus der Schweiz.↘ Wie heißt die Postleitzahl?↘

Schwierige Wörter

17 Hören Sie und sprechen Sie langsam nach. Wiederholen Sie die Übung.

Postleitzahl↘ die Postleitzahl↘ Wie heißt die Postleitzahl?↘
Apfelsaft↘ auch Apfelsaft↘ Ich nehme auch Apfelsaft.↘
zwanzig↘ zweiundzwanzig↘ Zwölf Euro zweiundzwanzig, bitte.↘

18 Welche Wörter sind für Sie schwierig? Notieren Sie drei Wörter/Sätze wie in Aufgabe 17. Üben Sie mit einem Partner / einer Partnerin.

1. ______________________
2. ______________________
3. ______________________

Effektiv lernen

19 Wörter in Gruppen lernen – Schreiben Sie eine Karte wie im Beispiel.

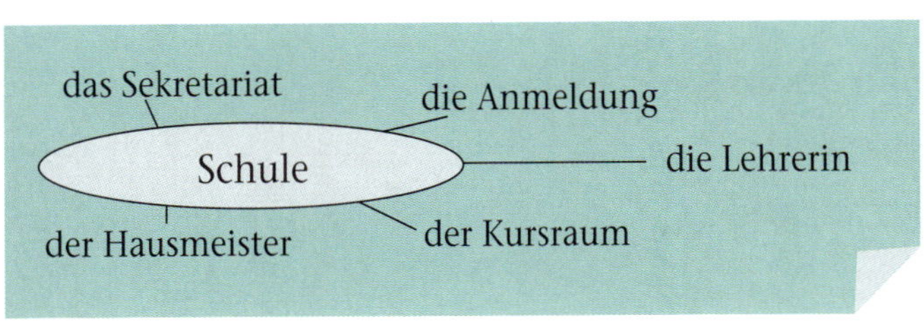

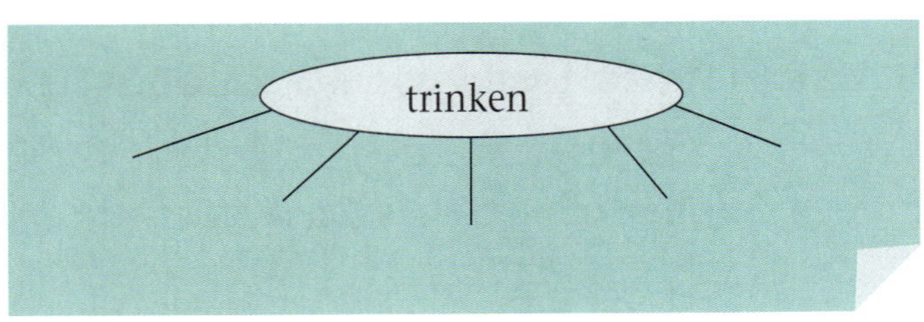

3 Was kostet das?

3

1 Nomen und Artikel

a Ergänzen Sie bitte *der*, *das* oder *die*.

______ Schere	______ Fernsehapparat	______ Kuli	______ Drucker
______ Telefon	______ Heft	______ Lampe	______ Handy
______ Radio	______ Vase	______ Waschmaschine	______ Ordner
______ Computer	______ Kassettenrecorder	______ Videorecorder	______ Wörterbuch

b Was passt zusammen? – Ordnen Sie bitte und vergleichen Sie im Kurs.

das Telefon + das Handy

7

2 Wie viele Menschen leben wo?

a Markieren Sie die richtige Zahl.

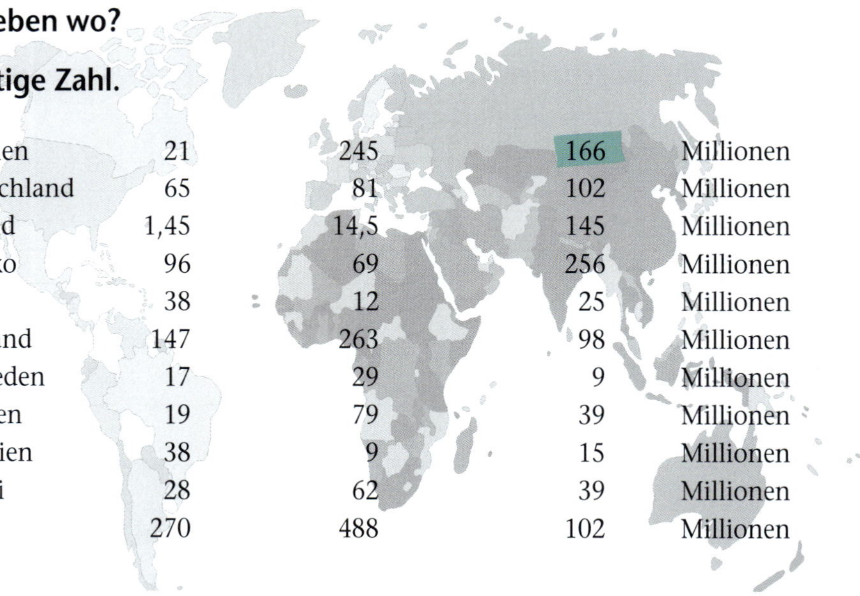

1. Brasilien	21	245	166	Millionen
2. Deutschland	65	81	102	Millionen
3. Estland	1,45	14,5	145	Millionen
4. Mexiko	96	69	256	Millionen
5. Polen	38	12	25	Millionen
6. Russland	147	263	98	Millionen
7. Schweden	17	29	9	Millionen
8. Spanien	19	79	39	Millionen
9. Tunesien	38	9	15	Millionen
10. Türkei	28	62	39	Millionen
11. USA	270	488	102	Millionen

b Wählen Sie vier Länder aus und schreiben Sie wie im Beispiel.

In Brasilien leben 166 Millionen Menschen. In Deutschland …

10

3 **Buchstabenrätsel – 8 Nomen und 8 Adjektive. Wie heißen die Wörter?**

Nomen	Adjektive
der Wasserkocher	

~~keserasWhorc~~ lat gillib mdreon uen gtu Fhenreser Nänicamehhs utree augerStbsau cöhsn rrOedn putkta eBliegsnüe rceSeh mnsfcaiefaehKe

4 **Artikelwörter *ein*/*eine* und *kein*/*keine* – Schreiben Sie wie im Beispiel.**

1. Telefon / Handy / teuer

● Ist das ein Telefon?

○ Nein, das ist kein Telefon. Das ist ein Handy. Das Handy ist teuer.

2. Lehrbuch / Wörterbuch / neu

● ______

○ ______

3. Buch / Ordner / praktisch

● ______

○ ______

4. Bleistift / Kuli / billig

● ______

○ ______

5. Kassette / CD / gut

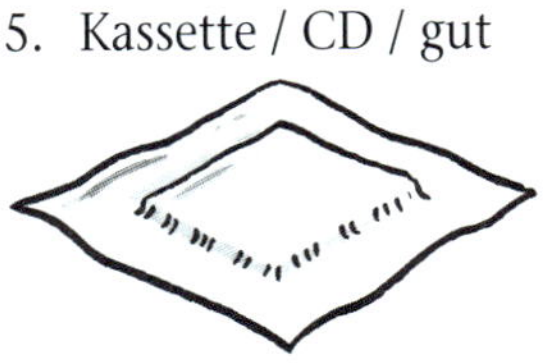

● ______

○ ______

13

5 Dialoge – Schreiben Sie bitte. Kontrollieren Sie im Kurs. Probleme? ↓

Dialog 1

● Nähmaschine / € ??	● Was kostet die Nähmaschine?
○ € 45	○
● sein / sehr alt	●
○ super / funktionieren	○
● Schere / € ??	●
○ € 5	○
● ☺ / Schere + Nähmaschine / € 25	● O.k.,
○ ☹ / € 40	○
● ☺ / € 35	●
○ ☺☺ / € 35	○

O.k. – Nein, 40 Euro. – Was kostet die Schere? – Sie ist sehr alt. – 45 Euro. – Sie funktioniert super. – Super, 35 Euro. Danke. – 5 Euro. – O.k., die Schere und die Nähmaschine 25 Euro. – O.k., 35 Euro. – ~~Was kostet die Nähmaschine?~~

Dialog 2

● Lampe / € ??	● Was kostet die ?	
○ 17 € / billig sein!	○ 17 Euro.	Das
● zu teuer / sein / zahlen / 10 €	●	Ich
○ 15 € / Lampe / fast neu sein	○	Die
● zahlen / 12 €	● Ich	
○ ☺☺	○	

17 Euro. Das ist billig. – Das ist zu teuer. Ich zahle 10 Euro. – ~~Was kostet die Lampe?~~ – 15 Euro. Die Lampe ist fast neu. – Ich zahle 12 Euro – O.k.

14

6 Vokale – Hören Sie und markieren Sie den Akzentvokal lang — oder kurz • . Sprechen Sie bitte.

1. Kaffee • Tee • Saft • mit • Zucker • Wasser • Mineralwasser • Cola • Milch • trinken
2. Basel • Lissabon • Zürich • Rom • Berlin • Paris • Moskau • Prag • Budapest • Oslo
3. Portugiesisch • Italienisch • Deutsch • Russisch • Tschechisch • Ungarisch • Norwegisch

7 Vokale: lang und kurz

a Schreiben Sie vier Wortpaare aus Aufgabe 6.

b Schreiben Sie Sätze. Lesen Sie die Sätze vor.

Vokal lang –	Vokal kurz ·
Basel	*Kaffee*
	Lissabon

Bernd wohnt in Basel.
Ich trinke gern Kaffee.

Aussprache spezial

8 Aussprache üben: *-er* – Hören Sie bitte und sprechen Sie nach.

teuer • Wörterbuch • Füller • Fernseher • Ordner

Das Wörterbuch ist teuer.↘

9 Aussprache üben: *ch, f – w*

a Hören Sie die Wortpaare und sprechen Sie bitte nach.

1. „ch"	„ch"	2. „f"	„w"
nicht	noch (einmal)	vier	wir
möchten	brauchen	fünf	was
München	Bochum	Beruf	Vase
sprechen	Sprache	Tafel	Wasser

b Hören Sie die Sätze und sprechen Sie bitte nach.

Sprechen Sie auch Türkisch?↗
Wo ist der Fernseher?↗

Peter kommt aus München, Sabine aus Bochum.↘
Ich brauche eine Vase mit Wasser.↘

Effektiv lernen

10 Nomen immer mit Artikel lernen – Artikel-Bilder helfen. Schreiben Sie Nomen in die Bilder. Wie viele finden Sie?

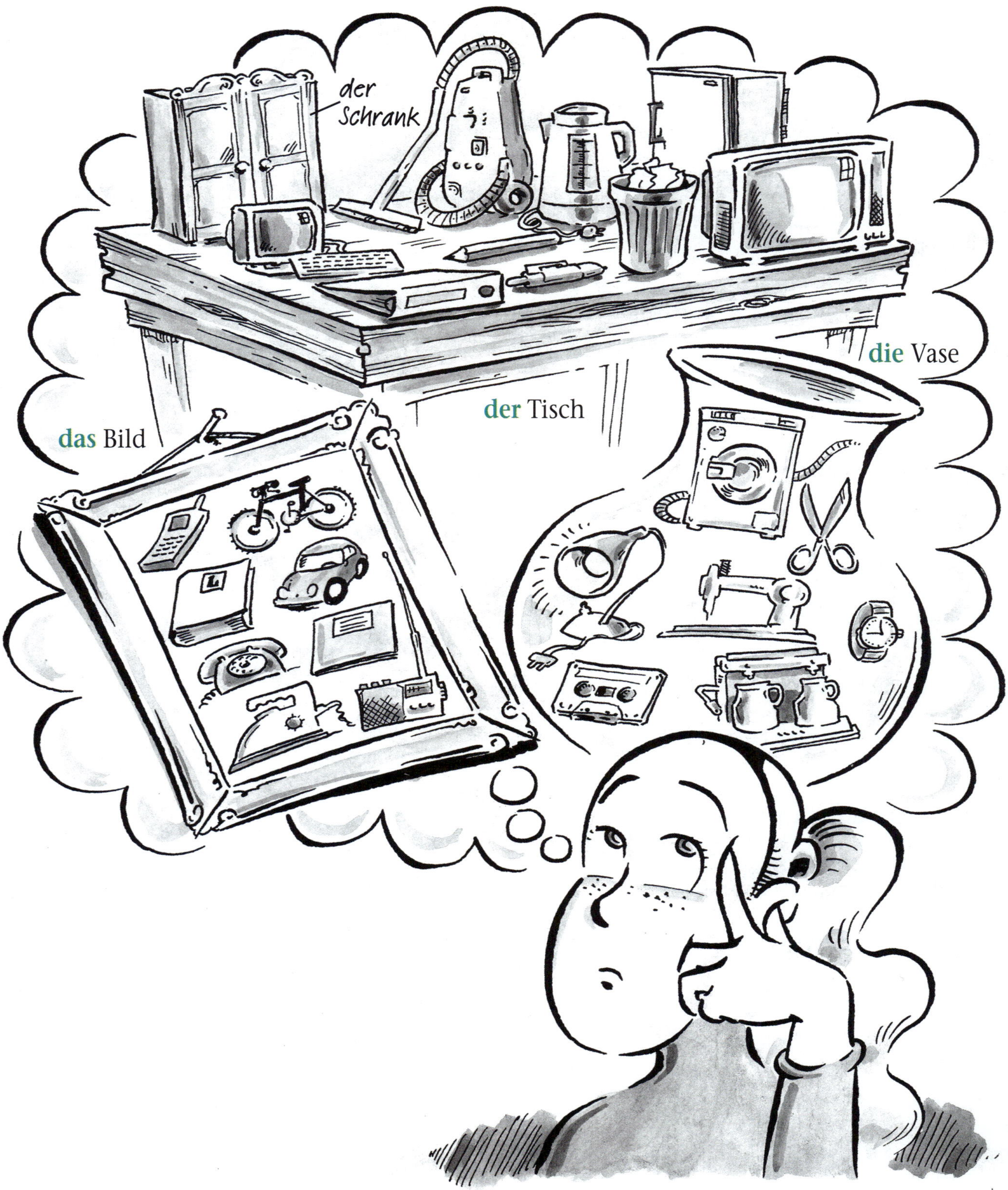

Testtraining 1

1 Ergänzen Sie bitte die Personalpronomen.

1. ● Woher kommt ihr?
   ○ ________ kommen aus Polen.
2. ● Spricht Birsen Türkisch?
   ○ Ja, ________ spricht Türkisch und Deutsch.
3. ● Wie heißt du?.
   ○ ________ heiße Omar.
4. ● Bist ________ aus Tunesien?
   ○ Ja.

2 Sätze – Schreiben Sie bitte.

1. woher / kommen / du / ? — *Woher kommst du?*
2. kommen / aus Mexiko / Sie / ? — ________
3. nehmen / ich / Kaffee / mit Milch / . — ________
4. kosten / was / die Vase / ? — ________
5. sein / das / ein Handy / . — ________

3 Dialog in der Cafeteria – Ergänzen Sie bitte mit a–c.

● Hallo, ich bin Maria.
○ ________
● Woher kommst du?
○ ________
● Ich komme aus Polen, aus Warschau.
○ ________
● Ja, gerne. Ein Mineralwasser.

a) ○ Aus Argentinien – und du?
b) ○ Hallo, Maria, ich bin Pedro.
c) ○ Möchtest du etwas trinken, Maria?

4 Auf dem Flohmarkt – Ordnen und schreiben Sie bitte den Dialog.

○ 126 Euro. Das ist billig.
○ Das ist keine Vase, das ist eine Lampe.
○ Gut, 110 Euro. Das ist superbillig.
● Das ist viel zu teuer.
● O.k. Was kostet die Lampe?
● ~~Was kostet die Vase~~?

● *Was kostet die Vase?*
○ ________
● ________
○ ________
● ________
○ ________

4 Wie spät ist es?

▶2

1 Wortigel – Ordnen Sie bitte zu.

zur Schule fahren • Kaffee kochen • aufwachen • ins Büro gehen • ~~duschen~~ • Zeitung lesen • zur Arbeit gehen • Zähne putzen • Kaffee trinken • Hausaufgaben machen

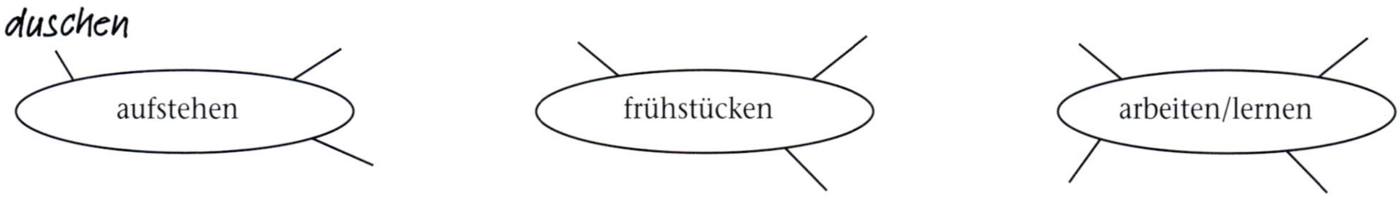

▶4

2 Wie viel Uhr ist es?

1. Es ist Viertel _vor_ drei.

2. Es ist fünf ________ halb drei.

3. Es ist fünf ________ halb drei.

4. Es ist ________ (Uhr).

5. Es ist zehn ________ zwei.

6. Es ist acht ________ zwei.

3 Wie spät ist es? – Schreiben Sie die Uhrzeiten wie im Beispiel.

	Alltagssprache	offizielle Uhrzeit
10.20	Es ist zwanzig nach zehn.	zehn Uhr zwanzig.
11.35		
13.07		
15.55		
19.45		
20.57		

4 Uhrzeiten – Hören Sie und notieren Sie bitte.

3.21

1. ______________________

2. ______________________

3. ______________________

4. ______________________

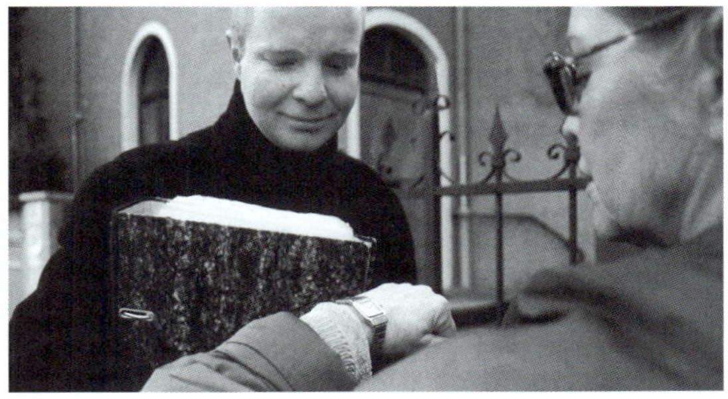

5. ______________________

ZDF

17.40 Leute heute 62-73-187
Journal mit Nina Ruge
17.50 Der Alte 19-61-583
Krimiserie. Große Liebe
19.00 heute 74-106
19.20 Wetter 49-52-380
19.25 WISO 49-46-583
Wirtschaft & Soziales
WISO-Tipp: Mietvertrag – worauf Sie jetzt achten müssen

6. ______________________

6

5 Verben – Ergänzen Sie bitte die Sätze.

anfangen • hören • fernsehen • nachsprechen • ~~kaufen~~ • machen • aufstehen • einkaufen • machen • korrigieren

1. ● K__________ du bitte fürs Frühstück e__________? ○ Ja, ich kaufe__________ Brötchen.
2. ● Was m__________ Ilona? ○ Sie liegt im Bett und s__________ f__________.
3. Axel und Klaus __________ heute das Mittagessen und Heidi __________ die Tests.
4. __________ Sie bitte den Dialog und __________ Sie __________.
5. ● Wann __________ du morgens __________? ○ Um sechs.
6. Die Schule __________ montags immer um acht Uhr __________.

6 Wiederholung: Konjugation – Schreiben Sie.

1. einkaufen (sie/du) sie kauft ein / du kaufst ein
2. essen (ich/du) ______
3. frühstücken (wir/Sie) ______
4. aufwachen (er/ihr) ______
5. kosten (es/sie) ______
6. aufstehen (ihr/sie) ______
7. lernen (er/sie) ______
8. verkaufen (ich/ihr) ______
9. antworten (ich/er) ______
10. buchstabieren (du/ich) ______
11. sprechen (er/wir) ______
12. lesen (du/ihr) ______
13. telefonieren (er/wir) ______
14. zeigen (ich/ihr) ______
15. schlafen (du/ihr) ______

3.22

7 Diktat – Hören Sie und ergänzen Sie bitte.

Um Viertel nach sechs klingelt der Wecker. Herr Schild steht a______. Dann dus______ er, ko______ Kaffee u______ geht z______ Arbeit. Fr______ Schild sch______ bis um ac______ Uhr. Da______ duscht s______, frühstückt u______ liest d______ Zeitung. Um Vie______ vor ne______ fährt Frau Schild ins Bü______. Sie ni______ immer d______ Fahrrad. He______ Schild arbeitet v______ acht b______ fünf. Da______ kauft er e______ und ge______ nach Ha______. Frau Schild ko______ um se______ nach Ha______. Dann gibt es Abendessen.

7

8 Akzent – Hören Sie und markieren Sie bitte.

3.23

Kaffee	Telefon	anfangen	beginnen	am Mittag
lesen	mitlesen	kaufen	einkaufen	verkaufen
markieren	Markieren Sie.	Markieren Sie bitte.		
entschuldigen	Entschuldigen Sie.	Entschuldigen Sie bitte.		

9 Rhythmus und Akzent

3.24

a Üben Sie wie im Beispiel.

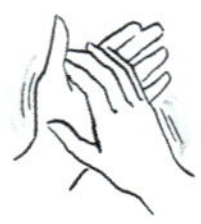

Beispiel	klatschen	klatschen + sprechen	sprechen
einkaufen	● • •	● • • einkaufen	einkaufen
die Zeitung	• ● •	• ● • die Zeitung	die Zeitung
Er trinkt Kaffee.	• • ● •	• • ● • Er trinkt Kaffee.	Er trinkt Kaffee.

b Üben Sie wie in 9a.

1. beginnen – Der Kurs beginnt.↘
2. sieben – Es ist sieben Uhr.↘
3. Hausaufgaben – Sie macht Hausaufgaben.↘
4. zur Arbeit – Er geht zur Arbeit.↘
5. wie spät – Wie spät ist es?↘
6. nach Hause – Er kommt nach Hause.↘

14

10 Eine Verabredung – Ergänzen Sie den Dialog.

● heute Abend / Zeit?	● Hast du ______________ ?
○ +	○ ______________
● Kino?	● Kommst du mit ______________ ?
○ Was?	○ ______________
● Kinopolis / „…“	● Im Kinopolis kommt „Casablanca“.
○ Uhr?	○ ______________ ?
● 18.30	● ______________

11 **Veranstaltungshinweise – Selektives Lesen: Was finden Sie zu 1–7? Markieren Sie im Text wie im Beispiel. Notieren Sie Stichwörter.**

1. Sie möchten einen Krimi im Fernsehen anschauen.
2. Sie möchten Sport machen. Sie haben am Wochenende Zeit.
3. Sie haben am Donnerstag ab 19 Uhr 30 Zeit.
4. Montag bis Mittwoch: Wo und wann gibt es Musik?
5. Sie mögen Filme aus Italien. Wo? Wann?
6. Billig einkaufen: wann und wo?
7. Sie möchten die Stadt kennen lernen.

Teddy Parkers Wochenschau

Hallo, Leute!

Ich habe wieder die besten Events für euch rausgesucht. Aktiv beginnt die Woche am **Montag** um 17 Uhr im Stadtpark: Inlineskate-Training – kostenlos! Im Haus der Jugend beginnt um 19 Uhr die Brasil-Party mit DJ FaFa und Pop-Rock. Fernsehen oder Kino? Im Atlantik läuft um 20.30 Uhr der italienische Film „Brot und Tulpen". Um 20.15 kommt auf RTL ein Krimi.

Um sechs in die Disco! Jeden **Dienstag** öffnet die Oly-Disco um 18 Uhr. Kein Alkohol!

Musik aus Westafrika präsentiert das Goethe-Forum um 20.30 Uhr – Karten reservieren! Um die gleiche Zeit zeigt das Leopold-Kino „Stadt der Engel" – klasse Film!

Mittwoch ist Kulturtag: Picasso-Ausstellung in der Stadtgalerie, kostenlose Führung von Frau Dr. Helga Flirr (um 19 Uhr). Oder ins Theater? „Carmen" um 19.30 Uhr im Nationaltheater. Um 23 Uhr zeigt die ARD Roman Polanskis „Tanz der Vampire" – mein Tagestipp!

Donnerstag ist Ruhetag. Ganz entspannt zur Lasershow „Planeten" um 19 Uhr im IMAX.

Oder: Dia-Schau „Alaska" von Ernst Eis im Rathaus-Foyer um 19.30 Uhr – kostet nix!

Die Arbeitswoche ist vorbei und das Wochenende beginnt! **Freitag**, 20 Uhr: VHS-Party, Eintritt: 5 € – zwei Getränke frei! Und dann in den Salsa-Club, ab 22 Uhr Live-Musik.

Samstag ab 7 Uhr Flohmarkt im Stadtpark. 12 Uhr, Treffpunkt Rathaus: Stadtexkursion mit dem Fahrrad. Ab 16 Uhr Open-Air-Folklore-Festival, Musik aus Osteuropa, Stadtpark.

Und um 23 Uhr der Krimi-Klassiker „French Connection" im Atlantik.

Der **Sonntag** bietet um 9 Uhr Gymnastik mit Hip-Hop im Sportpark (Eintritt frei!). Blasmusik im Biergarten ab 11 Uhr im Gasthaus Albert. Kurzfilme von Charlie Chaplin von 15 bis 17 Uhr in der Stadtgalerie (Eintritt frei!) und um 20 Uhr „Deutsch-Rock" im KUZ. Um 23 Uhr noch ein Tatort-Krimi im Fernsehen (3Sat) und dann ins Bett – die nächste Woche kommt bestimmt!

Euer Teddy Parker

Aussprache spezial

12 **Aussprache üben: *p-t-k* und *b-d-g* – Hören Sie die Wortpaare/Sätze und sprechen Sie bitte nach.** 3.25

1. „p"	„b"	2. „t"	„d"	3. „k"	„g"
Pavel	bitte	Tee	danke	Kaffee	gut
Person	Beruf	Türkisch	Deutsch	kommen	sagen
Papierkorb	Bleistift	und	Dialog	Prag	gern
kaputt	Sabine	kaputt	Handy	kaputt	bügeln

Der Bleistift ist kaputt. ↘
Sie spricht Türkisch und Deutsch.↘

Ist der Kaffee gut?↗
Das Handy ist teuer.↘

13 **Aussprache üben: *ei, eu, au* – Hören Sie bitte und sprechen Sie nach.** 3.26

„ai" einkaufen – ein Teilnehmer – die Zeitung
„oi" neun – Euro – Deutsch lernen
„au" das Haus – Hausaufgaben machen

Nein, hier ist leider keine Bäckerei.↘
Sie ist Verkäuferin.↘
Frau Braun übt die Aussprache.↘

14 **Aussprache üben: Vokaleinsatz – Sprechen Sie den Vokal „neu". Hören Sie und sprechen Sie nach.** 3.27

elf – um | elf – um | elf | Uhr
Ordner – ein | Ordner – | ist | ein | Ordner.
Abend – am | Abend – am | Abend | um | acht

Kommt er um elf Uhr? ↗
Hier ist ein Ordner. ↘
Helgi kommt am Abend um acht. ↘

Schwierige Wörter

15 **Hören Sie und sprechen Sie nach. Wiederholen Sie die Übung.** 3.28

frühstückst↘
die Zeitung↗
zweiundzwanzig↘

frühstückst du↘
morgens die Zeitung↗
kostet zweiundzwanzig↘

Wie lange frühstückst du?↘
Liest du morgens die Zeitung?↗
Das kostet zweiundzwanzig Euro.↘

16 **Welche Wörter sind für Sie schwierig?**
Schreiben Sie drei Wörter/Sätze wie in Aufgabe 15 und üben Sie mit einem Partner/einer Partnerin.

1. ______________________
2. ______________________
3. ______________________

5 Haben wir alles?

▶1

1 Wer sagt was? Ordnen Sie bitte zu.

Kunde/Kundin

1. Am Stück? ⟶
2. Haben Sie auch Kaffee?
3. Ich nehme gleich drei Kilo.
4. Sind die Kästen komplett?
5. Haben Sie Weißbrot?
6. Was darf's sein?
7. Nein, bitte in Scheiben.
8. Ich möchte bitte drei Brötchen.
9. Wo finde ich Zucker?
10. Baguette oder Toastbrot?

Verkäufer/Verkäuferin

▶4

2 Notieren Sie die Singularformen mit Artikel.

Äpfel	der	Apfel	Kiwis		
Säfte			Kartoffeln		
Bananen			Lammkeulen		
Zwiebeln			Mangos		
Birnen			Möhren		
Brote			Orangen		
Brötchen			Pfirsiche		
Eier			Tomaten		
Gurken			Zitronen		

3 Wörter in Gruppen lernen – Schreiben Sie je drei Lebensmittel in die Listen.

der Käse, die ...

4 Mengenangaben – Ergänzen Sie bitte den Dialog.

● Was brauchen wir fürs Wochenende?

○ Bier, Wein, Fleisch, Wurst und Käse, Gemüse, Butter, Milch und ...? Schokolade!

● Gut. Dann nehmen wir zwei Kästen Bier (1) und drei F________ Wein (2). Dann nehmen wir noch vier L________ Milch (3), zwei P________ Butter (4) und ein G________ Marmelade (5). Haben wir noch genug Brot?

○ Ja. Wir brauchen noch Gouda, 250 G________ (6), fünf S________ Schinken (7) und 200 G________ Salami (8). Und Fleisch. Drei P________ Schweinefleisch (9).

● Und noch Gemüse und Obst. Drei K________ Kartoffeln (10), ein P________ Möhren (11), ein P________ Äpfel (12). Brauchen wir auch Gurken?

○ Ja, zwei S________ (13). Haben wir alles?

● Nein, wir brauchen noch zwei D________ Tomaten für die Pizza (14).

5 Dialog – Schreiben Sie bitte und lesen Sie laut.

● Käse brauchen / ?	● *Brauchen wir noch Käse?*
○ + / Gouda	○ ______________________
● Gramm / ?	● ______________________
○ 200 g	○ ______________________
● Stück?/Scheiben?	● ______________________
○ Scheiben	○ ______________________

▶ 6

6 Wie viele? – Schreiben Sie die Nomen mit Artikel und im Plural.

7 Aussprache üben: *b, d, g, s* – Hören Sie bitte und sprechen Sie nach.

3.29

1.	der Ta**g** ein Dialo**g**	die Ta**g**e die Dialo**g**e	3.	das Fahrra**d** ein Kin**d**	die Fahrrä**d**er die Kin**d**er
2.	ein Ver**b**	die Ver**b**en	4.	der Kur**s** ein Hau**s**	die Kur**s**e die Häu**s**er

9

8 Wochenmarkt – Ergänzen Sie bitte den Dialog.

- ● Guten Morgen.
- ○ Guten Mor______, Frau Schneider. Wie ge______ es Ih______?
- ● Danke, g______, und Ih______?
- ○ Sehr g______. Was dar__'s denn he______ sein?
- ● Ei______ Salat, bi______, und ei______ Gurke. Si____ die Tom______ aus Deutschland?
- ○ Ja.
- ● G______, dann ne______ ich zwei Pf______ u______ ein Ki______ Kartoffeln.
- ○ Ge______. Ist d______ alles?
- ● Ne______. Ich bra______ noch Ob______. Bitte e______ Pfund Äp______ und ei______ Orange.
- ○ No______ etwas?
- ● Ja, ze______ Eier bra______ ich noch. Das ist dann al______.
- ○ Gerne, d______ macht zusa______ 6 Euro 25. Möc______ Sie ei______ Tüte?
- ● Ne______, danke. A______ Wiedersehn, Fr______ Kreil, bis Sams______!
- ○ A______ Wiedersehn, Fr______ Schneider.

▶ 12

9 Aussprache üben: *ü*- und *ö*-Laute – Hören Sie und sprechen Sie langsam nach.

„e"	„e" + (Lippen) = „ö"	„i"	„i" + (Lippen) = „ü"
-neh-	-nö-	-sie-	-sü-
-le-	-lö-	-lie-	-lü-
-ret-	-röt-	-him-	-hüm-
-mech-	-möch-	-kis-	-küss-

10 Namen

a Welchen Namen hören Sie? Kreuzen Sie bitte an.

☐ Mettler	☒ Möttler	☐ Kisker	☐ Küsker
☐ Rellig	☐ Röllig	☐ Miesam	☐ Mühsam
☐ Behring	☐ Böhring	☐ Bieler	☐ Bühler
☐ Scheene	☐ Schöne	☐ Liebermann	☐ Lübermann

b Sprechen Sie bitte.

Hier wohnt Familie Mettler.

Nein, Familie Möttler!

Hier wohnt …

11 Vokale – Hören Sie und ergänzen Sie die Vokale. Sprechen Sie die Sätze.

1. _I_ch ___be am D___nstag und M___ttwoch f___nfzehn M___nuten die Aussprache.
2. Nat___rlich fr___stücke ___ch ___n M___nchen.
3. W___r ___ssen v___l Gem___se m___t Oliven___l.

▶ 16

12 Artikel: Nominativ (N), Akkusativ (A) – Schreiben Sie bitte die Akkusativformen.

Nominativ	Akkusativ
der Apfel	Ich mag (A) _den_ Apfel nicht.
Das ist **ein** Apfel.	Ich brauche (A) ______ Apfel für den Obstsalat.
das Stück	Ich nehme (A) ______ Stück Gouda da.
Das ist **ein** Stück Gouda.	Ich nehme (A) ______ Stück Gouda.
die Gurke	Ich brauche (A) ______ Gurke für den Salat.
Das ist **eine** Gurke.	Bitte geben (A) Sie mir ______ Gurke.

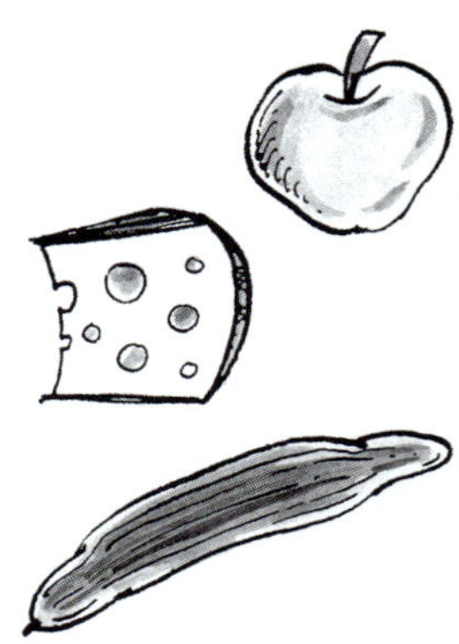

13 Akkusativ – Ergänzen Sie bitte den Dialog.

○ Ich mache d*en*___ Salat und ei______ Soße mit Olivenöl.

● Ich koche dann d______ Gemüsesuppe. Haben wir alles?

○ Wir haben noch e______ Tomate, e______ Zwiebel, e______ Brokkoli, drei Kartoffeln, e______ Paprika, e______ Möhre, e______ Sellerie und e______ Weißkohl.

● Prima, das reicht ja. Ich schneide d______ Gemüse.

○ Machst du d______ Obstsalat?

● Ja, aber wir haben k______ Bananen und k______ Orangen und nur e______ Apfel und e______ Kiwi.

○ Dann kaufe ich noch schnell ein paar Äpfel, Orangen und Bananen bei Nico.

● Bring noch e______ Liter Milch mit.

14 Akkusativformen – Schreiben Sie bitte die Sätze.

1. 1 Banane / 1 Apfel / 1 Birne / 1 Kiwi / 1 Orange / und / 1 Pfirsich

   Für den Obstsalat nehme ich *eine*______________________________.

2. 1 Möhre / 1 Kilo Tomaten / 1 Pfund Kartoffeln / 1 Zwiebel / und / 1 Dose Champignons

   Für die Gemüsesuppe nehmen wir ______________________________

3. 1 Heft / 1 Kuli / 1 Wörterbuch / und ...

   Im Deutschkurs brauche ich ______________________________

Effektiv lernen

15 Wortschatzkarten für Nomen – Ergänzen Sie bitte. Kontrollieren Sie auf Seite 39 und mit der Wörterliste.

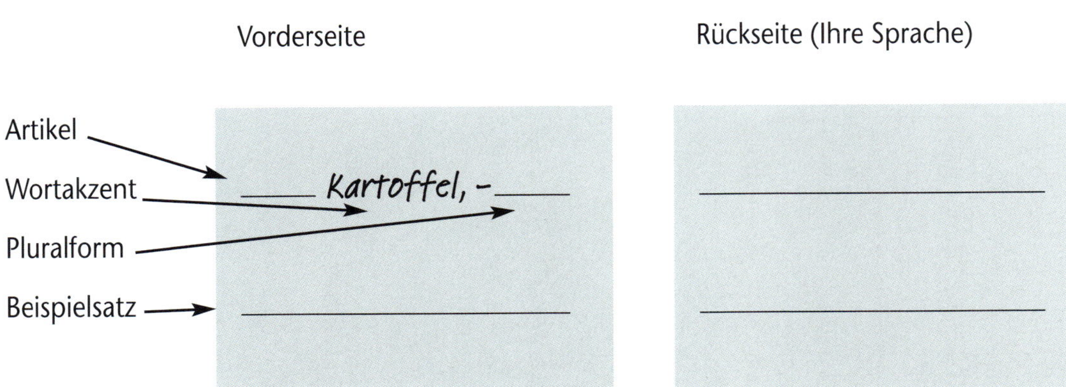

6 Guten Appetit

3

1 Wortfeld „Essen"

a Ergänzen Sie die Gerichte.

1. Wiener S__________
2. G_______s_______pe
3. P______s f_______es
4. Frankfurter W________n
5. Thüringer B________t
6. Schweineb________n

b Welche Gerichte passen zu den Fotoausschnitten?

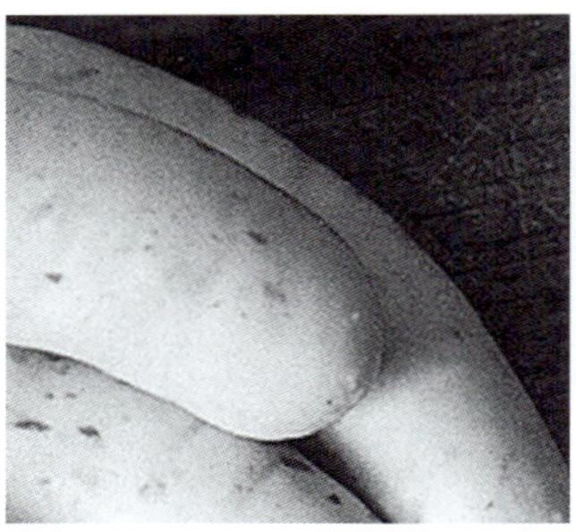

M________

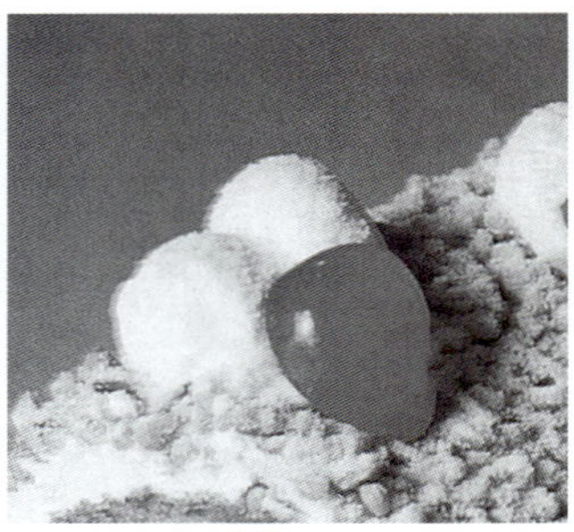

F______ K______

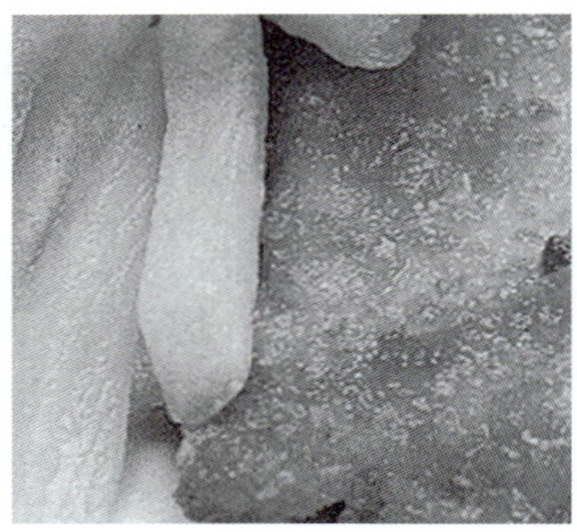

W________

H________

2 Frühstückstisch – Schreiben Sie die Wörter mit Artikel.

① ________

② ________

③ ________

④ ________

⑤ ________

⑥ ________

⑦ ________

⑧ die Kaffeetasse

⑨ ________

3 Kaffeetasse und Tasse Kaffee – Ergänzen Sie bitte.

1. Das ist eine

   Kaffeetasse ______________.

2. Das ist ein

   W______________.

3. Das ist ein

   Tee______________.

● Bringen Sie mir bitte

eine T______________ K______________.

● Ich hätte gern

ein ______________ ______________.

● Ich nehme

ein ______________ ______________.

▶ 10

4 Bestellung – Ergänzen Sie den Dialog. Probleme? ↓

● Guten Tag, was möchten______________ Sie?

○ Ich h______________ gern ein ______________ vom Fass.

● Klein oder ______________?

○ Ein großes, ______________.

● Und was möchten Sie ______________?

○ Eine ______________ „Vier Jahreszeiten".

▶ Und ich hätte ______________ den italienischen ______________ und ein Mineralwasser.

▷ Und ich ______________ das Wiener Schnitzel mit Pommes frites.

● Wiener ______________ haben wir heute leider ______________. Ein Zigeunerschnitzel vielleicht?

▷ Nein, das mag ich ______________. Ich n______________ dann lieber das Putenschnitzel und eine Portion Pommes.

● Und was möchtest du ______________?

▷ Eine Apfelsaftschorle.

● Und der junge Mann? Was m______________ du?

■ Pommes, ganz viel Pommes mit Ketchup und eine große Cola.

▶ Nein, nein, du ______________ Mineralwasser oder Apfelsaft.

Bier • essen • gern • groß • hätte • möchte • möchten • möchtest • nehme • nicht • nicht • Pizza • Salat • Schnitzel • trinken • trinkst • bitte

3.33

5 Rhythmus und Akzent – Hören und markieren Sie bitte. Sprechen Sie nach.

Tomaten und Suppe	Tomatensuppe	Telefon und Nummer	Telefonnummer
Gemüse und Soße	Gemüsesoße	Kurs und Raum	Kursraum
Oliven und Öl	Olivenöl	Kaffee und Maschine	Kaffeemaschine
Bohnen und Salat	Bohnensalat	Papier und Korb	Papierkorb

3.34

6 Vokal lang oder kurz – Hören Sie und markieren Sie bitte. Sprechen Sie bitte.

ein Sellerie • eine Paprika • holen • Milch holen • das Gemüse • Gemüse kochen

suchen • einen Kochtopf suchen • die Tomate • Tomaten und Zitronen

der Honig • Honig und Marmelade • nehmen • einen Nachtisch nehmen

fünfzehn • fünfzehn Zwiebeln • fünfzehn Zwiebeln für die Suppe

7 Zwei Dialoge

a Ordnen Sie bitte: Markieren Sie C (Cafeteria) und R (Restaurant)

b Schreiben Sie bitte die zwei Dialoge.

- ● [R] Die haben wir heute leider nicht.
- ● [ ] Kommt sofort.
- ● [C] ~~Möchtest du etwas essen?~~
- ● [ ] Und was möchten Sie essen?
- ● [ ] Und was trinkst du?
- ● [R] ~~Was möchten Sie trinken?~~

- ○ [ ] Dann die Spaghetti Napoli.
- ○ [ ] Die Spinatlasagne, bitte.
- ○ [ ] Eine Cola, bitte.
- ○ [ ] Ich hätte gerne ein Bier.
- ○ [ ] Ja, einen Döner.

Cafeteria

Möchtest du etwas essen?

Restaurant

Was möchten Sie trinken?

8 Bezahlen – Ergänzen Sie bitte.

zurück • getrennt • bezahlen • ein • Zusammen • ~~möchten~~ • Machen • die

- ● Herr Ober, wir *möchten* bitte ____________.
- ○ ____________ oder ____________?
- ● Getrennt, bitte.
- ○ Ja, hier sind das einmal Spaghetti und ____________ Bier, 10 Euro 50.
- ● ____________ Sie 11 Euro.
- ○ Danke sehr – und vier Euro ____________. Und Sie haben ____________ Pizza und ein Wasser, 9 Euro 30.

▶ 12

9 *Ja/Doch* oder *Nein* – Was passt? Kreuzen Sie bitte an.

	ja	doch	nein
1. Magst du Bratwurst?	☒	☐	☒
2. Trinken Sie keinen Wein?	☐	☐	☐
3. Sind Sie nicht aus Prag?	☐	☐	☐
4. Heißen Sie Schmidt?	☐	☐	☐
5. Ist das nicht Birsen?	☐	☐	☐
6. Arbeiten Sie abends nicht?	☐	☐	☐
7. Lernst du mit Lernkarten?	☐	☐	☐
8. Üben Sie nicht regelmäßig?	☐	☐	☐

▶ 16

10 Imperativformen – Ergänzen Sie die Tabelle.

Sie-Form	*du*-Form	*ihr*-Form
____________	nimm	*nehmt*
____________	probier	____________
arbeiten Sie	____________	____________
____________	____________	fragt
____________	____________	esst
____________	schreib auf	____________
buchstabieren Sie	____________	____________
____________	____________	hört zu

11 Ratschläge geben – Schreiben Sie bitte.

1. den Salat / probieren (du) / doch — *Probier doch* ______
2. das Schnitzel / nehmen (ihr) / doch ______
3. fragen / die Lehrerin / doch / Sie ______
4. essen / Sie / mal / eine Bratwurst ______
5. mit Lernkarten / lernen (ihr) ______
6. lesen / Zeitung / regelmäßig / Sie ______

12 Minidialoge – Was passt zusammen? Kreuzen Sie bitte an.

1. Putenschnitzel mag ich nicht.
   - [a] Dann nehmen Sie doch Schweineschnitzel.
   - [b] Sehr gut, das nehme ich auch.

2. Eigentlich habe ich keinen Hunger.
   - [a] Möchtest du etwas essen?
   - [b] Iss doch einen Gemüseburger.

3. Ich brauche ein Wörterbuch.
   - [a] Hier, nimm mein Wörterbuch.
   - [b] Das ist gut.

4. Ich verstehe das Wort nicht.
   - [a] Wo ist Frau Wohlfahrt?
   - [b] Fragen Sie doch Frau Wohlfahrt.

13 Lebensmittel einkaufen – essen gehen. Lesen Sie die Anzeigen und machen Sie dann Aufgabe 1–5. Notieren Sie die Nummern der passenden Anzeigen.

① WOK ASIATISCHE SPEZIALITÄTEN
Stadtplatz 2 / Nähe VHS · Auch zum Mitnehmen · Täglich 11–1 Uhr
Diese Woche: Chopsuey 5,50 €

② Café Westend
Westendstr. 23 · Tägl. 8–19 Uhr
Frühstücksbüfett bis 12 Uhr,
9 € p.P.

③ Karins Gemüsekiste
Gemüse und Obst
aus kontrolliertem Anbau
Mi.–Sa. 14–18 Uhr

④ American Bar
Salat & Burger
Kennedyplatz 5
Big Burger nur 3,50 €!

⑤ Die Kneipe
Gut & Billig
Tagesessen nur 4 €!
Olympiaring 9
Tägl. ab 18.30 Uhr

⑥ Bäckerei Knapp
Über 50 Brot- u. Brötchenspezialitäten
Ab sofort: Sonntag, 8.30 bis 11.30

⑦ STADTCAFÉ
Am Stadtpark
Tägl. 8–18 Uhr
Kl. Frühstück 3,50 €!

⑧ Markt im Bahnhof
Einkaufen von 6 bis 22 Uhr!
Lebensmittel und Getränke
Tägl. frische Brötchen!

1. Es ist Sonntag, 10 Uhr, der Kühlschrank ist leer und Sie haben Hunger. Was tun Sie?
   Sie haben vier Möglichkeiten: [a] 2 ______ [b] ______ [c] ______ [d] ______
2. Der Deutschkurs endet um 17 Uhr. Sie möchten mit vier Kollegen essen gehen.
   Zusammen haben Sie aber nur 20 Euro. Was tun Sie? ______
3. Sie wollen sich mit Ihrer Freundin am Freitag zum Mittagessen verabreden. Wo?
   Sie haben zwei Möglichkeiten: [a] ______ [b] ______
4. Sonntag, 12 Uhr: Sie haben kein Brot mehr. Was tun Sie? ______
5. Nach der Disco: Sie möchten noch etwas trinken gehen. Wo? [a] ______ [b] ______ [c] ______

Schwierige Wörter

14 Hören Sie und sprechen Sie langsam nach. Wiederholen Sie die Übung.

3.35

eine Apfelsaftschorle↘	möchte eine Apfelsaftschorle↘	Ich möchte eine Apfelsaftschorle.↘
besetzt?↗	der Platz besetzt?↗	Ist der Platz besetzt?↗
das Putenschnitzel.↘	nehme das Putenschnitzel.↘	Ich nehme das Putenschnitzel.↘

15 Welche Wörter sind für Sie schwierig? Notieren Sie drei Wörter/Sätze wie in Aufgabe 14 und üben Sie mit einem Partner / einer Partnerin.

1. ______________________
2. ______________________
3. ______________________

16 Ein Cartoon – Schreiben Sie den Dialog.

Testtraining 2

1 Sprachbausteine

– Lesen Sie die Notiz.
– Markieren Sie das passende Wort (a oder b) für die Lücken 1–10.

Dienstag, 21.08. / 11 Uhr

Hallo, Alfred,

Tina und Paul ① heute zum Essen. Ich ② eine Pizza. Machst du ③ Salat und einen Nachtisch? ④ haben nichts im Kühlschrank. Kaufst du bitte ⑤? Ich brauche ⑥ Pfund Tomaten, 200 g Champignons, einen Liter Milch. Mehl ist da. Wir haben auch ⑦ Wein mehr. Tina trinkt nur Saft. Mineralwasser ist im Kühlschrank. ⑧ vielleicht noch eine ⑨ Orangensaft. Ich bin ⑩ 17 Uhr im Büro und um 18 Uhr wieder zu Hause.

1. [a] kommen
   [b] kommt
2. [a] machst
   [b] mache
3. [a] einen
   [b] eine
4. [a] Wir
   [b] Sie
5. [a] ein
   [b] auf
6. [a] eine
   [b] ein
7. [a] einen
   [b] keinen
8. [a] Kaufst
   [b] Kauf
9. [a] Flasche
   [b] Liter
10. [a] bis
    [b] von

2 Wie spät ist es? Schreiben Sie die Uhrzeiten zu den Uhren (Alltagssprache).

● Wie spät ist es?
○ Es ist …

11.

Viertel nach ____________

12.

____

13.

____

14.

____

3 Dialoge

Welche Antwort passt? Markieren Sie in 15.–20. jeweils [a] oder [b].

15. Was darf's sein?

[a] 200 Gramm Salami, bitte.

[b] Ich nehme drei Kilo.

16. Möchten Sie etwas essen?

[a] Ja, eine Apfelsaftschorle, bitte.

[b] Nein, nur eine Apfelsaftschorle, bitte.

17. Haben wir alles?

[a] Nein, wir haben noch Wurst.

[b] Nein, wir brauchen noch Käse.

18. Hm, was nehme ich denn?

[a] Ich mag Currywurst nicht.

[b] Iss doch einen Döner.

19. Noch etwas?

[a] Nein, danke, ich möchte noch Butter.

[b] Nein, das war's.

20. Zusammen oder getrennt?

[a] Getrennt, bitte.

[b] Die Rechnung, bitte.

4 Hörverstehen – Teil A

3.36

Hören Sie und notieren Sie die Informationen. Hören Sie die Texte zweimal.

Situation 1: Ansage im Supermarkt.

21. Schweinesteaks, 100g, 46 ct

22. Putensteaks, 1 kg, ________ €

23. Grillwürstchen, ________ Stück, ________ €

24. Tomaten, ________ kg, ________ € ________ ct

25. Mozzarella, ________-g-Packung, ________ ct

26. Kasten Mineralwasser, ________ x 1 Liter, ____€

Situation 2: Im Restaurant – Wer bestellt was?

	Trinken	Essen
Vater	27.	28.
Mutter	29.	30.
Sohn	31. Orangensaft	32.
Tochter	33.	34.

3.37

5 Hörverstehen – Teil B

- Lesen Sie zuerst die Aufgaben.
- Hören Sie den Text zweimal.
- Kreuzen Sie die richtigen Antworten [a] oder [b] an.

35. Wie viel kostet die Nähmaschine?

[a] 16 Euro.

[b] 60 Euro.

36. Was möchten Sie essen?

[a] Ein Schnitzel mit Pommes frites.

[b] Ein Wiener Schnitzel mit Salat.

37. Wie schreibt man das?

[a] SCHERLING.

[b] SCHÄRLING.

38. Wie lange arbeitest du?

[a] Von 9 bis 12.

[b] Von 9 bis 11.

3.38

6 Minidialoge A

- Lesen Sie zuerst [a] bis [d].
- Hören Sie dann zu. Sie hören drei Aussagen oder Fragen (39–41).
  Hören Sie jede Aussage/Frage zweimal.
- Kreuzen Sie die passende Reaktion ([a] [b] [c] [d]) für jede Aussage/Frage an.

	39.	40.	41.
[a] Das ist zu teuer.	[a]	[a]	[a]
[b] Das weiß ich nicht.	[b]	[b]	[b]
[c] Zusammen.	[c]	[c]	[c]
[d] Nein, danke.	[X]	[d]	[d]

3.39

7 Minidialoge B

- Lesen Sie zuerst [a] bis [d].
- Hören Sie dann zu. Sie hören vier Fragen (42–45).
  Hören Sie jede Aussage/Frage zweimal.
- Kreuzen Sie die passende Reaktion ([a] [b] [c] [d]) für jede Aussage/Frage an.

	42.	43.	44.	45.
[a] 7 Stunden.	[a]	[a]	[a]	[a]
[b] Es ist kurz vor 12.	[b]	[b]	[b]	[b]
[c] Um sechs.	[X]	[c]	[c]	[c]
[d] Im Supermarkt.	[d]	[d]	[d]	[d]

8 Leseverstehen

- Lesen Sie die Anzeigen a – h.
- Lesen Sie die Aufgaben 46 – 53.
- Welche Anzeigen a-h passen zu 46 – 53? Manchmal passen mehrere Anzeigen.

	Anzeige(n)
46. Sie schwimmen gern.	d
47. Ihr Computer ist kaputt.	
48. Sie möchten ins Kino gehen.	
49. Sie kochen gern.	
50. Sie suchen ein Fahrrad.	
51. Sie essen gern Gemüse.	
52. Ihr Hobby ist Fußball.	
53. Sie trinken gern Espresso.	

a

NEUERÖFFNUNG
Cappuccino
DIE ORIGINAL ITALIENISCHE CAFÉBAR
in Ihrer Nähe · Tägl. 8 – 18 Uhr

b

Verkäufe
Computer und Drucker
Nur 120 €!! Tel. 88 93 41
Mountain-Bike (fast neu)
200 €. Tel: 6 78 32 17

c

Ab morgen im CINECENTER
Walt Disney's ATLANTIS
15.30 – 18.30 – 21.30
Spätvorstellung 0.30
THE KID (OmU)

d

Aquamundo
Das Bad für Körper und Seele
Öffnungszeiten: Di.–Fr. 7–21 Uhr
Sa. u. So. 8–18 Uhr · Mi., Do., Fr. Sauna

e

Crassssssssh?
Probleme mit dem PC?
Wir helfen sofort! · Tel. 9 80 45 14

f

ASIATISCHE KOCHKUNST
in der VHS
Neue Kochkurse ab 15. September
Kontakt: VHS Gasteig, Tel. 34 34 76
5 Abende 30 €

g

Grüne Insel
Vegetarisches Restaurant
Di. – So. 18 – 24 Uhr · Montag Ruhetag
Steinerstraße 34

h

Fußball Oberliga
FC Victoria Eppelheim – Eintracht St. Leon
Sonntag, 9. Juni im Otto-Benzler-Stadion

7 Willkommen in Bielefeld

3

1 Ein Rätsel

ß = SS

1								A			E			E			E				
2									A		I	O									
3								Ö				U					E	I		E	
4												I				A					
5											O										
6										A				O							
7		E					I			E											
8											E	I					A				
9												A			E						
10										U				E	I		E				
11								I			E			E			A		E		
12						U				A					I	E					
13										A		I	O								
14								A			E			A							
15											A			E		S					
16						A	U			U			E								
17									O			A									

Waagerecht:

1 Hier hält der Bus oder die 14.
2 Ein anderes Wort für 1.
3 Zu diesen Zeiten ist das Amt oder die Post auf.
4 Hier kann man schwimmen.
5 Hier kann man Briefmarken kaufen.
6 Hier halten die Züge.
7 Auf der 5 kann man Briefe v...
8 Dieses Haus ist groß und steht in Berlin.
9 Das 11 ist in der August-Bebel-...

Post
Nahariyastraße 1

Öffnungszeiten:
Mo. bis Fr. 9.00–18.30 Uhr,
Sa. 9.00–13.00 Uhr
Sonn- und Feiertage geschlossen

10 Fahren Sie mit der Linie 2 zum Bahnhof. Dort u... in die Linie 3.
11 Haben Sie keinen Computer? Dann gehen Sie doch ins I...
12 Das ... Arminia gegen Bayern findet auf der „Alm" statt.
13 Die „Alm" ist ein Fußball...
14 Transportiert Leute, ist aber kein Bus.
15 Meine ... ist: Heimweg 23, 33604 Bielefeld.
16 Die H... vom 11 ist 133.
17 Der 1. Tag der Woche.

Senkrecht: Sind Sie neu in der Stadt? Hier bitte anmelden!

4

2 Dialog – Ergänzen Sie bitte.

Dialog 1

- ● Entschuldigung, w__________ komme i__________ zur *Ziegel*__________?
- ○ Gehen S__________ dort z__________ Haltestelle *Prieß*__________ und neh__________ Sie d__________ Linie 2 in Rich__________ *Milse*. D__________ fährt dir__________ zur *Ziegelstraße*.
- ● Wie vi__________ Stationen si__________ das?
- ○ T__________ mir le__________, das we__________ ich ni__________ genau, viell__________ zehn od__________ …

Dialog 2

- ● Entschuldigung, i__________ möchte z__________ Universität.
- ○ Neh__________ Sie d__________ Linie 1 an d__________ Haltestelle *Bethel*, Rich__________ *Schildesche*. Steigen S__________ am *Rathaus* um. Do__________ nehmen S__________ die Li__________ 4. Die fä__________ direkt z__________ *Universität*.

5

3 Was hören Sie? Kreuzen Sie bitte an.

3.40

„p"	„b"		„t"	„d"		„k"	„g"	
☐	☐	Bus	☐	☐	Fahrrad	☐	☐	Tag
☐	☐	Verb	☐	☐	oder	☐	☐	(du) fragst
☐	☐	(ihr) habt	☐	☐	Land	☐	☐	Montag
☐	☐	haben	☐	☐	Handy	☐	☐	Entschuldigen Sie.

4 Diese Laute sprechen Sie „hart".

3.41

a Ergänzen Sie bitte die Wörter und sprechen Sie die Sätze laut.

1. Das Museum is___ monta___s geschlossen.
2. Die Tic___e___s ver___aufen wir monta___s bis freita___s.
3. Mon___a___ und Donners___a___ ist Mar___.
4. Am Sams___a___ ist Flohmar___.
5. ___u___ mir lei___, aber der Bus fähr___ nach Bethel.
6. Der Bus fähr___ hier um sieben Uhr sie___zehn a___.

b Hören Sie zur Kontrolle und sprechen Sie die Sätze laut.

5 Präpositionen – Ergänzen Sie bitte.

von • zum • bei • mit • ~~nach~~ • nach • vom • nach • mit • seit • zum • aus • zur • mit • von • seit • mit

1. Nach ________ dem Essen trinkt Frau Wohlfahrt immer einen Kaffee.
2. Holger fährt ________ einem Jahr mit dem Fahrrad zur Schule.
3. Gehen Sie ________ Rathaus und fahren Sie ________ dem Bus bis ________ Bahnhof.
4. In der Nähe ________ Bahnhof ist das Café.
5. Ilona geht um acht Uhr ________ dem Haus.
6. ________ der Haltestelle bis ________ Schule gehen Sie fünf Minuten.
7. Das Gemüse kaufe ich immer ________ Hassan.
8. Am Sonntag fahren wir ________ dem Zug ________ Hamburg.
9. ________ Hamburg fahren wir ________ dem Fahrrad ________ Kiel.
10. Ich fahre ________ einem Jahr nicht mehr ________ dem Auto.

6 Ordnen Sie zu und schreiben Sie Sätze.

1. Wie viele Stationen → c)	a) fahren Sie nur drei Stationen.
2. Nach der Station „Rathaus"	b) fahren Sie eine Viertelstunde.
3. Mit dem Fahrrad	c) sind das?
4. Nach dem Frühstück	d) steigen Sie bitte aus.
5. In der Nähe vom Schwimmbad	e) kaufen Sie beim Fahrer.
6. Mit der Straßenbahn	f) geht Herr Schmidt ins Büro.
7. Die Tickets	g) ist der Bahnhof.

1. Wie viele Stationen sind das?
2. ________________________________
3. ________________________________
4. ________________________________
5. ________________________________
6. ________________________________
7. ________________________________

7 In der Stadt – Hören Sie bitte. Markieren Sie die passende Antwort.

3.42

1. a) Bis 18 Uhr. b) Am Bahnhof. c) Mit der Linie 2.
2. a) Mit der Straßenbahn. b) Zum Jahnplatz. c) Nein.
3. a) In der Post. b) 56 Cent. c) In zwei Tagen.
4. a) Im Stadion. b) Zehn Euro. c) Am Freitag, um 15 Uhr 30.
5. a) Das Ishara-Bad. b) Jeden Tag. c) Bis 20 Uhr.
6. a) Aus Berlin. b) Ja, klar! c) Ja, gerne!
7. a) Im Bahnhof. b) Im Parkhaus. c) Nur bis 20 Uhr.

▶ 10

8 Wiederholung: bestimmter und unbestimmter Artikel – Ergänzen Sie bitte.

1. mit d em Bus fahren
2. d_______ Linie 3 nehmen
3. e_______ Haltestelle suchen
4. nach d_______ 3. Station aussteigen
5. d_______ Ticket bezahlen
6. mit d_______ Straßenbahn fahren
7. aus d_______ Haus gehen
8. e_______ Salat machen
9. e_______ Apfel nehmen
10. mit d_______ Freunden essen
11. nach d_______ Essen Kaffee trinken
12. e_______ Kilo Bananen kaufen
13. e_______ Pizza essen
14. e_______ Glas Wein trinken
15. d_______ Gemüse bezahlen
16. e_______ Text hören
17. d_______ Aussprache üben
18. e_______ Dialog sprechen
19. mit d_______ Partner sprechen
20. mit d_______ Lehrerin telefonieren

9 Wegbeschreibungen – Sehen Sie die Skizze an und schreiben Sie bitte.

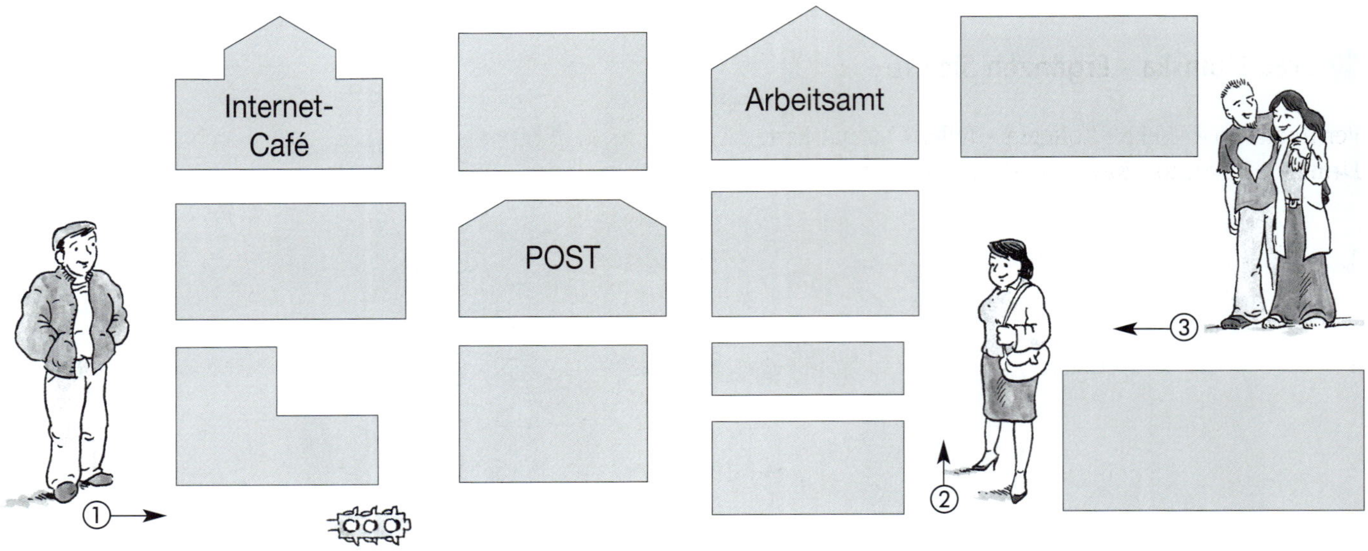

rechts

links

(immer) geradeaus

bei/an der Ampel …

bei/an der Kreuzung …

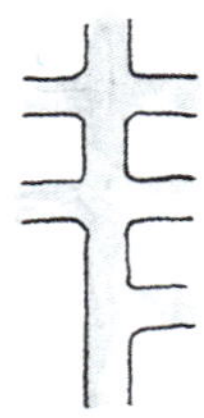

die dritte Straße … rechts/links

die zweite Straße …

die erste/nächste …/gleich …

1. „Entschuldigung, wie komme ich zur Post?"

   da sehen Sie die Post. — *Gehen Sie geradeaus* ______

   an der Ampel links ______

   Gehen Sie geradeaus, ______

   und die nächste rechts, ______

2. „Wo ist das Arbeitsamt?"

   dann die erste Straße rechts, ______

   an der zweiten Kreuzung sehen Sie das Arbeitsamt. ______

   Gehen Sie die nächste links, ______

3. „Entschuldigen Sie, wir suchen das Internetcafé."

   und dann gleich links, ______

   dann die zweite Straße rechts ______

   da sehen Sie das Internetcafé. ______

   Gehen Sie geradeaus, ______

12

10 Frau Lipinska – Ergänzen Sie bitte.

Personalbüro • Theke • Kollegin • Teller • Monatskarte • Sparkasse • Kantine • Gehalt • Firma • Personalbogen • Konto • ~~Firma~~ • Girokonto • Kasse • Besteck • Aufzug

1. Frau Lipinska kommt in ihre neue *Firma* ______. Zuerst geht sie ins ______. Dort füllt sie einen ______ aus.
2. Frau Lipinska braucht ein ______ bei einer ______, denn die ______ überweist das ______ immer auf ein ______.
3. Dann fährt sie mit dem ______ in den Keller. Dort trifft sie eine ______ in der ______.
4. Sie holen das Essen von der ______, nehmen ______ und ______ und bezahlen an der ______.
5. Am Nachmittag kauft Frau Lipinska eine ______ für die Stadtbahn.

Effektiv lernen

11 Sprechen üben – drei Tipps.

1. Sprechen Sie Wörter, Sätze und Dialoge laut.

2. Üben Sie zu zweit.

3. Sprechen Sie viel im Alltag. Fehler sind kein Problem!

TIPP Sprechen lernt man nur durch Sprechen.

8 Ich arbeite bei …

▶ 2

1 Wer macht was? – Schreiben Sie die Berufe ins Bild.

▶ 4

3.43

2 Textzusammenfassung – Ergänzen Sie den Text.

Es gibt zwei Möglichkeiten: 1. Ergänzen Sie und hören Sie zur Kontrolle. 2. Hören Sie zuerst, ergänzen Sie dann und hören Sie noch einmal.

Bei der Spedition Höhne arbeiten viele Menschen. Sabine Schütz i*st*_____ Informatikerin. Sie hi_____ den Kollegen b_____ Problemen mit d_____ Computern. Die Arb_____ macht Spaß. S_____ kann selbständig arbe_____ und sie h_____ Gleitzeit. Manchmal mu_____ sie am Woche_____ arbeiten. Sie verd_____ ganz gut. Alvaro Peneda arbeitet ni_____ bei der Fi_____ Höhne. Er i_____ Elektriker. Herr Peneda mu_____ früh aufstehen. Im Win_____ findet er d_____ manchmal hart. Alvaro arbeitet 35 Stunden in d_____ Woche. In fü_____ Jahren will er ei_____ eigene Firma ha_____. Frau Mladic i_____ eigentlich Verkäuferin, ab_____ jetzt arbeitet s_____ bei einer Zeitarbe_____. Sie putzt z_____ die Bü_____ bei der Fi_____ Höhne. Sie m_____ die Arbeit ni_____ sehr. Die Beza_____ ist nicht g_____ und die Arbei_____ wechselt oft. Ihr Mann möchte gern nach Amerika, aber sie und die Kinder wollen hierbleiben.

3 Wer macht was? – Schreiben Sie die Tätigkeiten zu den Berufen.

Briefe schreiben • Lampen reparieren • ~~Kollegen helfen~~ • Programme schreiben • Büros putzen • beraten • telefonieren • Produkte verkaufen • Autos reparieren • Homepage pflegen

Informatiker/in	*Kollegen helfen,* ______________________
Sekretär/in	______________________
Verkäufer/in	______________________
Kraftfahrzeugmechaniker/in	______________________
Elektriker/in	______________________
Raumpfleger/in	______________________

4 Was passt? Ordnen Sie zu.

1. Die Bezahlung ist schlecht:	a) 45 Stunden arbeiten
2. keine Arbeit haben	b) am Wochenende arbeiten
3. Überstunden machen	c) nur sieben Euro die Stunde.
4. Gleitzeit arbeiten	d) arbeitslos sein
5. Bereitschaftsdienst haben	e) von 7 bis 15 Uhr oder von 9 bis 17 Uhr arbeiten

8

5 Welchen Laut hören Sie? Kreuzen Sie bitte an.

3.44

	1.	2.	3.	4.	5.	6.	7.
1. „ach"-Laut	☒	☐	☐	☐	☐	☐	☐
„k"	☐	☐	☐	☐	☐	☐	☐

	1.	2.	3.	4.	5.	6.	7.
2. „ich"-Laut	☐	☐	☐	☐	☐	☐	☐
„sch"	☐	☐	☐	☐	☐	☐	☐

6 *ach*-Laut – *ich*-Laut – *sch*

3.45

a Wann sprechen Sie was? Markieren Sie bitte.

„ach"-Laut

„ich"-Laut

„sch"

Ich bin Koch und arbeite auch am Wochenende.
Wir haben sechzehn Sachbearbeiter in der Buchhaltung!
Ich bin Mechaniker. Am Wochenende möchte ich nicht arbeiten.
Welche Köche arbeiten am Wochenende in München?
Ich arbeite als Aushilfe – Überstunden, Schichtarbeit, und das Gehalt ist schlecht.
Als Schreiner muss ich nicht so früh aufstehen – die Arbeit macht Spaß.

b Hören Sie zur Kontrolle und sprechen Sie die Sätze.

7 Satzklammer – Schreiben Sie die Sätze in die Tabelle.

Alvaro / immer früh / muss / aufstehen
Frau Mladic / als Verkäuferin / arbeiten / möchte
kann / arbeiten / Frau Schütz / selbständig
nach Amerika / gehen / Herr Mladic / möchte
gehen / Herr Kölmel / um neun Uhr zum Chef / muss
Jetzt / ich / die Satzklammer / verwenden / kann

	Position 1	Position 2		Satzende
1.	Alvaro	muss	immer früh	aufstehen.
2.				
3.				
4.				
5.				
6.				

Satzklammer

8 Modalverben – Ergänzen Sie bitte.

① ~~können~~ • können • müssen • müssen

Frau Schütz kann (a) selbständig arbeiten.

Sie hat Gleitzeit. Sie ____________ (b) um acht Uhr oder um neun Uhr anfangen. Sie ____________ (c) immer ein Handy dabeihaben. Sie ____________ (d) manchmal am Wochenende Bereitschaftsdienst machen.

② wollen/möchten • wollen/möchten • müssen • müssen • müssen • können

Frau Lipinska ____________ (a) nicht als Verkäuferin arbeiten. Sie ____________ (b) in einem Büro arbeiten. Zuerst ____________ (c) sie ins Personalbüro gehen. Sie ____________ (d) ein Konto bei der Sparkasse eröffnen. Sie ____________ (e) das Konto auch bei einer Bank eröffnen. Zuletzt ____________ (f) sie auch eine Monatskarte für die Straßenbahn kaufen.

③ können • können • müssen • müssen • wollen/möchten

Alvaro __________ (a) immer neue Kollegen kennen lernen. Manchmal __________ (b) er Überstunden machen. Er __________ (c) in zwei Jahren eine eigene Firma haben. Er __________ (d) noch zwei Jahre arbeiten, dann __________ (e) er seine Meisterprüfung machen.

④ müssen • müssen • müssen • wollen/möchten • wollen/möchten • können

Die Bäckerei öffnet um 6 Uhr. Frau Keller __________ (a) um 5 Uhr aufstehen. Ilona __________ (b) nicht um 8 Uhr aufstehen, sie __________ (c) um 10 Uhr oder um 11 Uhr aufstehen. Heidi Baatz __________ (d) vormittags unterrichten. Die Hausaufgaben __________ (e) sie sofort nach dem Unterricht korrigieren. Dann hat sie am Nachmittag frei. Axel kommt um 4 Uhr nach Hause und __________ (f) dann Zeitung lesen.

⑤ wollen/möchten • wollen/möchten • wollen/möchten • müssen • können

Frau Mladic __________ (a) einen anderen Job haben. Sie __________ (b) nicht nach Amerika fahren, sie __________ (c) in Deutschland bleiben. Vielleicht __________ (d) sie bald in einem Supermarkt arbeiten. Herr Mladic sagt: In Amerika __________ (e) man Glück haben.

10

9 Welche Verben passen? Probleme?

1. mit den Händen *arbeiten*
2. nachmittags früh __________
3. den Tag frei __________
4. mit dem Bus __________
5. Büros __________
6. jeden Tag ins Büro __________
7. morgens spät __________
8. viel Kontakt __________

arbeiten – fahren – einteilen – anfangen – putzen – aufhören – haben – gehen

10 Briefe

a Welche Probleme hat Klaus mit dem Job? Markieren Sie bitte.

Liebe Sabine,

endlich habe ich einen Job! Aber ich suche weiter.
Jeden Morgen muss ich um 6.30 Uhr anfangen. Ich muss mit dem Auto zur Arbeit fahren. Die Frühstückspause dauert nur 15 Minuten. Es gibt keine Kantine und keinen Kaffeeautomaten. Die Arbeit ist anstrengend und langweilig. Ich sitze acht Stunden am Computer und bin nur im Büro – alleine!! Hier arbeiten nur vier Kollegen (und keine Kollegin!!). Das ist langweilig! Die Bezahlung ist nicht schlecht: 1450 Euro im Monat. Am Wochenende muss ich nicht arbeiten, aber ich muss fast jeden Tag Überstunden machen.
Und wie geht es dir? Was macht dein Job?

Liebe Grüße
Klaus

b Ihr Superjob – Ergänzen Sie Ihre Wünsche. Vergleichen Sie im Kurs.

Liebe Sabine,

ich habe seit gestern einen Superjob! Morgens kann ich um ______ anfangen. Nachmittags kann ich ab ______ nach Hause. Ich kann ______ zur Arbeit fahren. Die Frühstückspause ist ______ Minuten. Es gibt ______ und ______. Die Arbeit ist ______. Hier arbeiten ______ und ______. Die Bezahlung ist ______: ______ Euro im Monat. Am Wochenende ______. Ich habe ______ Urlaub im Jahr.

Liebe Grüße

11 Arbeitsplätze

a Hören Sie zu. Welche Berufe kommen in den Texten vor? Markieren Sie bitte.

3.46

Krankenschwester/-pfleger • LKW-Fahrer/in • Taxifahrer/in • Koch/Köchin • Arzt/Ärztin • Elektriker/in • Sekretär/in • Informatiker/in • Schreiner/in • Raumpfleger/in • Verkäufer/in

b Hören Sie noch einmal. Ergänzen Sie bitte die Steckbriefe.

	①	②	③
Name:	Petra Pause	Rolf Benitz	Anne Reimann
Beruf:	______	______	______
Arbeitszeit:	______	______	______
Gehalt:	______	______	______
Urlaub:	______	______	______
Überstunden:	______	______	______
☺ / ☹:	______	______	______
Sie / Er möchte:	______	______	______

Schwierige Wörter

12 Hören Sie und sprechen Sie langsam nach. Wiederholen Sie die Übung.

3.47

selbständig↘	selbständig arbeiten↘	Ich möchte selbständig arbeiten.↘
Bereitschaftsdienst↘	mache Bereitschaftsdienst↘	Ich mache Bereitschaftsdienst.↘
wechselt↘	wechselt oft↘	Die Arbeitszeit wechselt oft.↘

13 Welche Wörter sind für Sie schwierig? Notieren Sie drei Wörter und Sätze wie in 12. Üben Sie dann mit einem Partner / einer Partnerin.

1. ______________________________
2. ______________________________
3. ______________________________

9 Gesund und fit

▶2

1 Notieren Sie die Körperteile.

2 Drillinge – Notieren Sie die Körperteile im Plural.

drei Köpfe

sechs Ar___

sechs H___

30 F___

30 Z___

sechs Au___

drei N___

drei Mü___

sechs B___

sechs F___

3 Aussprache von Pluralformen

3.48

a Hören und notieren Sie bitte.

Fahrr ä d er • Fest___ • Freund___ • Kind___ • Konzert___ • Film___ • M___nn___ • L___nd___ • Finger___ • Bein___ • H___us___ • Rezept___ • Arzt___ • Gl___s___ • Schr___nk___ • Wecker___ • Arm___ • Messer___

b Sprechen Sie die Wörter laut.

4 Was kann was? – Ordnen Sie die Wörter den Bildern zu.

zeigen • sehen • hören • schreiben • fernsehen • sprechen • gehen • telefonieren • notieren • schmecken • laufen • schauen • markieren • essen …

Mund

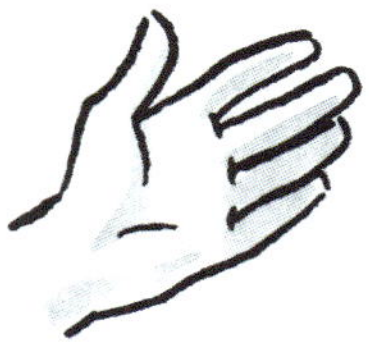
Hand

Ohr

Auge

Bein/Fuß

8

5 Was tun Sie für Ihre Gesundheit? Drei Interviews. Hören Sie zu und kreuzen Sie an.

3.49

Heinz Graf, 28, Toningenieur

Elke Thielen, 34, Hausfrau

Robert Heim, 42, Beamter

1. Herr Graf geht zu Fuß ins Büro. [r] [f]
2. Wer Gemüse isst, lebt gesund. [r] [f]
3. Schwimmen ist gut für den Rücken. [r] [f]
4. Frau Thielen hat viel Bewegung im Haushalt. [r] [f]
5. Herr Heim ist gesund. [r] [f]
6. Herr Heim hat viel Stress. [r] [f]

6 Was sagt der Arzt / die Ärztin (A), was sagt der Patient / die Patientin (P)?

1. [A] Nehmen Sie die Tropfen 3-mal täglich.
2. [ ] Wir müssen erst einmal röntgen.
3. [ ] Hier oben tut es weh.
4. [ ] Wie oft muss ich die Medizin nehmen?
5. [ ] Ich brauche eine Krankmeldung.
6. [ ] Hier ist ein Rezept für Schmerztabletten.
7. [ ] Ich habe Halsschmerzen.
8. [ ] Mir ist schlecht.
9. [ ] Wo haben Sie denn Schmerzen?
10. [ ] Sie müssen viel schlafen.

7 Beim Arzt – Ergänzen Sie bitte den Dialog.

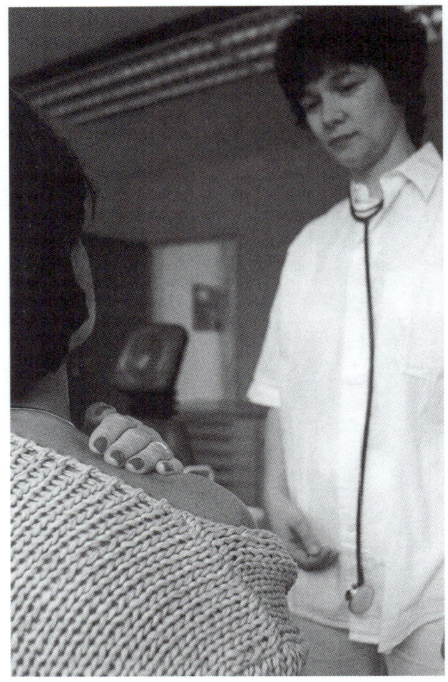

- ● Guten Tag, Frau Tomba. Was fe_____ Ihnen de_____?
- ○ Hier ob_____ tut es so w_____ und da au_____, bis in me_____ Bein.
- ● Hm, w_____ lange ha_____ Sie d_____ schon?
- ○ Se_____ vorgestern. Mon_____ ist un_____ harter T_____ in d_____ Firma. Da mu_____ ich o_____ schwere Kis_____ tragen.
- ● Wo arbe_____ Sie denn?
- ○ Bei d_____ Spedition Hö_____.
- ● Wir müs_____ erst m_____ röntgen. I_____ schreibe Ih_____ eine Überw_____ zum Rön_____ und e_____ Rezept f_____ Schmerztabletten u_____ eine Sa_____.
- ○ Ich bra_____ eine Krankm_____ für mei_____ Arbeitgeber.
- ● I_____ schreibe S_____ bis Fre_____ krank.
- ○ W_____ oft mu_____ ich die Tabletten nehmen?
- ● Dreimal am T_____ zu d_____ Mahlzeiten.
- ○ Da_____ ich Sp_____ machen?
- ● Ne_____, das dür_____ Sie ni_____. Auf kei_____ Fall! ...

8 *dürfen* – Ergänzen Sie bitte.

1. Ihr seid erst 14 Jahre alt. Ihr _____ nicht rauchen.
2. Sie haben Husten. Sie _____ auch nicht rauchen!
3. Fahr geradeaus!! Du _____ hier nicht rechts fahren.
4. Hier ist Parken verboten. Sie _____ hier nicht parken.
5. _____ man hier Alkohol trinken?
6. _____ wir ein Wörterbuch benutzen?
7. _____ ich im Unterricht telefonieren?

12

9 Eine E-Mail – Ordnen Sie die Wörter. Schreiben Sie Sätze.

Send Mail: Message Composition

Send Quote Address Attach Options Spelling Save Security Stop

To
rita belling <rbelling@yahoo.de>
katja appel <k.appel@t-online.de>

Subject: Priority: Normal

Normal 12

Liebe Katja, lieber Helmut,

Zeit / für / einen / nicht / reicht / Meine / wieder / Brief.

1. *Meine Zeit* ______________________

Deshalb schreibe ich wenigstens eine E-Mail.

kommt / Baby. / In / Wochen / unser / drei

2. ______________________

Tochter / einen / schon / hat / Namen: „Maike"! / Unsere

3. ______________________

Gott sei Dank sind wir (fast) alle wieder gesund!

Rückenschmerzen / sind / weg. / Meine

4. ______________________

noch mal / gehe / zum / Morgen / Ultraschall. / ich

5. ______________________

Unser Jan will seine Schwester auch endlich sehen, aber er darf leider nicht mit.

auf. / hört / Sein / Husten / nicht / einfach

6. ______________________

Lisa erzählt in der Schule: „Mein (!) Baby kommt in drei Wochen."

10 Possessivartikel – Ergänzen Sie bitte.

1. ● Guten Tag, ich möchte m__________ Rezept abholen.

   ○ Hier ist I__________ Rezept. Sind I__________ Schmerzen weg?

   ● M__________ Bein tut immer noch sehr weh.

2. ● Kann ich morgen mit m__________ Tochter kommen? Es ist Sommer und sie hat wieder i__________ Allergie.

   ○ Ja, bringen Sie bitte I__________ Versichertenkarte mit.

3. Tom und Sarah fahren in die Stadt. „Da kommt u__________ Straßenbahn!

   M__________ Ticket ist hier. Wo ist d__________ Ticket?"

4. Geh doch mit d__________ Freundin ins Kino!

5. Lies bitte d__________ Text vor!

6. Übt den Dialog bitte mit e__________ Partner.

7. Sprecht bitte mit e__________ Lehrern.

8. Pavel liest s__________ Text laut vor.

9. Yong Min übt den Dialog mit i__________ Partnerin, Tom übt mit s__________ Partner.

▶13

3.50

11 Aussprache üben: *r*

a Wo hören Sie ein *r*? Markieren Sie bitte.

der Rücken • schwanger sein • Karies haben • ein Rezept brauchen • den Finger verbinden • am Computer arbeiten • die Schulter untersuchen • vor dem Frühstück • Tropfen nehmen

b Hören Sie noch einmal und sprechen Sie nach.

Effektiv lernen

12 Nomen effektiv lernen

a Schreiben Sie die Nomen zum passenden Bild.

~~Arbeitsplatz~~ • ~~Arbeitszeit~~ – Beruf – ~~Brötchen~~ – Cafeteria – Dose – Erkältung – Firma – Flasche – Frühstück – Geld – Geschäft – Grippe – Heft – Hunger – Kaffee – Kartoffel – Krankenhaus – Krankmeldung – Kind – Kino – Kuchen – Löffel – Messer – Milch – Mittagessen – Mittagspause – Name – Öl – Ohr – Postleitzahl – Raum – Reis – Rezept – Salat – Salz – Schere – Stundenlohn – Stadt – Staubsauger – Supermarkt – Telefon – Urlaub – Vorname – Wochenende – Wurst – Würstchen – Zucker

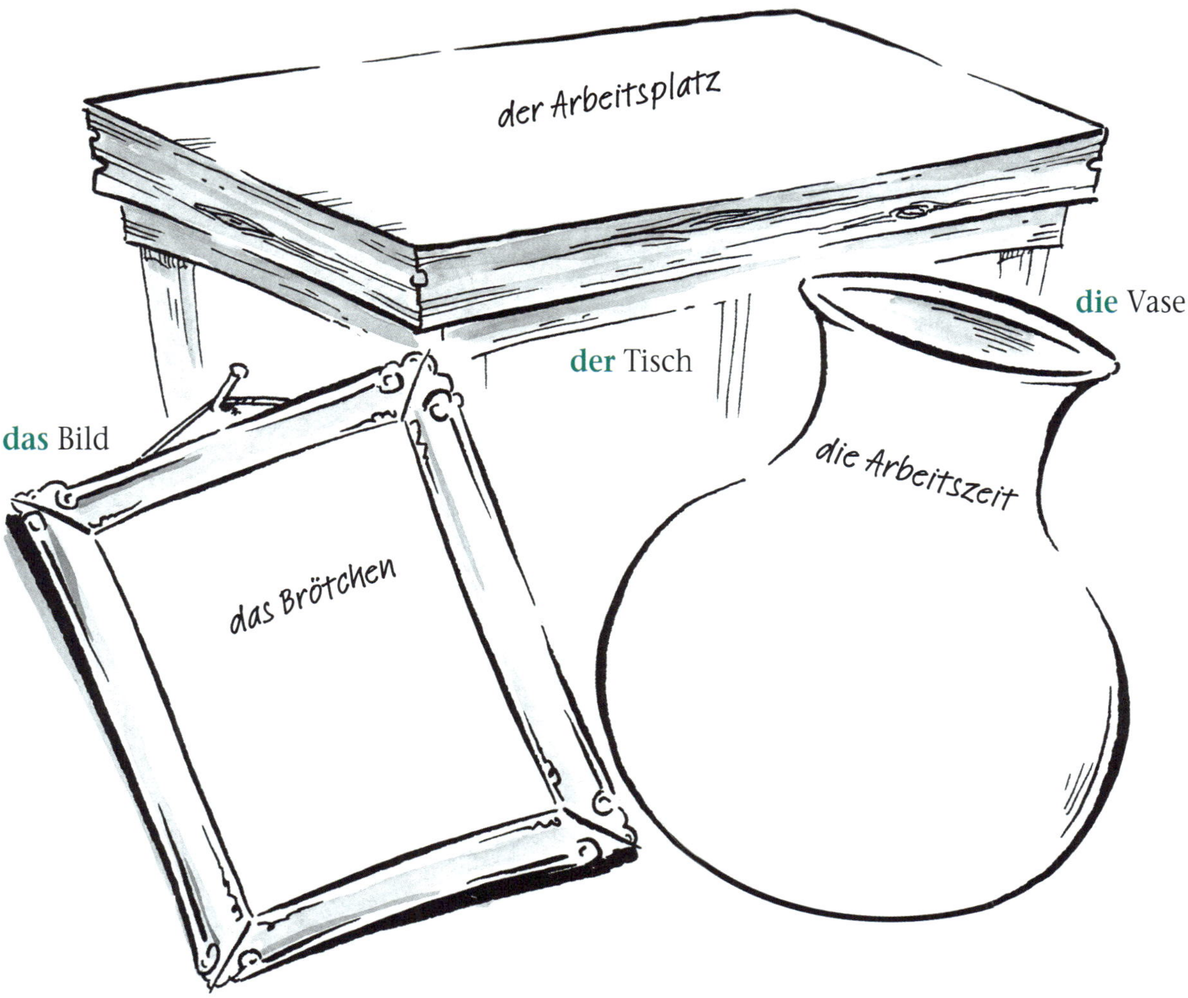

b Wörter in Gruppen lernen – Wie viele Wörter aus der Liste in 12a passen zusammen?

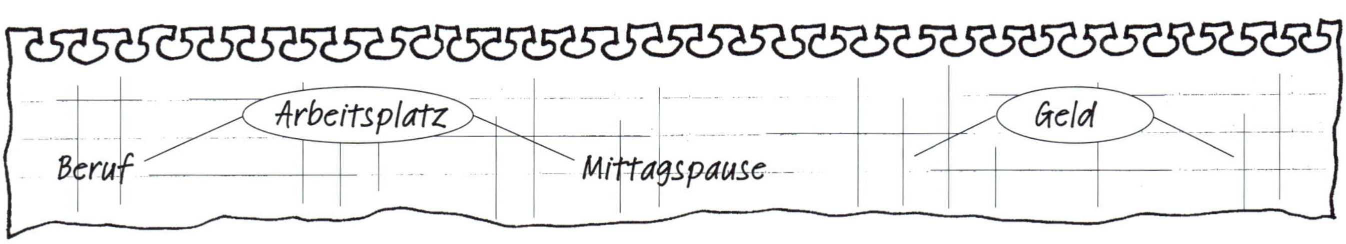

Testtraining 3

1 Sprachbausteine

- Lesen Sie den Brief.
- Kreuzen Sie das passende Wort (a oder b) für die Lücken 1–10 an.

Bielefeld, 16. Juni

Hallo, Heide,

jetzt ① ich schon einen Monat ② Bielefeld. Ich wohne in der Gartenstraße 32. Ab Montag habe ich auch Telefon. ③ Telefonnummer ist 88 79 98, die Vorwahl von Bielefeld ist 05 21. Von ④ Hause bis zur Firma brauche ich nur 15 Minuten. Ich ⑤ die Straßenbahn. Ich fahre nur drei ⑥ und dann ⑦ ich noch fünf Minuten zu Fuß gehen. Ich habe ⑧ Monatskarte. Sie kostet 95 Euro im Monat und ich ⑨ mit allen Straßenbahnen und Bussen fahren. Man kann hier aber auch gut Fahrrad fahren. Die Kollegen sind supernett.

⑩ kommst du nach Bielefeld?

Liebe Grüße
Maria

1. [a] wohnt	3. [a] Das	5. [a] nehme	7. [a] darf	9. [a] muss
☒ wohne	[b] Die	[b] nimmt	[b] muss	[b] kann
2. [a] in	4. [a] am	6. [a] Stationen	8. [a] eine	10. [a] Wo
[b] aus	[b] zu	[b] Bahnhöfe	[b] einen	[b] Wann

2 Hörverstehen – Teil A

- Lesen Sie die Situationen 11–14.
- Hören Sie dann den Text zweimal.
- Markieren Sie die Antworten: [+] richtig oder [–] falsch.

11. Situation: Sie sind an der Straßenbahnhaltestelle. Sie fragen: Wann kommt die Straßenbahn?

[+] Die nächste Straßenbahn kommt in 10 Minuten.

12. Situation: Das Telefon klingelt. Ihre Freundin Heide ruft an. Sie gibt Ihnen eine Information.

☐ Sie kommt am Montagabend um 20 Uhr 52 in Bielefeld an.

13. Situation: Sie sind in der Firma. Der Chef ruft Sie an.

☐ Der Chef möchte mit Ihnen sprechen.

14. Situation: Sie sind beim Arzt.

☐ Der Arzt schreibt Sie bis Freitag krank.

3 Hörverstehen – Teil B

3.52

- Lesen Sie die Aufgaben 15–19.
- Hören Sie dann den Text zweimal.
- Kreuzen Sie die richtigen Antworten an: [a] oder [b].

15. Wie viel kostet der Computer?
[X] 916 Euro.
[b] 960 Euro.

16. Buchstabieren Sie bitte Ihren Namen.
[a] BUSELMEIER.
[b] BUSELMAYER.

17. Wie lange dauert es bis zum Zentrum?
[a] 15 Minuten.
[b] 30 Minuten.

18. Um wie viel Uhr ist „Citizen Kane" zu Ende?
[a] Um 20 Uhr 15.
[b] Um 22 Uhr 15.

19. Wie viel Urlaub hast du noch?
[a] Drei Tage.
[b] Drei Wochen.

4 Minidialoge – Teil A

3.53

- Lesen Sie die Sätze a–d.
- Hören Sie zu. Sie hören drei Aussagen oder Fragen (20–22).
  Hören Sie jede Aussage oder Frage zweimal.
- Kreuzen Sie die passende Reaktion für jede Aussage oder Frage an.

	20.	21.	22.
[a] Danke, gut – und Ihnen?	[a]	[a]	[a]
[b] Das weiß ich nicht.	[X]	[b]	[b]
[c] Es schmeckt sehr gut.	[c]	[c]	[c]
[d] Nein, danke.	[d]	[d]	[d]

5 Minidialoge – Teil B

3.54

- Lesen Sie die Sätze e–h.
- Hören Sie zu. Sie hören drei Aussagen oder Fragen (23–25).
  Hören Sie jede Aussage oder Frage zweimal.
- Kreuzen Sie die passende Reaktion für jede Aussage oder Frage an.

	23.	24.	25.
[e] Moment, ich verbinde Sie.	[e]	[e]	[e]
[f] Hier oben rechts im Arm.	[f]	[f]	[f]
[g] Nein, wir möchten zahlen.	[g]	[g]	[g]
[h] Das ist aber teuer.	[h]	[h]	[h]

6 Leseverstehen – Teil A

- Lesen Sie die Überschriften a–d.
- Lesen Sie die Texte (26–28).
- Ordnen Sie die Überschriften den Texten zu. Kreuzen Sie [a], [b], [c] oder [d] an.

	26.	27.	28.
[a] Mehr Teilzeitjobs	[X]	[a]	[a]
[b] Fitnessboom zu Ende?	[b]	[b]	[b]
[c] Ärzte machen Kasse	[c]	[c]	[c]
[d] Rezepte gegen Arbeitsstress	[d]	[d]	[d]

26. Die Deutschen arbeiten immer weniger. Die durchschnittliche Arbeitszeit betrug im Jahr 2002 nur noch knapp 1600 Stunden. Dafür sind aber nicht Arbeitszeitverkürzungen verantwortlich, sondern Arbeitsverträge mit weniger als 35 Stunden. Noch immer sind es aber nur wenige Männer, die weniger arbeiten. Über 80% sind Frauen, die wegen der Kinder nicht voll arbeiten.

27. Vom Büro direkt ins Fitnessstudio! Das ist jetzt vorbei. Immer weniger Deutsche haben Lust, vor oder nach der Arbeit Sport zu treiben. „Die ersten Fitnessstudios schließen, der Boom ist vorbei", sagt Detlev Proll vom Verband der Deutschen Freizeitsportler. „Aber vielleicht fahren die Deutschen lieber mit dem Rad und Inlineskates oder joggen im Park, anstatt in schlechter Luft an Maschinen zu trainieren."

28. Macht Sie die Arbeit krank? Statt Geld fürs Fitnessstudio auszugeben oder Stunden im Wartezimmer Ihres Hausarztes zu verbringen, können Sie Krankheiten vorbeugen, wenn Sie ein paar einfache Regeln beachten. Hier einige Beispiele:
- Bewegung in frischer Luft! Laufen oder Radfahren, täglich eine halbe Stunde, hält fit!
- Gesunde Ernährung! Vor allem ein Frühstück mit viel Obst und Milchprodukten gibt Kraft für den Arbeitsalltag!
- Machen Sie Pausen! Langes Sitzen am Schreibtisch ist ungesund! Fünf bis zehn Minuten Pause alle zwei Stunden sind wichtig.
- Und vor allem: Bleiben Sie ruhig, auch wenn die Hektik ausbricht!

7 Leseverstehen – Teil B

Lesen Sie den Text. Sie kommen in die Sprachschule und finden eine Notiz:

> Montag, 23. Juni
>
> An den Kurs 1A (Frau Wohlfahrt / Herr Schuhmann)
>
> Der Kurs muss heute leider ausfallen. Frau Wohlfahrt ist krank und Herr Schuhmann hat andere Unterrichtsverpflichtungen. Morgen beginnt der Kurs nicht um 8 Uhr, sondern erst um 9 Uhr 30 und ist dafür am Nachmittag erst um 17 Uhr 30 zu Ende. Am Mittwoch ist dann wieder normal Unterricht. Der Ausflug am Samstag findet wie geplant statt. Wenn Frau Wohlfahrt noch krank ist, kommt Frau Köker mit.
>
> Sekretariat
> gez. Inge Coprian

Lesen Sie die Aussagen und kreuzen Sie an: [r] richtig oder [f] falsch.

29. [r] [f] Heute ist kein Unterricht.
30. [r] [f] Am Dienstag beginnt der Unterricht normal.
31. [r] [f] Am Samstag können Sie zu Hause bleiben.

8 Leseverstehen – Teil C

Lux/Harmonie
Harry Potter und der Gefangene von Askaban
(Do–Mi 14, 17.15)
Hauptstraße 110, Tel.: 2 20 00

K A M E R A
Memento
(Do–Mi 20.15)
Brückenstraße 26, Tel.: 409802

SOPHIEN-APOTHEKE
Wir sind für Sie da!
Unsere Notdienste: 9.7., 16.7., 23.7., 30, 7.
Kleinschmittstraße 23

Prinz Carl
Kornmarkt 1
Deutsch in München
Reihe: Großstadtsprachen

Stadtbücherei
Lange Nacht für Bücherwürmer
26. Juli ab 22–10 Uhr
Poststraße 15

Stern-Apotheke
Infoabend zum Thema „Fußpilz"
23. Juli 20 Uhr · Untere Staße 16

Lesen Sie und kreuzen Sie die jeweils passende Antwort zu 32–34 an.

32. Sie möchten mit ihrer Tochter nachmittags ins Kino gehen. Sie finden das Kino in
    [a] der Hauptstraße 110.
    [b] Brückenstraße 26.

33 Sie lesen gern. Sie gehen in
    [a] die Poststraße 15.
    [b] die Bergheimerstraße 76.

34. Sie brauchen in der Nacht ein Medikament. Sie gehen in die
    [a] Kleinschmittstraße 23.
    [b] Untere Straße 16.

10 Zimmer, Küche, Bad

▶ 4

1 Im Suchrätsel sind 20 Wörter zum Thema „Wohnung und Wohnungssuche" (ß = SS). Markieren Sie und ergänzen Sie die Sätze 1–20.

K	K	A	R	B	E	I	T	S	P	L	A	T	Z
N	S	I	Q	F	E	G	S	P	C	L	H	S	X
E	G	Z	W	S	U	A	C	B	U	S	A	U	J
B	H	I	O	C	P	R	H	X	Q	Q	L	P	L
E	A	M	H	H	A	T	L	C	O	S	T	E	X
N	N	M	N	U	R	E	A	B	V	A	E	R	D
K	Z	E	U	L	K	N	F	A	O	X	S	M	U
O	E	R	N	E	P	R	Z	L	L	R	T	A	S
S	I	N	G	N	L	A	I	K	M	J	E	R	C
T	G	K	H	B	A	D	M	O	G	Z	L	K	H
E	E	M	I	E	T	E	M	N	B	K	L	T	E
N	K	I	N	O	Z	J	E	M	E	M	E	G	Q
Z	E	N	T	R	U	M	R	K	Ü	C	H	E	O
E	Y	S	T	R	A	S	S	E	N	B	A	H	N

In diesem Suchrätsel sind 20 Wörter. Die Wörter bedeuten:

1 Hier ist man in der Nacht: Schlafzimmer
2 Sie fährt in der Stadt: _ _ _ _ _ ß _ _ _ _ _ _ _
3 Hier arbeitet man: _ _ _ _ _ _ _ _ _ _ _ _
4 Die 10 kostet 400 Euro plus _ _ _ _ _ _ _ _ _ _ _ _.
5 Ich brauche eine _ _ _ _ _ _ _ _ _ _ _ von 2 in der Nähe. Ich habe kein Auto.
6 Hier kann man Lebensmittel kaufen: _ _ _ _ _ _ _ _ _ _ _
7 Ich fahre mit dem Fahrrad. Fürs Auto findet man ja keinen _ _ _ _ _ _ _ _ _ _.
8 Auf Seite 114/115 sind viele Wohnungs_ _ _ _ _ _ _ _n.
9 Ich möchte nicht am Stadtrand wohnen. Ich möchte im _ _ _ _ _ _ _ wohnen.
10 Ich suche eine W _ _ _ _ _ g mit drei 12 für 400 Euro.
11 Hat das 19 auch eine D_ _ _ _ _?
12 Ich brauche ein Wohn_ _ _ _ _ _, ein Kinder_ _ _ _ _ _ und ein 1.
13 Hier lernen die Kinder: _ _ _ _ _ _
14 Ich hätte gern ein Haus mit _ _ _ _ _ _, aber das kann ich nicht bezahlen.
15 Meine 10 hat einen _ _ _ _ _ _: Man kann im Sommer draußen sitzen.
16 Hier kann man kochen: _ _ _ _ _
17 Das muss man jeden Monat für eine 10 bezahlen: _ _ _ _ _
18 Ich brauche eine 10 im 9. Ich gehe gern ins _ _ _ _ und ins Konzert.
19 Das _ _ _ und die Toilette sind heute oft in einem Raum.
20 Ich habe eine Monatskarte und fahre immer mit dem _ _ _ zur Arbeit.

2 Wünsche – Ordnen Sie bitte zu.

1. Die Wohnung darf	☐ a) drei Zimmer haben.
2. Die Wohnung muss	☑ 1 b) nicht mehr als 300 Euro kosten.
3. Gibt es eine	☐ c) im Zentrum wohnen.
4. Gibt es in der Nähe	☐ d) Sportmöglichkeiten in der Nähe?
5. Ich möchte gerne	☐ e) Bushaltestelle in der Nähe?
6. Gibt es auch	☐ f) bis zum Supermarkt?
7. Muss ich eine	☐ g) die Nebenkosten?
8. Wie hoch sind	☐ h) Kaution bezahlen?
9. Wie weit ist es	☐ i) einen Parkplatz für mein Auto?

6

3 Ein Dialog – Schreiben Sie bitte.

○ Wie hoch ist denn die Kaution?
○ Wann kann ich vorbeikommen?
○ Ich interessiere mich für die Zweizimmerwohnung im Zentrum.
○ Und gibt es noch andere Kosten?
○ Neves.
○ ~~Neves, guten Tag. Ich habe gerade Ihre Anzeige gelesen.~~

● Stegmüller Immobilien, mein Name ist Wille, guten Tag.
○ Neves, guten Tag. Ich habe gerade Ihre Anzeige gelesen.
● Welche?
○ ______________________
● Ja, Frau ...
○ ______________________
● Ja, Frau Neves. Die Wohnung ist noch frei. Möchten Sie sie sehen?
○ ______________________
● Zwei Monatsmieten.
○ ______________________
● Nein, die Nebenkosten sind im Preis mit drin.
○ ______________________
● Haben Sie heute um 15 Uhr Zeit?

4 Familie Klotz – Notieren Sie die richtige Reihenfolge.

1. ☐ Seine Frau betreut zweimal pro Woche zu Hause eine Kindergruppe mit drei Kindern und bekommt 250 Euro.
2. ☐ Bernd ist Taxifahrer und verdient ungefähr 1900 Euro im Monat.
3. ☐ Ulrike und Bernd Klotz haben zwei Kinder.
4. ☐ Sie brauchen eine größere Wohnung, denn bald kommt das dritte Kind.

5 Familie Toluk – Schreiben Sie Sätze und vergleichen Sie mit S. 114.

1. und / Das / Güven / sind / Toluk. / Susi

Das sind Güven und Susi Toluk.

2. seit / Güven / zwei Jahren / in Köln. / arbeitet

____

3. Deutschlehrerin. / ist / Susi

____

4. in der Woche. / Stunden / unterrichtet / 12 / Sie

____

5. Güven / im Monat. / netto / verdient / 1800 Euro / 400 Euro / Susi / und / bekommt

____

6. eine Wohnung / mit einem Kinderzimmer. / Sie / suchen

____

8

6 *Aber/denn* – Ergänzen Sie bitte.

1. Ich brauche eine große Wohnung, __________ ich arbeite zu Hause.
2. Wir brauchen zwei Kinderzimmer, __________ große Wohnungen sind sehr teuer.
3. Ich nehme die Straßenbahn, __________ die Linie 2 fährt direkt zum Rathaus.
4. Klaus hat Kopfschmerzen, __________ er will keine Tabletten nehmen.
5. Jan geht zum Hals-Nasen-Ohren-Arzt, __________ er muss einen Hörtest machen.
6. Lisa darf nicht Fußball spielen, __________ sie darf Fahrrad fahren.

13

7 Verben: regelmäßig und unregelmäßig

a Schreiben Sie die Partizipien und die Infinitive in die Tabelle.

einfache Verben	trennbare Verben	nicht trennbare Verben	Verben auf *-ieren*
gefunden	angerufen	ergänzt	funktioniert
geholfen	eingekauft	erklärt	telefoniert
geholt	zugemacht	erzählt	korrigiert
gehört	nachgesprochen	verbunden	
gekocht		verkauft	
gelesen		vermietet	
geübt		verstanden	

regelmäßige Verben: Endung *-t*		unregelmäßige Verben: Endung *-en*	
Partizip II	Infinitiv	Partizip II	Infinitiv
geholt	holen	gefunden	finden
______	______	______	______
______	______	______	______
______	______	______	______
______	______	______	______
______	______	______	______
______	______	______	______
______	______		
______	______		
______	______		
______	______		
______	______		
______	______		
______	______		

b Markieren Sie bei den unregelmäßigen Formen die Stammvokale wie im Beispiel.

8 Dialog – Ergänzen Sie die Partizip-II-Formen.

vorgestellt • hochgetragen • ~~gefunden~~ • angerufen • gemacht • gedauert • eingeladen • aufgehängt • gekündigt • gepackt • geholfen • unterschrieben • geschenkt • geliehen

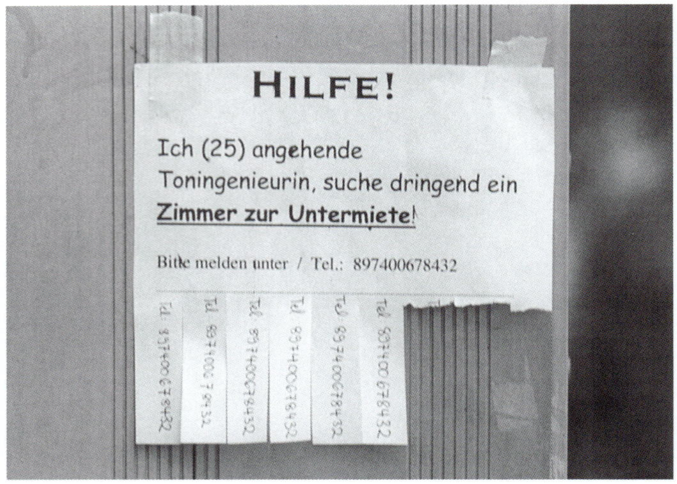

- ● Wie hast du die Wohnung *gefunden* (1)?
- ○ Ich habe eine Notiz ______ (2) und habe sie im Supermarkt ______ (3). Kurz danach hat Frau Fischer ______ (4). Ihr Mieter hat plötzlich ______ (5). Da war die Wohnung frei!
- ● Da hattest du aber Glück!
- ○ Und Frau Fischer ist so nett. Sie hat mich ______ (6) und ich habe mich ______ (7). Ich habe gleich den Mietvertrag ______ (8). Sie hat mir sogar Möbel ______ (9).
- ● Der Umzug hat ja nicht lange ______ (10).
- ○ Meine Freunde haben einen VW-Bus ______ (11). Ich habe ______ (12) und die Jungs haben ______ (13). Die Jungs haben auch alles hier ______ (14).

▶ 14

9 *Sein* und *haben* im Präteritum – Ergänzen Sie die Sätze.

1. Lucias Umzug *war* ______ einfach, denn sie ______ viele Freunde.
2. Letzte Woche ______ Federico Grippe. Er ______ eine Woche krank.
3. Gestern ______ ich allein im Büro. Mein Kollege ______ Urlaub.
4. Heute Morgen um neun ______ wir einen Termin beim Zahnarzt, aber wir ______ zu spät. Die Straßenbahn ______ zehn Minuten Verspätung.

15

10 Laute

a Was hören Sie? Markieren Sie stimmhaft (♩•) oder stimmlos wie im Beispiel.

b Notieren Sie die Buchstaben. Wie heißt der Satz?

	„s" ♩•	„s"		„w" ♩•	„f/v"
sie	A	F	Wohnung	M	N
suchen	U	W	fahren	D	A
müssen	Ö	S	waschen	C	Ü
Süden	S	K	vermieten	F	H
was	E	P	Freunde	K	T
Susi	R	D	gefunden	F	S
ist	G	A	wer	P	O
Person	C	Ö	telefonieren	W	A
plus	P	H	Freitag	M	S
Kosten	B	E	Nominativ	L	S

A _ _ _ _ _ _ _ _ _   _ _ _ _ _   _ _ _ _ _!

Schwierige Wörter

11 Hören Sie und sprechen Sie langsam nach. Wiederholen Sie die Übung.

die Nebenkosten?↘	sind die Nebenkosten?↘	Wie hoch sind die Nebenkosten?↘
Einkaufszentrum?↗	ein Einkaufszentrum?↗	Gibt es ein Einkaufszentrum?↗
Kaution?↗	Kaution bezahlen?↗	Muss ich eine Kaution bezahlen?↗

12 Welche Wörter sind für Sie schwierig? Notieren Sie drei Wörter und Sätze wie in 11. Üben Sie dann mit einem Partner / einer Partnerin.

1. ____________________
2. ____________________
3. ____________________

11 Was ist passiert?

2

1 Birsens Tag – Ergänzen Sie bitte die Sätze.

1.

Birsen ist heute um 7 Uhr

aufgestanden ______.

2.

Zuerst hat sie

______.

3.

Dann hat sie

______.

4.

Dann ist sie zum Unterricht

______.

5.

Um 12 Uhr ist sie zu „Käthe"

______.

6.

Abends hat sie Freunde

______.

2 Sätze – Schreiben Sie bitte.

1. am / Rock-Konzert / Wochenende / war / einem / Pavel / in

Pavel war ______

2. dann / hat / gegangen / geschlafen / Schwimmbad / und / ins / ist / Herr Schuhmann / lange / er

______

3. Krankenhaus / der / gefallen / ist / Leiter / von / und / im / dann / war / Hosni

______

4. verschlafen / und / verpasst / Helgi / hat / Bus / den

______

5. einen / Kuchen / hat / mitgebracht / Birsen / hatte / Geburtstag / sie / denn

______

4

3 Perfekt mit *haben* oder *sein* – Ergänzen Sie bitte.

Herr Kölmel ________ (1) heute früh aufgestanden. Er ________ (2) geduscht und einen Kaffee getrunken. Dann ________ (3) er mit der Straßenbahn in die Firma gefahren. Am Rathaus ________ (4) er umgestiegen. Er ________ (5) heute um 7 Uhr im Büro angefangen. Seine Kollegin Frau Schütz ________ (6) um 8 Uhr gekommen. Von 8 Uhr bis 10 Uhr ________ (7) sie am Computer gearbeitet. Dann ________ (8) Herr Kölmel und Frau Schütz in die Kantine gegangen – Frühstückspause. Der Chef ________ (9) Frau Schütz in sein Büro gerufen. Er ________ (10) ein neues Computerprogramm bekommen. Das Programm ________ (11) nicht funktioniert. Endlich Mittagspause. Herr Kölmel ________ (12) in der Kantine gegessen.

4 Perfekt mit *haben* oder *sein* – Schreiben Sie bitte die Sätze und markieren Sie die Verben.

1. Frau Keller steht um 5 Uhr auf. Frau Keller (ist) um 5 Uhr (aufgestanden.)
2. Sie öffnet um 6 Uhr die Bäckerei. ________________
3. Um Viertel vor acht geht Herr Schmidt ins Büro. ________________
4. Er fährt mit der Straßenbahn. ________________
5. Frau Schmidt frühstückt bis 9 und liest die Zeitung. ________________
6. Ilona macht noch Hausaufgaben. ________________
7. Um 13 Uhr macht Frau Keller Mittagspause. ________________
8. Sie kocht das Mittagessen. ________________
9. Heidi Baatz kommt um drei Uhr nach Hause. ________________
10. Sie isst zu Mittag. ________________
11. Dann korrigiert sie die Hausaufgaben. ________________

5 Verben – Was ist richtig? Markieren Sie bitte.

1. Yong-Min hat Birsen telefoniert / angerufen / geblieben.
2. Der Wecker hat gerufen / geklingelt / gewählt.
3. Hosni hat das Fenster abgewaschen / geduscht / geputzt.
4. Um acht Uhr ist Pavel gefrühstückt / aufgestanden / Kaffee getrunken.
5. Herr Schmidt ist zu Hause gefahren / gekommen / geblieben.
6. Der Mieter hat die Wohnung gekündigt / verkauft / umgezogen.
7. Lucia hat die Kartons mitgekommen / mitgebracht / geparkt.
8. Viele Freunde haben Lucia geholfen / geholt / gehört.

6

3.57

6 Zwei Interviews

a Hören Sie bitte zu. Was sind Herr Lenczak und Frau Fenzel von Beruf?

Herr Lenczak ist ______________________.

Frau Fenzel ist ______________________.

b Lesen Sie die Aussagen 1–6. Hören Sie noch einmal. Richtig oder falsch? Kreuzen Sie bitte an.

1. Herr Lenczak arbeitet seit fünf Jahren bei der Firma Schubach. r f
2. Er arbeitet in Hannover als Taxifahrer. r f
3. Am Montag und Dienstag hat er frei. r f
4. Frau Fenzel arbeitet im Krankenhaus. r f
5. Ihre Kinder hatten einen schlimmen Verkehrsunfall. r f
6. Sie muss manchmal auch samstags oder sonntags arbeiten. r f

7 Zeitangaben – Ordnen Sie bitte und vergleichen Sie im Kurs.

übermorgen • heute Morgen • vorgestern • gestern Abend • heute Nachmittag • letztes Jahr • am letzten Wochenende • gestern Mittag • letzten Monat • ~~vor drei Jahren~~ • vor zwei Tagen • morgen

vor drei Jahren → ________ → ________ → ________

→ ________ → ________ → ________ → ________

→ ________ → ________ → ________ → ________

8 Wo waren Sie? Was haben Sie gemacht? – Schreiben Sie die Sätze zu Ende.

1. Vor drei Jahren war ich ______________________________
2. Am letzten Wochenende habe ich ______________________________
3. Letzten Sonntag bin ich ______________________________
4. Heute Morgen habe ich ______________________________

▶ 8

9 Aussprache üben: *h*-Laut

3.58

a Welches Wort hören Sie? Kreuzen Sie bitte an.

1. [a] ihr	2. [a] Eis	3. [a] aus	4. [a] elf	5. [a] essen	6. [a] alle
[X] hier	[b] heiß	[b] Haus	[b] Heft	[b] Hessen	[b] Halle
7. [a] ihr	8. [a] Ende	9. [a] Eis	10. [a] alle	11. [a] er	12. [a] aus
[b] hier	[b] Hände	[b] heiß	[b] Halle	[b] Herr	[b] Haus

b Sprechen Sie die Wortpaare.

10 Aussprache und Grammatik – Wie schreibt man die Endungen?

3.59

a Hören Sie und notieren Sie.

sein*er* • mein__ • ein__ • mein__ • sein__
• welch__ • eu__ • ihr__ • unser__ • dein__
• welch__ • dein__ • ihr__ • sein__ • ein__ • welch__

b Sprechen Sie die Wörter laut.

▶ 11

11 Welche Verben passen? – Ordnen Sie bitte zu. Es gibt manchmal mehrere Möglichkeiten.

1. Nach Deutschland *e*
2. Als Kassiererin ____
3. Einen Lehrgang ____
4. Einen Sprachkurs ____
5. Nach Orenburg ____
6. Eine Umschulung ____
7. In einem Bauunternehmen ____

a) umziehen
b) besuchen
c) arbeiten
d) machen
e) ausreisen

12 Ihr tabellarischer Lebenslauf – Ergänzen Sie bitte.

Tabellarischer Lebenslauf

Name: ______________________________

Adresse: ______________________________

Geboren am: ______________ in: ______________

Familienstand: ______________

Schulausbildung: ______________

Schulabschluss: ______________

Berufsausbildung: ______________________________

Berufserfahrung: ______________________________

Sprachkenntnisse:

Deutsch: ____________ Englisch: ____________ Sonstige: ____________

Besondere Kenntnisse: ______________________________

(Ort) ______________ (Datum) ______________

____
(Unterschrift)

Effektiv lernen

13 Drei Lesestrategien

Globales Lesen	Sie lesen schnell. Sie wollen nur „global" wissen, was in einem Text steht. – Was ist das Thema? – Ist der Text für mich interessant?
Detailliertes Lesen	Sie wollen die Informationen von einem Text genau verstehen. – Sie stellen W-Fragen: *wer, wo, wann, was, wie …* – Was verstehen Sie sofort? – Welche Wörter müssen Sie im Wörterbuch nachschlagen?
Selektives Lesen	Sie suchen eine ganz bestimmte Information, z. B. „Wann beginnt der Film?". Sie suchen nach bestimmten Stichworten (Filmtitel, Wochentag, Uhrzeit).

Lesen Sie die Texte und lösen Sie die Aufgaben 1–4. Überlegen Sie: Welche Strategie haben Sie gebraucht?

Aufgabe 1. Zu welchen Texten passen die Überschriften?

Bayern ohne Chance gegen Werder Text: ___________

Wochenendreise Text: ___________

Wohin gehen wir am Wochenende? Text: ___________

Aufgabe 2. Sie möchten am Samstagabend den Film „Der Tierarzt" sehen. Wann läuft er?

Aufgabe 3. Was ist beim Fußballspiel Bayern München – Werder Bremen passiert?

Aufgabe 4. Sie möchten eine Wochenendreise machen. Was ist im Angebot?

Ⓐ

Mit einem sensationellen 0:5 mussten die Bayern vom Pokalspiel in Bremen nach Hause fahren. Nachdem beide Mannschaften in den ersten 45 Minuten noch gleich stark waren (Pausenstand 0:0), brach die Abwehr der Bayern ab der 50. Spielminute völlig zusammen. Auf das 0:1 in der 47. Minute durch den Bremer Ailton folgte bereits nach wenigen Minuten das 0:2 durch den Ungarn Lisztes. Der sonst so souveräne Oliver Kahn im Tor der Bayern hatte einen extrem schlechten Tag und musste noch drei weitere Tore akzeptieren. Davon ein Eigentor durch Sergio. Werder Bremen spielte dagegen so gut wie schon seit Jahren nicht mehr und ging am Ende unter dem Jubel von 30 000 Fans als grandioser Sieger vom Platz.

Ⓑ

Kinopolis 1: **Blow** 14.15, 16.15, 18.15, 20.15	**Alsterpalast 1:** **Jurassic Park 8** 16.30, 19.30, 22.30
Kinopolis 2: **Angst essen Seele auf** 16.30, 18.30, 20.30, 22.30	**Alsterpalast 2:** **Der Tierarzt** 17.00, 19.30, 21.30

Ⓒ

Berliner Impressionen 13.–15. Juni

Wir fahren am Freitagnachmittag mit einem klimatisierten Luxusbus nach Berlin. Das Hotel „Transit" begrüßt Sie am Abend mit einem Glas Sekt. Danach haben Sie noch Zeit für einen Spaziergang „Unter den Linden" (4 Stationen mit der U-Bahn). Der Samstag beginnt mit einer Stadtrundfahrt (2 Stunden). Danach haben Sie Zeit für einen ausgedehnten Einkaufsbummel auf dem Ku'damm oder in der Friedrichstraße. Um 20 Uhr erwartet uns dann das Berliner Ensemble zu einem Theaterabend mit Bertolt Brechts „Galileo Galilei".
Am Sonntag lernen wir das alte Preußen kennen: Schloss Sanssouci

12 Das steht dir gut!

▶4

1 Ein Kreuzworträtsel

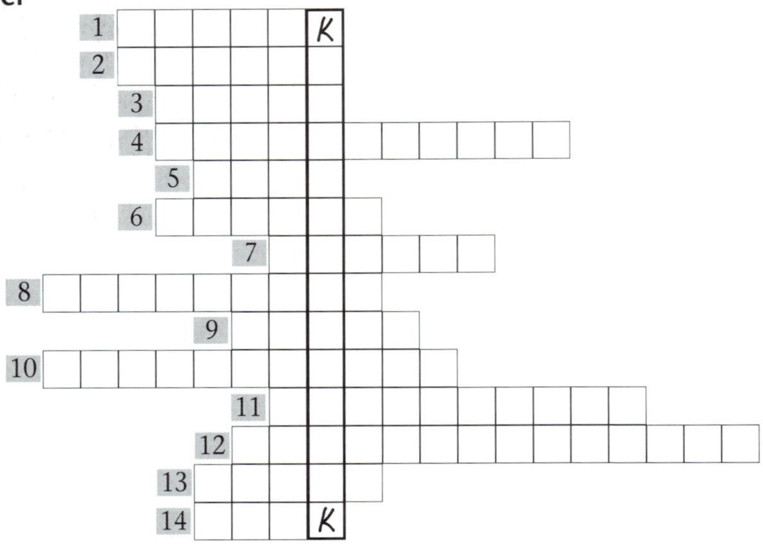

Waagerecht:

1 Es regnet. Zieh bitte deinen A... an.
2 So bleibt die Hose oben.
3 Man trägt sie auf dem Kopf. Hilft bei Sonne und im Winter.
4 Diese Hose trägt man bei der Arbeit.
5 Bei Frauen heißt es Bluse, bei Männern so.
6 Man braucht ihn vor allem im Winter.
7 Ich kann ohne sie nicht lesen.
8 Man trägt sie unter der Hose.
9 Wie 1, hilft aber nicht bei Regen.
10 Strümpfe wie eine Hose.
11 Man hat sie immer dabei und weiß, wie viel Uhr es ist.
12 Man trägt ihn beim Sport oder in der Freizeit.
13 Kommt aus Kalifornien. Heute trägt sie fast jeder.
14 Männer tragen Hosen. Frauen tragen auch Hosen oder einen …

Senkrecht: Ein Gegenstand in der Wohnung für die Kleider.

3.60

2 Interviews

Hören Sie bitte und ergänzen Sie die Tabelle. Wir haben vier Personen gefragt:

1. Was tragen Sie in Ihrer Freizeit?
2. Was tragen Sie bei der Arbeit?
3. Was tragen Sie oft und was tragen Sie nie?

	 Thomas Urich	 Karin Nolte	 Bernhard Schmidt	 Silke Klein
Frage 1	*Jeans*			
Frage 2				
Frage 3				

3 Beschreiben Sie Ihren Lehrer / Ihre Lehrerin. Was trägt er/sie ...?

immer • oft • manchmal • selten • nie

Frau ... trägt immer einen Rock. Herr ... trägt manchmal eine Krawatte.

7

4 Wer sagt was?

a Verkäufer/-in (V) oder Kunde/-in (K)? – Ordnen Sie bitte zu.

1. [K] Eher etwas Festliches.
2. [ ] Für die Freizeit?
3. [ ] Ich suche einen Rock.
4. [ ] Dahinten rechts.
5. [ ] Welche Größe haben Sie?
6. [ ] Sind Sie hier zuständig?
7. [ ] Dann schauen Sie mal dahinten.
8. [ ] Wo kann ich das anprobieren?
9. [ ] Hier ist das Kleid in Größe 44.
10. [ ] Nein, das ist zu teuer.
11. [ ] Das weiß ich leider nicht.
12. [ ] Schauen Sie im 3. Stock.

b Ergänzen Sie die Minidialoge mit Sätzen aus 4a.

1. ● Entschuldigung, wo finde ich Blusen?
   ○ ______________________

2. ● ______________________
   ○ Die Umkleidekabinen sind hinten rechts.

3. ● Kann ich Ihnen helfen?
   ○ ______________________

4. ● Guten Tag, ich suche eine Hose.
   ○ ______________________

5 Ein Dialog

Ergänzen Sie bitte die Sätze und schreiben Sie den Dialog.

groß • Meter • Winter • weiß • Größe • nicht • dahinten • ~~zuständig~~ • braucht • helfen

Das __________ ich nicht.	● Sind Sie hier zuständig?
Für den __________ ?	○ __________
Ja, schon warm, aber __________ zu warm.	● __________
Ja, wie kann ich Ihnen __________ ?	○ __________
Meine Tochter __________ eine Jacke.	● __________
Dann schauen Sie mal __________ .	○ __________
~~Sind Sie hier zuständig?~~	● __________
Wie __________ bist du?	○ __________
Welche __________ ?	▶ __________
Einen __________ 44.	○ __________

8

3.61

6 Zungenbrecher – Hören Sie bitte und sprechen Sie.

Sprechen Sie erst langsam und dann immer schneller. Finden Sie einen Rhythmus.

Hinter Herrmann Hannes' Haus hängen hundert Hemden raus,
hundert Hemden hängen raus hinter Herrmann Hannes' Haus.

Schneiders Schere schneidet scharf,
scharf schneidet Schneiders Schere.

Zehn zahme Ziegen ziehen
zehn Zentner Zucker zum Zoo.

Herr von Hagen, darf ich fragen, welchen Kragen Sie getragen,
als Sie lagen, krank am Magen, auf der Fahrt nach Kopenhagen?

9

7 Ein Sketch – Ergänzen Sie bitte.

- Guten Ta g, ich suc h e einen Ro___.
- ○ Welche Fa___?
- Blau od___ schwarz.
- ○ Wel___ Größe ha___ Sie? Gr___ 44?
- Ja, Gr___ 44 oder Gr___ 42.
- ○ Dann prob___ Sie m___ den hi___, Größe 44.
- D___ ist m___ zu we___, das se___ ich sc___.
- ○ Den ha___ wir no___ einmal in Größe 42.
- Aber d___ ist do___ zu ku___.
- ○ In Gr___ 42 habe i___ nur no___ den hi___.
- Gut, d___ probier i___ mal an.

11

8 Demonstrativpronomen (N, A, D) – Ergänzen Sie bitte.

[1]

- Gehst du mit Lukas in die Disco?
- ○ Nein, der (N) ist zu langweilig.
- Und Ron?
- ○ Mit ___ (D) gehe ich nie aus.
- Dann frag doch deinen Bruder!
- ○ Steffen? ___ (N) ist viel zu jung!

[2]

- Iss doch noch etwas Gemüse!
- ○ ___ (A) mag ich aber nicht.
- Dann nimm doch noch Salat.
- ○ ___ (A) will ich auch nicht.
- Hier ist noch Wurst.
- ○ ___ (N) schmeckt mir nicht. Ich will Käse.

[3]

- Wie findest du die Schuhe?
- ○ ___ (N) sehen gut aus.

[4]

- Der Pulli ist schön. ___ (_) passt gut zu deiner Hose.
- ○ ___ (_) ist viel zu weit, ___ (_) kann ich nicht anziehen!

9 Adjektive – Suchen Sie ein Gegenteil.

gut • eng • schön • modern • praktisch • lang • wichtig • schnell • ~~klein~~ • kalt • krank • hart • interessant • nett • neu • anstrengend • kreativ • ruhig • sauber • laut • billig • kurz • einfach

groß	klein	langweilig	___
langsam	___	warm	___
gesund	___	teuer	___
leise	___	weit	___
weich	___	alt	___
kompliziert	___	unpraktisch	___

10 Komparation – Schreiben Sie die passenden Formen in die Tabelle.

regelmäßig		regelmäßig + Umlaut	
schön	___	groß	größer
modern	___	lang	___
praktisch	___	kurz	___
kreativ	___	hart	___
billig	___	gesund	___
weit	___	warm	___
! teuer	___	alt	___

unregelmäßig

gut → besser

viel → ___

gern → ___

11 Vergleiche 1 – Was passt zusammen? Ergänzen Sie bitte und ordnen Sie zu.

Jeans finde ich [1] ______ [a] als der Mantel.

Ich trage Röcke [2] ______ [b] als ein T-Shirt.

Ein Hemd steht dir [3] kälter [c] als in Freiburg.

Die Jacke ist 50 € [4] ______ [d] als Jeans.

Ein Fahrrad ist in der Stadt oft [5] ______ [e] als Pommes frites.

In Bielefeld ist es oft 10 °C [6] ______ [f] gern wie Döner.

Mein neuer Job macht mir [7] ______ [g] schnell wie ein Auto.

Hamburger esse ich [8] ______ [h] schön wie Anzüge.

Obst ist [9] ______ [i] Spaß als der alte.

lieber • ~~kälter~~ • mehr • billiger • gesünder • besser • genauso • genauso • genauso

12 Vergleiche 2 – Ergänzen Sie bitte die Adjektive im Komparativ.

lang • schnell • langsam • ~~groß~~ • viel • wenig

1. Berlin ist größer als Hamburg.
2. In Deutschland wohnen ______ Menschen ______ in Frankreich.
3. Die Deutschen essen ______ Reis ______ Kartoffeln.
4. Der Winter in Deutschland ist ______ ______ der Sommer.
5. Von München nach Hamburg ist der Zug ______ ______ das Auto.
6. In der Stadt ist das Auto meistens ______ ______ die Straßenbahn.

Schwierige Wörter

13 Hören Sie und sprechen Sie langsam nach. Wiederholen Sie die Übung.

3.62

Strumpfhosen? ↗	bitte Strumpfhosen? ↗	Wo bekomme ich bitte Strumpfhosen? ↗
zuständig? ↗	hier zuständig? ↗	Sind Sie hier zuständig? ↗
Stiefel. ↘	rechts sind Stiefel. ↘	Dahinten rechts sind Stiefel. ↘

14 Welche Wörter sind für Sie schwierig? Notieren Sie drei Wörter und Sätze wie in 13. Üben Sie dann mit einem Partner / einer Partnerin.

1. ______
2. ______
3. ______

Testtraining 4

1 Sprachbausteine

– Lesen Sie den Brief.
– Kreuzen Sie das passende Wort (a oder b) für die Lücken 1–10 an.

Dresden, 18. Dezember

Hallo, Rolf,

nun ① du aber lange nichts mehr von mir gehört. Ich ② vor vier Wochen ③ Dresden gezogen. Ich habe hier eine neue Arbeit bei einer Softwarefirma. Die Arbeit ist toll, ④ ich habe in den ersten drei Wochen 20 Überstunden gemacht. Am Abend komme ich dann nach Hause und bin nur noch müde. ⑤ habe ich bei einer Bekannten gewohnt. Letzte Woche bin ich dann in ⑥ Wohnung gezogen. Sie ist super. Viel ⑦ als die Wohnung in Frankfurt und sie kostet viel ⑧. Du ⑨ mich bald besuchen. Dresden ist viel interessanter, ⑩ die Leute im Westen glauben, und das Elbsandsteingebirge ist toll. Man kann stundenlang Fahrrad fahren oder wandern. Grüß die Freundinnen (und Freunde!!!) in Frankfurt von mir.

Alles Liebe
Marcia

1. [a] hat
   [X] hast
2. [a] bin
   [b] habe
3. [a] nach
   [b] zu
4. [a] denn
   [b] aber
5. [a] Jetzt
   [b] Zuerst
6. [a] meine
   [b] mein
7. [a] schöner
   [b] mehr
8. [a] kleiner
   [b] weniger
9. [a] willst
   [b] musst
10. [a] als
    [b] so

2 Hörverstehen – Teil A

3.63

– Lesen Sie die Aufgaben.
– Hören Sie dann den Text zweimal.
– Markieren Sie die Antworten: [+] richtig oder [–] falsch.

11. Situation: Sie sind beim Arzt. Der Arzt erklärt das Rezept.

☐ Dreimal täglich nach dem Essen. Keine Milch! Kein Alkohol!

12. Situation: Ihre Freundin ruft Sie an.

☐ Sie lädt Sie zu einer Party ein, denn sie hat eine neue Wohnung.

13. Situation: Sie sind in der Firma. Der Chef hat eine wichtige Information für Sie.

☐ Sie bekommen mehr Gehalt.

14. Situation: Sie sind im Kaufhaus.

☐ Es gibt Sonderangebote für Damenröcke.

3 Hörverstehen – Teil B

3.64

- Lesen Sie die Aufgaben.
- Hören Sie dann den Text zweimal.
- Kreuzen Sie die richtigen Antworten (a oder b) an [X].

15. Wie viel zahlst du für die Wohnung?
    [a] 613 Euro.
    [b] 633 Euro.

16. Seit wann lebst du in Deutschland?
    [a] Seit einem Jahr.
    [b] Seit drei Jahren.

17. Welche Größe suchen Sie?
    [a] Größe 32 oder 34.
    [b] Größe 34 oder 36.

18. Wann bist du heute aufgestanden?
    [a] Um Viertel vor sieben.
    [b] Um Viertel nach sechs.

19. Was kostet der Mantel?
    [a] 105 Euro.
    [b] 115 Euro.

4 Minidialoge – Teil A

3.65

- Lesen Sie die Sätze a–d.
- Hören Sie zu. Sie hören drei Aussagen oder Fragen (20–22).
  Hören Sie jede Aussage oder Frage zweimal.
- Kreuzen Sie die passende Reaktion für jede Aussage oder Frage an.

	20.	21.	22.
[a] Ich habe immer noch Schmerzen.	[a]	[a]	[a]
[b] Das weiß ich leider nicht.	[b]	[b]	[b]
[c] Kann ich auch gleich kommen?	[c]	[c]	[c]
[d] Aber sie ist mir zu eng.	[d]	[d]	[d]

5 Minidialoge – Teil B

3.66

- Sehen Sie sich die Sätze e–h an.
- Hören Sie zu. Sie hören drei Aussagen oder Fragen (23–25).
  Hören Sie jede Aussage oder Frage zweimal.
- Kreuzen Sie die passende Reaktion für jede Aussage oder Frage an.

	23.	24.	25.
[e] Seit zwei Jahren.	[e]	[e]	[e]
[f] Haben Sie auch billigere?	[f]	[f]	[f]
[g] Nein, heute nicht.	[g]	[g]	[g]
[h] Ich kann morgens nicht.	[h]	[h]	[h]

Testtraining 4

6 Leseverstehen – Teil A

– Lesen Sie die Überschriften a–d.
– Lesen Sie die Texte 26–28.
– Ordnen Sie die Überschriften den Texten zu. Kreuzen Sie an [X].

	26.	27.	28.
[a] Weniger Miete – mehr Nebenkosten	[a]	[a]	[a]
[b] Unfall auf Fahrradweg: zwei Verletzte	[b]	[b]	[b]
[c] Wieder mehr Arbeitslose	[c]	[c]	[c]
[d] Deutsche immer älter	[d]	[d]	[d]

26. Im Jahre 2050 sind weit über 50% der Deutschen über 60. Ein Arbeitnehmer müsste dann einen Rentner mitfinanzieren. Auf einen Spielplatz kämen zwei Altersheime. „Das Modell der Alterspyramide hat ausgedient", sagt Altersforscher Prof. Dr. Helmut Seitz. Nur eine Tatsache wird sich auch bis zum Jahre 2050 nicht ändern: Frauen werden im Durchschnitt um acht Jahre älter als Männer.

27. **Kaufering** – Ein 36-jähriger Angestellter und seine 8-jährige Tochter sind am Sonntag mit ihren Rädern verunglückt. Die beiden kamen von einem Picknick und waren auf dem Weg nach Hause. Trotz deutlicher Markierung des Radwegs stießen sie in der Kurve am Ortseingang mit einer Radsportgruppe zusammen. Der Mann erlitt Prellungen am Becken, das Mädchen Verletzungen am Kopf. Sie trug zum Zeitpunkt des Unfalls keinen Helm. Die Polizei ermittelt.

28. Die Maßnahmen des kommunalen Wohnungsbaus zeigen ein deutliches Plus an Wohnraum, vor allem für junge Familien. Die Mietkosten konnten im Vergleich zu den letzten Jahren um bis zu 10% reduziert werden. Dafür sind allerdings die Mietnebenkosten gestiegen. Vor allem die Heizkosten sind heute drastisch höher als noch vor einem Jahr!

7 Leseverstehen – Teil B

Lesen Sie bitte den Brief.

Montag, 13. Januar

Liebe Freunde,

endlich ist es so weit. Die Wohnung ist (fast) fertig. Ich habe bald Geburtstag. Ich mache ein Fest.
Viele von euch haben lange nichts mehr von mir gehört. Ich wohne jetzt in Dresden und habe eine super Wohnung. Inzwischen habe ich auch ein Bett, einen Schrank, einen Tisch und einen großen Kühlschrank.
Es ist also alles da für die Feier. Sie wird

am Samstag, 15. Februar, ab 20 Uhr in der Wiesenstraße 5 stattfinden.

Essen und Trinken ist für alle da. Wer etwas zum Schlafen braucht, kann mir vorher Bescheid sagen. Die meisten können bei Freunden hier in Dresden bleiben. Es gibt auch billige Hotels und Pensionen. Ich freue mich auf euch!

Eure Marcia

PS: Hier noch meine Telefonnummer: (01 35) 41 95 38 und E-Mail-Adresse: marciapires@wip.de

Lesen Sie nun die Aussagen und kreuzen Sie an: [r] richtig oder [f] falsch.

29. [r] [f] Marcia lädt ihre Freunde ein.
30. [r] [f] Die Freunde müssen etwas zum Essen und zum Trinken mitbringen.
31. [r] [f] Leute aus anderen Städten können bei Freunden schlafen.

8 Leseverstehen – Teil C

Lesen Sie das Schild und kreuzen Sie die jeweils passende Antwort zu 32–34 an.

32. Sie suchen einen Anorak für Ihren zwölf Jahre alten Sohn. Gehen Sie
    [a] in den 1. Stock?
    [b] in den 2. Stock?

33. Sie möchten einen Schreibtisch kaufen. Gehen Sie
    [a] in den 2. Stock?
    [b] in den 3. Stock?

34. Sie haben Hunger und möchten etwas essen und trinken. Gehen Sie
    [a] in das Untergeschoss 1?
    [b] in den 4. Stock?

Einkaufszentrum
Berliner Platz

4	Restaurant „Überblick", Toiletten, Sportkleidung, Sportartikel
3	Haushaltsgeräte: Waschmaschinen, Geschirrspüler, Möbel
2	Herrenbekleidung, Fernsehen – Radio – Computer, Büromöbel
1	Damenbekleidung, Kinderkleidung, Spielzeug, Kinderbetreuung
E	Kosmetika, Toilettenartikel, Bücher, Zeitschriften, Reisebüro, Blumen
U1	Lebensmittel
U2	Parkhaus
U3	Parkhaus

Lösungen zum Lehrbuchteil (S. 6–147)

KAPITEL 1

1 Jordan, Winter, Org, Sans

5 Wie heißt <u>du</u>? Wie heißen <u>Sie</u>?
Woher kommst <u>du</u>? Woher kommen <u>Sie</u>?

6 Sie (formell): 2, 3 du (informell): 1

7a/b

Dialog 1

○ Hallo.
● Tag, ich bin Helgi.
○ Und ich heiße Yong-Min.
● Entschuldigung, <u>wie</u> heißt du?
○ Yong-Min. Ich bin aus Korea, und du?
● Ich bin aus Estland.

Dialog 2

○ Guten Tag. Mein Name ist Sans.
● Guten Tag, Frau Sans. Ich bin Pavel Jordan.
○ Woher kommen Sie?
● Aus Pilsen. Und Sie?
○ Aus Valencia.

Dialog 3

○ Guten Abend.
● Guten Abend, ich bin Markus Schmeling.
○ Entschuldigung, wie ist Ihr Name?
● Schmeling, Markus Schmeling.
○ Und ich bin Frau Jacob, Irene Jacob.

9 1. Woher kommen Sie? 2. Guten Tag, ich heiße Peter. 3. Mein Name ist Sans. 4. Hallo, ich bin Paul. 5. Wie heißen Sie? 6. Entschuldigung, wie ist Ihr Name? 7. Wie heißt du? 8. Wie bitte?

10

Helgi Org Estland	Magdalena Marquez Mexiko	Michael Kukan Slowakei
Yong-Min Kim Korea	Mônica Nunes Brasilien	Hosni Bouslimi Tunesien
Tom Winter Schweden	Birsen Althun Türkei	

13 Familienname: Kandogmus Vorname: Hülya

15 Raimondo Pereira

17b

Familienname:	Petri	Klimmt	Keller
Vorname:	Sandra	Martina	Urs
Wohnort:	Dresden	Wien	Basel
Beruf:	Automechanikerin	Lehrerin	Hausmann

KAPITEL 2

1 1B – 2A – 3E – 4C – 5D

5 1. Möchten Sie Orangensaft? 2. Sind Sie die Lehrerin von Kurs A? 3. Nimmst du Milch und Zucker? 4. Kommen Sie auch aus Indien? 5. Trinkst du Tee mit Milch?

6 Beata: Polen – wohnt bei Frau Wohlfahrt – Warschau
Maria: Au-pair-Mädchen – Hamburg – Kaffee
Frau Wohlfahrt: Lehrerin – zwei Kinder

9 1. Trinkst 2. ihr 3. du 4. arbeiten 5. Nehmt 6. sprechen 7. Sie 8. Kommen

11 2 zwei 5 fünf 9 neun 11 elf 1 eins 3 drei 0 null 8 acht 6 sechs 12 zwölf 10 zehn 4 vier 7 sieben

12

	Vorwahl	Telefonnummer
Handy 1	0175	2 56 91 38
Handy 2	0173	9 76 85 41

15 1C – 2A – 3B

17 1. 8 Uhr 15 Minuten 2. 12 Uhr 57 Minuten 3. 1 Uhr 33 Minuten 4. 6 Uhr 48 Minuten 5. 12 Uhr 31

18 Mineralwasser (Classic/Medium), Buttermilch, Mövenpick-Kaffee, Früchte-/Kräutertee

19a Ohr: hören, zuhören
Mund: fragen/antworten, nachsprechen, sprechen, (vorlesen)
Brille: anschauen, lesen, mitlesen, vorlesen
Stift: ankreuzen, aufschreiben, ergänzen, markieren, notieren, schreiben, zuordnen

19b 3. ergänzen 4. ankreuzen 5. markieren 6. vorlesen 7. mitlesen 8. nachsprechen 9. fragen/antworten 10. zuhören 11. anschauen 12. zuordnen

20 3. Ergänzen Sie die Sätze. 4. Kreuzen Sie bitte an. 5. Markieren Sie bitte die Verbendungen. 6. Lesen Sie die Sätze vor. 7. Lesen Sie bitte mit. 8. Sprechen Sie bitte nach. 9. Fragen und antworten Sie bitte. 10. Hören Sie bitte zu. 11. Schauen Sie bitte die Bilder an. 12. Ordnen Sie bitte die Verben den Bildern zu.

KAPITEL 3

1 1. Spalte: 12, 11, 10, 9, 19 – 2. Spalte: 14, 7, 18, 13, 15 – 3. Spalte: 8, 5, 3 – 4. Spalte: 20, 1, 2 – 5. Spalte: 6, 4

3 der Drucker 23 € – der Fernsehapparat 160 € – die Nähmaschine 65 €

5 ... 503 fünfhundertdrei, 604 sechshundertvier, 705 siebenhundertfünf ...
... 3200 dreitausendzweihundert, 4300 viertausenddreihundert, 5400 fünftausendvierhundert ...
... 32.000 zweiunddreißigtausend, 43.000 dreiundvierzigtausend, 54.000 vierundfünfzigtausend ...
... 320.000 dreihundertzwanzigtausend, 430.000 vierhundertdreißigtausend, 540.000 fünfhundertvierzigtausend ...

6 a 139 € – b 511 € – d 289 € – g 2312 €

7 a 987 – b 2463 – c 3761 – d 8999 – e 727 – f 567 – g 5491 – h 7655

8

	unbestimmter Artikel	bestimmter Artikel
Maskulinum	Ein Füller.	Der Füller ist billig ...
Neutrum	Ein Wörterbuch.	Das Wörterbuch ist neu ...
Femininum	Eine Lampe.	Die Lampe ist teuer ...

17a Dialog 1: Campingbus – Dialog 2: Waschmaschine

17b Dialog 1: 8.800 € – Dialog 2: 120 €

18 der Kassettenrecorder – der Kochtopf – der Papierkorb – der Rasierapparat – der Videorecorder – der Wasserkocher – das Wörterbuch – die Kaffeemaschine – die Nähmaschine – die Schreibmaschine – die Waschmaschine – der Campingbus – das Kinderfahrrad

RASTSTÄTTE 1

2 Dialog 1
- ○ Guten Tag, mein Name ist Nikos Kukidis.
- ● Und ich bin Boris Bogdanow.
- ○ Woher kommen Sie?
- ● Ich komme aus der Ukraine – und Sie?
- ○ Ich komme aus Griechenland, aus Athen.
- ● Und ich bin aus Kiew.

Dialog 2
- ○ Wo wohnst du?
- ● In der Kaiserstraße – und du?
- ○ In der Blumenstraße 34.
- ● Hast du Telefon?
- ○ Nur Handy. Die Nummer ist 0172 5480808.

5 Der Deutschkurs von Frau Wohlfahrt und Herrn Schuhmann hat zehn Teilnehmer und Teilnehmerinnen aus vielen Ländern. Einige sprechen schon eine Fremdsprache. Tom Winter spricht Englisch und Hosni Bouslimi spricht auch Französisch. Der Kurs hat sechs Stunden Unterricht am Tag. In der Pause gehen viele in die Cafeteria. Sie trinken einen Kaffee mit Milch und Zucker oder ein Mineralwasser.

6 der: Bleistift, Computer, Drucker, Fernsehapparat, Füller, Kassettenrecorder, Kinderwagen, Kochtopf, Kühlschrank, Kuli, Orangensaft, Ordner, Papierkorb, Rasierapparat, Schrank, Staubsauger, Videorecorder, Wasserkocher, Zucker
das: Auto, Bügeleisen, Fahrrad, Heft, Radio, Telefon, Wörterbuch
die: CD, Kaffeemaschine, Lampe, Nähmaschine, Schere, Schreibmaschine, Vase, Waschmaschine

KAPITEL 4

1 S. 40, von oben nach unten: Imhoff, Schmidt
S. 41, von oben nach unten: Baatz, Hansen

3 1. zwanzig nach eins 2. fünf vor drei 3. zehn nach drei 4. halb acht

5

Wer arbeitet bis zwei Uhr morgens?	arbeiten
Wann macht die Bäckerei zu?	zu|machen
Wann stehst du auf?	auf|stehen
Wie lange frühstückst du?	frühstücken
Kaufst du für das Abendessen ein?	ein|kaufen

6 1. Ich stehe jeden Morgen um fünf Uhr auf. 2. Der Unterricht fängt jeden Tag um 9 Uhr an. 3. Frau Wohlfahrt schreibt das Wort auf. 4. Wann macht der Supermarkt auf? 5. Um wie viel Uhr macht die Bibliothek zu?

7b 1. Nachmittag 2. Information 3. Waschmaschine 4. korrigieren

12 1. Sie gehen am Freitag in das „Pur"-Konzert. 2. Sie gehen am Donnerstag ins Kino, in den Film „Rossini".

15a A – Bild 2, 3; B – Bild 1, 4

15b 3B – 4A – 5B – 6B – 7A – 8A – 9B – 10B – 11A – 12B – 13A/B

KAPITEL 5

1 A3 – B4 – C2 – D1 – E5

2 Beispiele:

3 Äpfel	2 Kästen Apfelsaft	1 Kilo Bananen
10 Eier	3 Flaschen Essig	5 Pfund Kartoffeln
2 Lammkeulen	5 Dosen Bier	100 Gramm Salami
4 Schnitzel	3 Gläser Marmelade	2 Liter Milch
2 Brote	2 Packungen Butter	

5a die Gläser – die Nudeln – die Kartoffeln – die Steaks – die Packungen die Brote – die Schnitzel – die Eier – die Äpfel – die Joghurts – die Mangos – die Schinken

5b

(¨) -e	-(e)n	(¨) -er	-s	(¨) –
Brote	Nudeln	Gläser	Steaks	Schnitzel
	Kartoffeln	Eier	Joghurts	Äpfel
	Packungen		Mangos	Schinken

7a Butter, Eier, Gouda-Käse, Tomaten

7b Butter 1 € 10 ct – Eier 1 € 20 ct – Gouda-Käse 1 € 80 ct – Tomaten 2 €

7c Sie bekommt zu viel Geld zurück.

13 Vorspeisen: Salat, Suppe – Hauptspeise: Pizza – Nachtisch: Obstsalat

14 Es fehlt Obst: Äpfel, Orangen und Bananen (Milch).

15b
- ● Ich mache den Salat und eine Soße mit Olivenöl, Zitrone und Knoblauch.
- ○ Ich koche dann die Gemüsesuppe. Haben wir alles?
- ● Wir haben noch eine Tomate, eine Zwiebel, einen Brokkoli, drei Kartoffeln, eine Paprika, eine Möhre, einen Sellerie und einen Weißkohl.
- ○ Prima, das reicht ja. Ich schneide das Gemüse.
- ● Für die Pizza brauche ich ein Pfund Mehl, ein Ei, ein Päckchen Hefe, etwas Milch und Öl.
- ○ Mist! Wir haben keine Milch mehr!
- ● Macht nichts, dann nehme ich Wasser wie in Italien.

17 A – D – C – F

18 Sie gibt folgende Tipps: Möhren-Kartoffel-Auflauf geht auch. – Fisch oder Fleisch passen dazu.

19 Du musst beim Würzen aufpassen! – Was können wir dazu essen? – Du kannst Gemüse dazu machen.

KAPITEL 6

4

Vorspeisen	Hauptspeisen	Alkoholische Getränke	Alkoholfreie Getränke
Tagessuppe	Wiener Schnitzel	Weizenbier	Mineral-wasser
Tomatensuppe	Rindergulasch	Weißwein-schorle	Apfelsaft
Kleiner Salat	(Pizza) Käse und Tomaten		
	Lasagne		

5 Herr Schmidt: Bier vom Fass, Pizza „Vier Jahreszeiten"
Frau Schmidt: italienischer Salat, Mineralwasser
Holger: Pommes mit Ketchup, Cola/Apfelsaft
Ilona: Putenschnitzel, Portion Pommes extra, Apfelsaftschorle

10 1. 15 € – 12 € = 3 € (nicht 2 €)
2. 3,50 € + 1,40 € = 4,90 € (nicht 5,90 €)

11 ○ Ja, sehr! ○ Doch, aber nicht mit Sauerkraut.

12 1. Ja. / Nein. 2. Ja. / Nein. 3. Doch. / Nein. 4. Doch. / Nein.
5. Ja. / Nein. 6. Doch. / Nein.

13a Frau Sans bestellt einen Gemüseburger und eine Cola.
Frau Org bestellt eine Bratwurst mit viel Senf und Pommes.
Herr Bouslimi bestellt ein halbes Hähnchen mit Salat und ein Mineralwasser.

18b Richtig: Frau Schild mag Nudeln. Herr Schild isst gern Käse zum Frühstück. Frau Lemcke isst Müsli zum Frühstück.

18c

	Michaela Schild	Michael Schild	Frau Lemcke
Frühstück	Kornbrot mit Marmelade, Käse oder Toast	Toast, Ei, Schwarz-brot, Käse	Müsli und Kaffee
Lieblings-essen	Nudelgerichte, z. B. Gemüse-lasagne	Spaghetti mit Pesto, bunter Salat	Quark mit Kartoffeln
Wann?	morgens	abends	morgens

19a/b
Beispiele:
Essen/Frühstück; Frühstück zu Hause / im Café;
Frühstück in der Woche / am Wochenende

19c Beispiele:
Montag bis Freitag: schnell, Brot mit Marmelade, Kaffee/Tee, zweites Frühstück;
Wochenende: mehr Zeit, frühstücken in Ruhe, Saft, Frühstücksei …
Großstadt: Frühstück im Café
Firma: Frühstückspause, zweites Frühstück, Brot mit Wurst/Käse

20a Von Montag bis Freitag stehen die meisten Leute früh auf, weil sie zur Arbeit müssen. Sie essen oft nur ein Brot mit Marmelade, während sie schnell eine Tasse Kaffee oder Tee trinken. …
Am Wochenende frühstücken die meisten in Ruhe, weil sie mehr Zeit haben. …
Viele frühstücken am Sonntag gar nicht, wenn sie erst um elf Uhr aufstehen. …

Das Verb steht hier am Satzende.

20b Beispiele:
1. Zwischen 9 und 10 Uhr essen manche ein zweites Frühstück.
2. Am Wochenende frühstücken die meisten in Ruhe, weil sie mehr Zeit haben.

KAPITEL 7

2 Dialog 2: zum Fußballstadion / U-Bahn-Linie 4
Dialog 3: zwei Stationen
Dialog 4: Telefonnummer / 510
Dialog 5: zur Post / Straßenbahnlinie 1 / in der Nähe vom Bahnhof
Dialog 6: 2 1/2 Stunden / Berlin
Dialog 7: Hausnummer / 133

6 1. Nach dem Rathaus kommt der Jahnplatz, da ist das Zentrum. 2. Nach der Station steige ich aus. 3. Mit dem Bus sind es drei Stationen und mit der Straßenbahn fahren Sie nur eine Station. 4. Mit den Straßenbahnen kommen Sie immer zum Bahnhof. 5. Das Ticket kaufen Sie beim Fahrer. 6. Fährt der Bus direkt zum Bahnhof? 7. Von der Haltestelle (bis) zur Schule sind es nur drei Minuten. 8. In der Nähe vom NetCafé ist eine U-Bahn-Station.

7

	Dativ Singular
das Rathaus	**Nach dem** Rathaus …
die Station	**Nach der** Station …
der Bahnhof	… kommen Sie immer **zum** Bahnhof.
der Fahrer	Das Ticket kaufen Sie **beim** Fahrer.
die Haltestelle	**Von der** Haltestelle …
die Schule	… **zur** Schule sind es nur drei Minuten.
das Café	In der Nähe **vom** NetCafé …

9 1. einem 2. einem 3. einem 4. einer 5. einer

11 A4 – B5 – C3 – D1 – E2

12 Beispiele:
A Bank: ein Konto eröffnen – Girokonto – Nachname/Familienname – Vorname – Adresse – Buchstabieren Sie bitte.
B Straßenbahn/Bus: Monatskarte – Wie viele Zonen? – Was ist das …? – Ich wohne in der …straße. – Wo arbeiten Sie? – Das ist …
C Kantine: Kasse – Ich brauche ein … – Du brauchst …
D Anmeldung: Mein Name ist … – Wo ist …?
E Personalbüro: Personalbogen – Füllen Sie bitte … aus. – Ist das so richtig? – Gehalt – Wo kann ich …? – Gleich gegenüber. – geöffnet

16a Diese Fotos passen: 1, 3, 6

17 Wir beginnen unseren Rundgang am *Alsterpavillon* auf dem *Jungfernstieg*. Von hier gehen wir in die *Große Bleichen* und biegen an der ersten Kreuzung gleich links in die *Poststraße* ein. Der Weg führt über … die *Schleusenbrücke* auf den *Rathausmarkt* … Nun gehen wir zurück über die Brücke und biegen dann gleich links in den *Neuen Wall* ein. Am Ende der Straße kommen wir zur *Stadthausbrücke*.
… und biegen Sie gleich rechts in die *Neanderstraße* ein … in der *Peterstraße* … Wir gehen nun zurück in die *Neanderstraße* … Steigen Sie auf den … Michel … Werfen Sie einen Blick auf die Schiffe, die von hier in die Welt fahren.

KAPITEL 8

2 Richtig: 1, 3, 6, 7

3a Richtig: 1, 5

3b 1. Alvaro verdient elf Euro in der Stunde, Maxi verdient sieben Euro die Stunde. 2. Alvaro arbeitet 35 Stunden in der Woche, Maxi arbeitet 20 Stunden. 3. Alvaro arbeitet von 7–16 Uhr, Maxi von 16–20 Uhr. 4. Maxis Mann ist nicht gern in Deutschland, er will immer weg. 5. Maxi und die Kinder möchten in Deutschland leben, Maxis Mann in Amerika.

6
1. Ich muss jeden Morgen um fünf Uhr aufstehen.
2. Willst du heute Abend ins Kino gehen?
3. Wir müssen manchmal am Wochenende arbeiten.
4. Man kann im Büro viele neue Leute kennen lernen.
5. Kannst du mir mit dem Computer helfen?
6. Müsst ihr viele Überstunden machen?
7. Könnt ihr im August in Urlaub gehen?
8. Sie können das Formular am Computer ausfüllen.
9. Wir möchten in ein paar Jahren eine eigene Firma haben.

12 1. Anzeige 2 – 2. Anzeige 1 u. 4 – 3. Anzeige 5 – 4. Anzeige 3 – 5. Anzeige 4 (evtl. auch 2 u. 3) – 6. Anzeige 2 – 7. Anzeige 1 u. 2 (evtl. auch 4)

14

Telefongespräch	1	2
Anzeige	4	5

16b Mein Traumberuf ist Künstlerin. Ich würde so gern malen.
Ich wäre sehr gern Physiker, doch klappt's nicht mit den Zahlen.
Ach, wäre ich doch Stewardess, dann würde ich viel fliegen.
Auch würd ich gern Minister sein, doch könnte ich nicht lügen.
Ich hätte gerne einen Job mit Spaß und Kreativität.
Schön wäre doch Erfinderin, doch die Idee kommt viel zu spät!
Ich wäre lang schon Millionär, wenn nur der Konjunktiv nicht wär.

KAPITEL 9

1 das Gesicht – der Kopf – die Haare – das Auge – die Nase – das Ohr – der Mund – der Zahn – der Hals – die Schulter – der Arm – die Hand – der Finger – das Herz – die Brust – der Rücken – der Bauch – das Bein – das Knie – der Fuß – die Zehe

3 Katrin: Fitnessstudio – Peter: Zahnarzt. – Sabine: Internist.

4

Probleme	Ärzte/Ärztinnen	Sonstiges
die Grippe	Hausarzt/-ärztin	die Versichertenkarte
Arm gebrochen	Hals-Nasen-Ohren-Arzt/-Ärztin	das Rezept
das Bauchweh	Hautarzt/-ärztin	der Hörtest
die Allergie	Internist/-in	der Termin
die Zahnschmerzen	Orthopäde/-din	die Tablette
Finger verstaucht	Röntgenarzt/-ärztin	
Karies	Unfallarzt/-ärztin	
	Zahnarzt/-ärztin	

5 Dialog 1: 1. Rückenschmerzen 2. ein Schmerzmittel 3. ein Rezept 4. zu ihrem Arzt
Dialog 2: 1. der Sprechstundenhilfe 2. die Versichertenkarte 3. im Wartezimmer warten
Dialog 3: 1. zum Röntgen 2. ein Rezept 3. eine Überweisung

6 Reihenfolge: 2 – 4 – 3 – 5 – 1

7
● Darf ich Sport machen?
○ Nein, Sie dürfen eine Woche lang nichts machen.
● Dürfen wir Computer spielen?
○ Ja, ihr dürft ein bisschen spielen.
● Herr Doktor, darf mein Mann rauchen?
○ Er darf auf keinen Fall rauchen.

9 Rita: bekommt ein Baby – ist die Mutter
Maike: ist das Baby
Klaus: ist der Vater
Jan: ist der Sohn – hat Husten
Lisa: ist die Tochter

10a … meine Zeit reicht wieder nicht … In drei Wochen kommt unser Baby. Unsere Tochter hat schon einen Namen … Meine Rückenschmerzen sind weg … Unser Jan will seine Schwester auch endlich sehen … Sein Husten hört einfach nicht auf. Lisa erzählt in der Schule: „Mein (!) Baby. kommt in drei Wochen." … Macht dein Job … Wie geht es eurer Tochter? Corinna wird doch in diesem Jahr mit ihrer Schule fertig … Wie sieht eurer Terminkalender … Sein Urlaub geht vom …
Eure Rita

10b

ich	du	er/es	sie
meine Zeit	dein Job	seine Schwester	ihrer Schule
meine Rückenschmerzen		sein Husten	
mein Baby		sein Urlaub	

wir	ihr
unser Baby	eurer Tochter
unsere Tochter	euer Terminkalender
unser Jan	eure Rita

15 1. Text F – 2. Text D – 3. Text A – 4. Text B – 5. Texte C, E

16 Laura: laufen, Obst, Müsli, Joghurt, Salat
Alexa: Sonnenstudio
Eva: Volleyball, Fitnessraum
Sibylle: Vegetarierin, Biogemüse, Obst, Milchprodukte, Sauna
Johannes: Spaziergang am Sonntag
Tom: Mountainbikefahren, Joggen, Schwimmen, Skifahren

18 Sophie: gesund – Uli: ungesund

19 Text A: eine halbe Stunde – den ganzen Tag – mit starken Rückenschmerzen – den ganzen Tag – frisches Obst – einen kleinen Joghurt – einen frischen Salat – Das normale Kantinenessen
Text B: Für regelmäßigen Sport – einen kleinen Gemüseladen
Text C: einen großen Fitnessraum
Text D: mit meiner falschen Ernährung – die gesunde Ernährung – eine tolle Sauna – mit guten Freunden
Text E: –
Text F: mit meinem kaputten Rücken – starken Husten – einen kurzen Spaziergang
Die häufigste Adjektivendung ist *-en*.

RASTSTÄTTE 3

1b Dialog 1: Bahnhof Dialog 2: Post Dialog 3: Fußballstadion

5a Beispiele: 1. Woher kommst du? 2. Welche Straßenbahn fährt zum Bahnhof? 3. Wo wohnt Frau Wohlfahrt? 4. Wie viele Eier möchten Sie? 5. Wer kommt mit ins Kino? 6. Wie viel verdienen Sie? 7. Wann fängt der Film an? 8. Um wie viel Uhr kommst du? 9. Wo tut es Ihnen weh?

6a Herr von Nachseitzu und Frau Ausbeimit bleiben mit dem Dativ fit.

7 2e mein – 3c deine – 4a Ihr, Unser – 5g Ihrem (deinem/ eurem), seiner – 6b Ihre, Meine – 7d deinem

KAPITEL 10

2 1F – 2E – 3A

3 Dialog 1: Nebenkosten: 110 Euro im Monat – kein Bus – U-Bahn-Station in der Nähe
Dialog 2: Kaution: 2 Monatsmieten – die üblichen Nebenkosten
Dialog 3: Kaution: 1 Monatsmiete – S-Bahn: 25 Minuten in die Stadt – Auto: eine halbe Stunde in die Stadt, Parken kein Problem – Nebenkosten: Heizung, Wasser usw.

5a Beispiele:
Lucia Paoletti: ein Zimmer – für drei bis vier Monate – hat nicht viel Geld
Ulrike und Bernd Klotz: eine größere Wohnung – bald das dritte Kind – betreut zu Hause eine Kindergruppe
Güven und Susi Toluk: eine Wohnung für ungefähr 500–600 Euro im Monat – mit einem Kinderzimmer

5b Lucia Paoletti: Anzeige C (A)
Ulrike und Bernd Klotz: Anzeige B (F)
Güven und Susi Toluk: Anzeige D (F)

7

1	2		
Zurzeit	(wohnt)	sie ...,	aber
sie	(sucht)	ein Zimmer ...	
Lucia	(hat)	nicht viel Geld,	aber
sie	(hat)	ein Stipendium ...	
		...	und
ihr Vater	(gibt)	ihr auch noch ...	
Sie	(brauchen)	eine größere ...,	denn
bald	(kommt)	das dritte Kind.	
Herr Klotz	(ist)	Taxifahrer	und
(er)	(verdient)	1900 Euro ...	
Seine Frau	(betreut)	...	und
(sie)	(bekommt)	250 Euro.	
Güven	(ist)	Ingenieur	und
(er)	(arbeitet)	seit zwei Jahren	
Sie	(möchte)	gerne ...,	aber
das	(ist)	schwer ...	
Güven	(verdient)	zurzeit ...	und
Susi	(bekommt)	400 Euro ...	

8 1f – 2d – 3a – 4c – 5e – 6b

9a Mitte 1, rechts oben 2, rechts unten 3, links 4

9b/10 Richtig: 2, 3, 6, 8

11

● Wie hast du die Wohnung gefunden?	finden
○ Ich habe eine Notiz gemacht	machen
und habe sie im Supermarkt ... aufgehängt.	aufhängen
Kurz danach hat Frau Fischer angerufen.	anrufen
Ihr Mieter hat plötzlich gekündigt ...	kündigen
○ Wir haben telefoniert,	telefonieren
sie hat mich eingeladen	einladen
und ich habe mich vorgestellt.	(sich) vorstellen
Ich habe gleich den Mietvertrag unterschrieben.	unterschreiben
Sie hat mir sogar Möbel geschenkt.	schenken
● Der Umzug hat ja nicht lange gedauert.	dauern
○ Aber meine Freunde haben einen VW geliehen.	leihen
Ich habe gepackt und die Jungs haben	packen
geholfen.	helfen
Die Jungs haben auch alles hochgetragen.	hochtragen
○ Ich habe für alle Spaghetti gekocht.	kochen
Frau Fischer hat zwei Flaschen Wein mitgebracht	mitbringen
und wir haben gut gegessen,	essen
getrunken und viel erzählt.	trinken – erzählen

12

einfache Verben	trennbare Verben	nicht trennbare Verben	Verben auf *-ieren*
gemacht	angefangen	verkauft	telefoniert
gekauft	hochgetragen	unterschrieben	notiert
gekündigt	aufgehängt		
gepackt	eingeladen		
geliehen	eingepackt		
gelesen	angerufen		
geschenkt			
geholfen			
gekocht			
getrunken			

13 Beispiel: ... Dann haben sie eine Anzeige gelesen. Danach haben sie mit dem Vermieter telefoniert. Später haben sie die Wohnung angesehen und den Mietvertrag unterschrieben. Daraufhin haben sie die alte Wohnung gekündigt. Danach haben sie Kartons gepackt, ein Auto geliehen und viele Freunde angerufen. Schließlich haben sie mit ihren Freunden alles hochgetragen. Zuletzt haben alle drei Kästen Bier getrunken, einen Lammbraten gekocht und die Nachbarn zum Fest eingeladen.

14a

Infinitiv	ich	du	er/es/sie	wir	ihr	sie/Sie
haben	hatte	hattest	hatte	hatten	hattet	hatten
sein	war	warst	war	waren	wart	waren

14b 1. Letzte Woche war mein Umzug. 2. Ich hatte viel zu tun. 3. Federico war leider krank. 4. Meine Freunde hatten Zeit. 5. Hattest du viel Arbeit? 6. Der Umzug war nicht kompliziert.

17 Beispiele:

Wohnzimmer	Küche	Schlafzimmer	Arbeitszimmer	Sonstiges
Sessel	Stühle	Bett	Schreibtisch	Kinderbett
Sofa	Tisch	Kleiderschrank	Regal	Badewanne
Tisch	Küchenschrank	Kinderbett		WC
Regal	Kühlschrank			(Wasch-)Becken
Lampe	Spüle			

18 1. Text A 2. Text D 3. Text C 4. Text B

KAPITEL 11

1 Richtig: 1, 4

2 Beispiel: Herr Schuhmann hat lange geschlafen. Er ist um elf aufgestanden und dann ist er ins Schwimmbad gegangen. Danach hat er Mittag gegessen und nachmittags ist er noch zwei Stunden Rad gefahren. Danach hat er seine Freundin besucht ...

3a Beispiel: 7 – 13 – 9 – 8 – 16 – 15 – 11 – 17 – 4 – 1 – 12 – 3 – 2 – 6 – 5 – 14 – 10

3b Beispiel: Der Wecker hat um sechs Uhr geklingelt und Hosni ist aufgewacht. Er ist gleich aufgestanden. Zuerst hat er geduscht und dann hat er gefrühstückt. Danach hat er abgewaschen und die Flaschen weggebracht. Dann hat er die Treppe geputzt. Schließlich hat er die Leiter geholt. Er hat die Fenster geputzt und zuletzt ist er von der Leiter gefallen. Dann hat er 112 gewählt und hat den Krankenwagen gerufen. Er ist zum Unfallarzt gefahren und ist drei Stunden im Krankenhaus gewesen. Danach ist er zu Hause ins Bett gegangen und hat seine Mama angerufen. Schließlich hat er den ganzen Abend ferngesehen.

4

Bewegung	Zustandsveränderung
einsteigen – ist eingestiegen	einschlafen – ist eingeschlafen
umsteigen – ist umgestiegen	aufwachen – ist aufgewacht
fahren – ist gefahren	
gehen – ist gegangen	
fallen – ist gefallen	
aufstehen – ist aufgestanden	
kommen – ist gekommen	

5a 1. bist – nach Hause gekommen 2. hast – Hausaufgaben gemacht 3. hast – ferngesehen 4. bist – ins Bett gegangen 5. bist – aufgewacht 6. bist – am Sonntag aufgestanden 7. hast – für den Test gelernt 8. hast – zu Mittag gegessen

9b 1. Aus Russland. 2. Ein Jahr. 3. ... in die Schule. 4. Sie arbeitet als Straßenbahnfahrerin. 5. Im Sprachkurs.

10 a4 – b3 – c6 – d2 – e1 – f5

12a Helgi hat einen Wiener kennen gelernt und sich verliebt.

12b Leopold ist der Mann auf dem rechten Bild.

13a Helgi – Helgi – Carmen – Leopold – Helgi – Helgi – Kursteilnehmer/-innen

13b

Nominativ	ich	du	er/es/sie	wir	ihr	sie/Sie
Akkusativ	mich	dich	ihn/es/sie	uns	euch	sie/Sie
Dativ	mir	dir	ihm/ihm/ihr	uns	euch	ihnen/Ihnen

KAPITEL 12

1 B der Rock, die Schuhe – C die Sportschuhe, die Jeans – D der Anzug – E das T-Shirt – F der Anorak

3 1B – 2A – 3D

6a 1. Dialog 1 2. Dialog 3 3. Dialog 2 4. Dialog 2 5. Dialog 3

6b/c
Dialog 1: anprobieren – der Spiegel – die Bluse – die Umkleidekabine
Dialog 2: billiger – der Anorak – der Winter – eine Nummer größer – warm – zu teuer
Dialog 3: der Anzug – fürs Büro – Größe 52 – keine Ahnung

11 1. Die 2. Den 3. das 4. der

12 zu kurz → länger – zu teuer → billiger – zu klein → größer – zu weit → enger – zu lang → kürzer

13 1. Das Hemd ist genauso teuer wie der Pullover. 2. Die Schuhe sind billiger als die Stiefel. 3. Das Hemd ist genauso schön wie die Krawatte. 4. Das T-Shirt ist genauso weit wie die Bluse. 5. Die Hose kostet mehr als der Rock. 6. Der Bikini kostet genauso viel wie der Badeanzug. 7. Peter trägt genauso gern Jeans wie einen Anzug. 8. Karin trägt genauso gern Hosen wie Röcke.

15 1. Anzeige 2, 4, 6 2. Anzeige 1 3. Anzeige 2, 3 4. Anzeige 9 (1) 5. Anzeige 10

16a Die Kundin möchte einen Mantel und drei Kleider verkaufen.

16b Richtig: 1, 4 und 5

17a Wo macht das Einkaufen am meisten Spaß?
Wo ist die Auswahl für Damen und Herren am größten?
Und wo ist das am billigsten?
...
Am besten kommen Sie heute noch vorbei!
...
- Natürlich! Am liebsten Markenkleidung ...
- Niemand kauft ein Kleid mit Flecken. Am besten gefällt mir der Mantel ...
- Also, den Mantel kann ich am teuersten verkaufen ...

17b Den Superlativ erkennt man am *-ste(n)* am Ende.

RASTSTÄTTE 4

3 1. Er hat den Arm gebrochen. 2. Milse und Sieker 3. Beata ist ein Au-pair-Mädchen aus Polen. 4. Müller 5. Eine Waschmaschine. 6. Das ist Hosni. 7. Das ist eine Maus. 8. Ein Pfund Tomaten kostet 1 €. 9. Heitz. 10. Tom Winter, Carmen Sans, Helgi Org, Pavel Jordan, Birsen Althun ... 11. Goldener Adler. 12. Nein, Helgi Org kommt aus Estland. 13. Sie arbeitet bei der Altendorf-Stiftung. 14. Nein, er sucht einen Anzug. 15. Nein, Sabine Schütz ist Informatikerin. 16. Hosni isst ein halbes Hähnchen mit Salat. 17. Um sechs Uhr. 18. Sie liest Zeitung. 19. Von 20 bis 22 Uhr. 20. Er trägt einen Anzug mit Krawatte, einen Mantel und einen Schutzhelm (und Stiefel). 21. Man braucht 400 g Zucchini. 22. Sie verdient etwa 1900 Euro netto. 23. Nein, Swetlana war Straßenbahnfahrerin. 24. Eine Pizza „Vier Jahreszeiten". 25. Auf Platz 10. 26. Um 7.30 Uhr. 27. Es hat die Hausnummer 133–145. 28. Am *Alsterpavillon* auf dem *Jungfernstieg*. 29. Er glaubt, dass ein Fehler in seiner Gehaltsabrechnung ist. 30. Sie möchte ein Mittel gegen Rückenschmerzen. 31. Ja, er fährt Mountainbike.

Lösungen zum Arbeitsbuchteil (S. 150–233)

KAPITEL 1

1 ● Wie heißen Sie?
○ Ich heiße ...

● Woher kommen Sie?
○ Ich komme aus ...

2 Guten Tag, mein Name ist Helgi Org.

3 Dialog 1
● Hallo, ich bin Carmen. Wie heißt du?
○ Tag, Carmen. Ich bin Hosni.

Dialog 2
● Guten Tag. Mein Name ist Sabine Wohlfahrt.
○ Guten Tag, Frau Wohlfahrt. Ich bin Tom Winter.

Dialog 3
● Guten Tag, Frau ...?
○ Org, Helgi Org.
● Entschuldigung, wie heißen Sie?
○ Org, Helgi Org.
● Guten Tag, Herr Bouslimi.
◇ Guten Tag, Frau Wohlfahrt.

4a 1. [↘] 2. [↘] 3. [↘] 4. [↗] 5. [↘] 6. [↘] 7. [↘] 8. [↗] 9. [↘]

4b Akzentwörter: 2 Carlos 3. Ponte 4. wie 5. Ponte 6. kommen 7. Guadelajara 8. Wie 9. Mexiko

5 1. 😐 2. ☺ 3. 😐 4. ☺ 5. 😐 6. 😐

6

	Position 1	Position 2	
1. Aussagesätze	Ich	(heiße)	Carmen Sans.
	Ich	(komme)	aus Spanien.
	Helgi	(ist)	aus Estland.
2. W-Fragen	Wie	(heißt)	du?
	Woher	(kommen)	Sie?
	Woher	(kommst)	du?

7 Verben: wohnen, kommen, hören, sprechen, sein
Nomen: Dialog, Bild, Deutschkurs, Lehrerin, Teilnehmer

8 1. spricht 2. kommt 3. heißt 4. ist

9

Land	Deutschland	Korea	Spanien	die Türkei
Sprache	Deutsch	Koreanisch	Spanisch	Türkisch
im Kurs	Frau Wohlfahrt	Yong-Min Kim	Carmen Sans	Birsen Althun
Land	Brasilien	Tunesien	Schweden	Tschechien
Sprache	Portugiesisch	Arabisch	Schwedisch	Tschechisch
im Kurs	Mônica Nunes	Hosni Bouslimi	Tom Winter	Pavel Jordan

10 1. Asien – 2. Südamerika – 3. Afrika – 4. Nordamerika – 5. Antarktis – 6. Australien – 7. Europa

11 Vorname: Tokiko
Familienname: Ishihara
Land: Brasilien

17 Beispiel: Er heißt Paul. Wo wohnen Sie? die Lehrerin / der Kurs / ...

KAPITEL 2

1 2 der Tee 3 der Orangensaft 4 das Mineralwasser 5 die Milch

2 Dialog 1
○ Hallo, wie geht's?
● Danke, gut, und dir?
○ Auch gut.
● Möchtest du etwas trinken?
○ Ja, Kaffee, bitte.

Dialog 2
○ Guten Tag, sind Sie Frau Marquez?
● Ja, ich bin Magdalena Marquez.
○ Woher kommen Sie?
● Ich komme aus Puebla.
○ Ist das in Mexiko?
● Ja, in Mexiko.
○ Was trinken Sie?
● Espresso, bitte.

3 Dialog 1
● Entschuldigung, sind Sie Frau Weiß?
○ Nein, ich heiße Org, Helgi Org.

Dialog 2
● Ich trinke (nehme) Cola.
Trinkst (Nimmst) du auch Cola?
○ Nein (danke), lieber Apfelsaft.

Dialog 3
● Guten Tag, Herr Bouslimi. Wie geht es Ihnen?
○ Es geht.
● Nehmen (Trinken) Sie Kaffee?
○ Ja, gern, mit Milch und Zucker.

4

1. Trinken Sie Kaffee?	Ja, gerne. / Nein, lieber ...
2. Wohnen Sie in Köln?	Ja. / Nein, ich wohne in ...
3. Kommen Sie aus Berlin?	Ja. / Nein, ich komme aus ...
4. Sprichst du Englisch?	Ja. / Nein, ich spreche ...
5. Möchtest du Orangensaft?	Ja, gerne. / Nein, lieber ...

5 1. ↗ 2. ↗ 3. ↘ 4. ↗ 5. ↘ 6. ↗

6 1a – 2a – 3b – 4b – 5a – 6b

7 2. ihr 3. ihr 4. du 5. Er 6. Wir/Sie 7. Ich – er

8 Beispiele: Ich trinke Kaffee mit Milch. Wo wohnst du in Deutschland? Wo arbeitet ihr? Maria kommt aus Warschau. Sie sprechen Deutsch.

9

zwölf 12	eins 1	zehn 10	elf 11
zwei 2	vier 4	sechs 6	fünf 5
sieben 7	acht 8	drei 3	neun 9

10

	Vorwahl	Telefonnummer	Hausnummer
1.	0521	678314	12
2.	0171	9456789	23
3.	06221	258837	46

11 eins – drei – fünf – sieben – neun – elf
neun – zehn – acht – neun – sieben – acht – sechs – sieben
eins – vier – zwei – fünf – drei – sechs – vier
zwei – vier – acht – sechzehn – zweiunddreißig – vierundsechzig – (ein)hundertachtundzwanzig

12 2. 8 x 7 = 56
3. 7 x 10 = 70
4. 12 x 12 = 144
5. 7 x 23 = 161
6. 99 x 2 = 198

13 Beispiel:
● Zwei Kaffee, ein Espresso und ein Orangensaft macht vier Euro 30.
○ Entschuldigung, wie viel?
● Vier Euro 30.
○ Fünf Euro.
● Danke. Und 50 Cent zurück.
○ Danke, tschüs!
● Tschüs.

KAPITEL 3

1a die Schere, der Fernsehapparat, der Kuli, der Drucker, das Telefon, das Heft, die Lampe, das Handy, das Radio, die Vase, die Waschmaschine, der Ordner, der Computer, der Kassettenrecorder, der Videorecorder, das Wörterbuch

1b Beispiele: Radio/Fernsehapparat/Kassettenrecorder/Videorecorder – Computer/Drucker – Heft/Ordner/Kuli/Schere/Wörterbuch – Vase/Lampe/Waschmaschine

2a 2. 81 – 3. 1,45 – 4. 96 – 5. 38 – 6. 147 – 7. 9 – 8. 39 – 9. 9 – 10. 62 – 11. 270

2b Beispiel: In Deutschland leben 81 Millionen Menschen. In Estland leben 1,45 Millionen Menschen. In Mexiko leben 96 Millionen Menschen. In der Türkei leben 62 Millionen Menschen. In den USA leben 270 Millionen Menschen.

3 Nomen: Fernseher, Schere, Kaffeemaschine, Staubsauger, Wasserkocher, Nähmaschine, Ordner, Bügeleisen
Adjektive: schön, gut, neu, billig, alt, teuer, kaputt, modern

4 2. ● Ist das ein Lehrbuch?
○ Nein, das ist kein Lehrbuch. Das ist ein Wörterbuch. Das Wörterbuch ist neu.

3. ● Ist das ein Buch?
○ Nein, das ist kein Buch. Das ist ein Ordner. Der Ordner ist praktisch.

4. ● Ist das ein Bleistift?
○ Nein, das ist kein Bleistift. Das ist ein Kuli. Der Kuli ist billig.

5. ● Ist das eine Kassette?
○ Nein, das ist keine Kassette. Das ist eine CD. Die CD ist gut.

6 1. Kaffee – Tee – Saft – mit – Zucker – Wasser – Mineralwasser – Cola – Milch – trinken
2. Basel – Lissabon – Zürich – Rom – Berlin – Paris – Moskau – Prag – Budapest – Oslo
3. Portugiesisch – Italienisch – Deutsch – Russisch – Tschechisch – Ungarisch – Norwegisch

7a Beispiele:

Vokal lang –	Vokal kurz •
Basel	Kaffee
Berlin	Lissabon
Budapest	Zucker
Italienisch	Tschechisch
Cola	Oslo

7b Beispiele: Frau Nunes spricht Portugiesisch. Ich nehme einen Tee. Wir lernen Deutsch. Nimmst du auch Cola?

TESTTRAINING 1

1 1. Wir 2. sie 3. Ich 4. du

2 2. Kommen Sie aus Mexiko? 3. Ich nehme Kaffee mit Milch. 4. Was kostet die Vase? 5. Das ist ein Handy.

3 Richtige Reihenfolge: b – a – c

4 ● Was kostet die Vase?
○ Das ist keine Vase, das ist eine Lampe.
● O. k. Was kostet die Lampe?
○ 126 Euro. Das ist billig.
● Das ist viel zu teuer.
○ Gut, 110 Euro. Das ist superbillig.

KAPITEL 4

1

aufstehen	frühstücken	arbeiten/lernen
duschen	Zeitung lesen	zur Schule fahren
aufwachen	Kaffee kochen	ins Büro gehen
Zähne putzen	Kaffee trinken	Hausaufgaben machen
		zur Arbeit gehen

2 2. vor 3. nach 4. zwei 5. vor 6. nach

3 11.35 Es ist fünf nach halb zwölf / elf Uhr fünfunddreißig.
13.07 Es ist sieben nach eins / dreizehn Uhr sieben.
15.55 Es ist fünf vor vier / fünfzehn Uhr fünfundfünfzig.
19.45 Es ist Viertel vor acht / neunzehn Uhr fünfundvierzig.
20.57 Es ist drei vor neun / zwanzig Uhr siebenundfünfzig.

4 1. 6 Uhr 2. 13 Uhr 27 Minuten (und 18 Sekunden) 3. Viertel vor neun 4. sieben (Minuten) nach drei 5. halb neun 6. 19 Uhr

5 1. Kaufst – ein – kaufe 2. macht – sieht fern 3. machen – korrigiert 4. Hören – sprechen – nach 5. stehst – auf 6. fängt – an

6 2. ich esse / du isst 3. wir frühstücken / Sie frühstücken 4. er wacht auf / ihr wacht auf 5. es kostet / sie kostet / sie kosten 6. ihr steht auf / sie steht auf / sie stehen auf 7. er lernt / sie lernt / sie lernen 8. ich verkaufe / ihr verkauft 9. ich antworte / er antwortet 10. du buchstabierst / ich buchstabiere 11. er spricht / wir sprechen 12. du liest / ihr lest 13. er telefoniert /

wir telefonieren 14. ich zeige / ihr zeigt 15. du schläfst / ihr schlaft

7 Herr Schild steht auf. Dann duscht er, kocht Kaffee und geht zur Arbeit. Frau Schild schläft bis um acht Uhr. Dann duscht sie, frühstückt und liest die Zeitung. Um Viertel vor neun fährt Frau Schild ins Büro. Sie nimmt immer das Fahrrad. Herr Schild arbeitet von acht bis fünf. Dann kauft er ein und geht nach Hause. Frau Schild kommt um sechs nach Hause. ...

8

Kaffee	Telefon	anfangen	beginnen	am Mittag
lesen	mitlesen	kaufen	einkaufen	verkaufen
markieren	Markieren Sie.	Markieren Sie bitte.		
entschuldigen	Entschuldigen Sie	Entschuldigen Sie bitte.		

10 Beispiel:
- ● Hast du heute Abend Zeit?
- ○ Ja, klar.
- ● Kommst du mit ins Kino?
- ○ Was kommt denn?
- ● Im Kinopolis kommt „Casablanca".
- ○ Um wie viel Uhr?
- ● Um halb sieben.

11
1. Montag: 20.15 – RTL – ein Krimi / Sonntag: 23 Uhr – ein Tatort-Krimi im Fernsehen (3Sat)
2. Sonntag: 9 Uhr – Gymnastik mit Hip-Hop – Sportpark
3. Dia-Schau „Alaska"
4. Montag: Im Haus der Jugend – 19 Uhr – Brasil-Party mit DJ FaFa und Pop-Rock / Dienstag: Oly-Disco – 18 Uhr / Musik aus Westafrika – Goethe-Forum – 20.30 Uhr / Mittwoch: "Carmen" – 19.30 Uhr – im Nationaltheater
5. Montag: Atlantik – 20.30 Uhr – der italienische Film „Brot und Tulpen"
6. Samstag: 7 Uhr – Flohmarkt im Stadtpark
7. Samstag: 12 Uhr – Treffpunkt Rathaus – Stadtexkursion mit dem Fahrrad

KAPITEL 5

1 Kunde/Kundin: 2 – 3 – 5 – 7 – 8 – 9
Verkäufer/Verkäuferin: 1 – 4 – 6 – 10

2

Äpfel	der	Apfel	Kiwis	die	Kiwi
Säfte	der	Saft	Kartoffeln	die	Kartoffel
Bananen	die	Banane	Lammkeulen	die	Lammkeule
Zwiebeln	die	Zwiebel	Mangos	die	Mango
Birnen	die	Birne	Möhren	die	Möhre
Brote	das	Brot	Orangen	die	Orange
Brötchen	das	Brötchen	Pfirsiche	der	Pfirsich
Eier	das	Ei	Tomaten	die	Tomate
Gurken	die	Gurke	Zitronen	die	Zitrone

3 Beispiele:
Obst: Zitrone, Apfel, Birne
Milchprodukte: Joghurt, Gouda-Käse, Milch
Gemüse: Kartoffel, Möhre, Gurke
Fleisch und Wurst: Schinken, Steak, (Leber-)Wurst
Getränke: Mineralwasser, Bier, Apfelsaft
Sonstiges: Öl, Nudeln, Marmelade

4 1. Kästen 2. Flaschen 3. Liter 4. Packungen 5. Glas 6. Gramm 7. Scheiben 8. Gramm 9. Pfund 10. Kilo 11. Pfund 12. Pfund 13. Stück 14. Dosen

5 Beispiel:
- ● Brauchen wir noch Käse?
- ○ Ja, Gouda.
- ● Wie viel Gramm?
- ○ 200 Gramm.
- ● Am Stück oder in Scheiben?
- ○ Lieber Scheiben.

6 1 die Gurke / drei Gurken 2 die Kartoffel / sechs Kartoffeln 3 der Salat / zwei Salate / zwei Köpfe Salat 4 das Glas / acht Gläser 5 die Tasse / sechs Tassen 6 die Tomate / drei Tomaten / drei Dosen Tomaten 7 die Nudel / zwei Packungen Nudeln 8 der Apfel / fünf Äpfel 9 die Banane / drei Bananen 10 die Zitrone / zwei Zitronen 11 die Flasche / sechs Flaschen 12 der Kuli / zwei Kulis 13 das Heft / drei Hefte

8
- ● Guten Morgen.
- ○ Guten Morgen, Frau Schneider. Wie geht es Ihnen?
- ● Danke, gut, und Ihnen?
- ○ Sehr gut. Was darf's denn heute sein?
- ● Einen Salat, bitte, und eine Gurke. Sind die Tomaten aus Deutschland?
- ○ Ja.
- ● Gut, dann nehme ich zwei Pfund und ein Kilo Kartoffeln.
- ○ Gerne. Ist das alles?
- ● Nein. Ich brauche noch Obst. Bitte ein Pfund Äpfel und eine Orange.
- ○ Noch etwas?
- ● Ja, zehn Eier brauche ich noch. Das ist dann alles.
- ○ Gerne, das macht zusammen 6 Euro 25. Möchten Sie eine Tüte?
- ● Nein, danke. Auf Wiedersehn, Frau Kreil, bis Samstag!
- ○ Auf Wiedersehn, Frau Schneider.

10a Möttler – Röllig – Behring – Schöne – Küsker – Miesam – Bühler – Lübermann

11
1. Ich übe am Dienstag und Mittwoch fünfzehn Minuten die Aussprache.
2. Natürlich frühstücke ich in München.
3. Wir essen viel Gemüse mit Olivenöl.

12 den – einen – das – ein – die – eine

13
- ○ Ich mache den Salat und eine Soße mit Olivenöl.
- ● Ich koche dann die Gemüsesuppe. Haben wir alles?
- ○ Wir haben noch eine Tomate, eine Zwiebel, einen Brokkoli, drei Kartoffeln, eine Paprika, eine Möhre, einen Sellerie und einen Weißkohl.
- ● Prima, das reicht ja. Ich schneide das Gemüse.
- ○ Machst du den Obstsalat?
- ● Ja, aber wir haben keine Bananen und keine Orangen und nur einen Apfel und eine Kiwi.
- ○ Dann kaufe ich noch schnell ein paar Äpfel, Orangen und Bananen bei Nico.
- ● Bring noch einen Liter Milch mit.

14
1. eine Banane, einen Apfel, eine Birne, eine Kiwi, eine Orange und einen Pfirsich
2. eine Möhre, ein Kilo Tomaten, ein Pfund Kartoffeln, eine Zwiebel und eine Dose Champignons
3. ein Heft, einen Kuli, ein Wörterbuch und ...

15

die Kartoffel, -n

Ich esse gern Kartoffeln.

KAPITEL 6

1a 1. Wiener Schnitzel 2. Gemüsesuppe 3. Pommes frites 4. Frankfurter Würstchen 5. Thüringer Bratwurst 6. Schweinebraten

1b Münchener Weißwurst, Frankfurter Kranz, Wiener Schnitzel, Hamburger

2 1 das Brötchen 2 die Salami 3 das Müsli 4 die Marmelade 5 die Butter 6 das Ei 7 der Löffel 8 die Kaffeetasse 9 das Messer

3 1. Kaffeetasse – Tasse Kaffee 2. Weinglas – Glas Wein 3. Teeglas – Glas Tee

4
- ● Guten Tag, was möchten Sie?
- ○ Ich hätte gern ein Bier vom Fass.
- ● Klein oder groß?
- ○ Ein großes, bitte.
- ● Und was möchten Sie essen?
- ○ Eine Pizza „Vier Jahreszeiten".
- ▶ Und ich hätte gern den italienischen Salat und ein Mineralwasser.
- ▷ Und ich nehme (möchte) das Wiener Schnitzel mit Pommes frites.
- ● Wiener Schnitzel haben wir heute leider nicht. Ein Zigeunerschnitzel vielleicht?
- ▷ Nein, das mag ich nicht so. Ich möchte (nehme) dann lieber das Putenschnitzel und dazu eine Portion Pommes extra.
- ● Und was möchtest du trinken?
- ▷ Eine Apfelsaftschorle.
- ● Und der junge Mann? Was möchtest du?
- ■ Pommes, ganz viel Pommes mit Ketchup und eine große Cola.
- ▶ Nein, nein, du trinkst Mineralwasser oder Apfelsaft.

7 Cafeteria
- ● Möchtest du etwas essen?
- ○ Ja, einen Döner.
- ● Und was trinkst du?
- ○ Eine Cola, bitte.

Restaurant
- ● Was möchten Sie trinken?
- ○ Ich hätte gerne ein Bier.
- ● Und was möchten Sie essen?
- ○ Die Spinatlasagne, bitte.
- ● Die haben wir heute leider nicht.
- ○ Dann die Spaghetti Napoli.

8 möchten – bezahlen – Zusammen – getrennt – ein – Machen – zurück – die/eine

9 2. doch/nein 3. doch/nein 4. ja/nein 5. doch/nein 6. doch/nein 7. ja/nein 8. doch/nein

10

Sie-Form	du-Form	ihr-Form
nehmen Sie	nimm	nehmt
probieren Sie	probier	probiert
arbeiten Sie	arbeite	arbeitet
fragen Sie	frag	fragt
essen Sie	iss	esst
schreiben Sie auf	schreib auf	schreibt auf
buchstabieren Sie	buchstabier	buchstabiert
hören Sie zu	hör zu	hört zu

11 1. Probier doch den Salat. 2. Nehmt doch das Schnitzel. 3. Fragen Sie doch die Lehrerin. 4. Essen Sie mal eine Bratwurst. 5. Lernt mit Lernkarten. 6. Lesen Sie regelmäßig Zeitung.

12 1a – 2b – 3a – 4b

13 1. Anzeigen 2, 6, 7, 8 – 2. Anzeige 4 – 3. Anzeigen 1, 4 – 4. Anzeige 8 – 5. Anzeigen 1, 4, 5

Testtraining 2

1 1a – 2b – 3a – 4a – 5a – 6b – 7b – 8b – 9a – 10a

2 11. Viertel nach drei 12. halb sieben 13. Viertel vor elf 14. fünf vor zwölf

3 15a – 16b – 17b – 18b – 19b – 20a

4 Situation 1:

21. 100g, 46 ct	24. 1 kg, 1,70 €
22. 1 kg, sechs €	25. 125-g-Packung, 52 ct
23. 10 Stück, fünf €	26. 12 x 11, neun €

Situation 2:

	Trinken	Essen
Vater	27. Bier	28. Tomatensuppe Steak mit Pommes
Mutter	29. Weißwein (Riesling)	30. kleiner Salat Risotto
Sohn	31. Orangensaft	32. Pizza „Vier Jahreszeiten"
Tochter	33. Orangensaft	34. Pommes mit viel Ketchup

5 35b – 36b – 37a – 38b

6 39d – 40c – 41a

7 42c – 43d – 44b – 45a

8 46d – 47b/e – 48c – 49f – 50b – 51g – 52h – 53a

KAPITEL 7

1 Waagerecht:
1. Haltestelle 2. Station 3. Öffnungszeiten 4. Schwimmbad 5. Post 6. Bahnhof 7. verschicken 8. Reichstag 9. Straße 10. umsteigen 11. Internetcafé 12. Fußballspiel 13. Stadion 14. Straßenbahn 15. Adresse 16. Hausnummer 17. Montag
Senkrecht: Einwohnermeldeamt

2 [1]
● Entschuldigung, wie komme ich zur *Ziegelstraße*?
○ Gehen Sie dort zur Haltestelle *Prießallee* und nehmen Sie die Linie 2 in Richtung *Milse*. Die fährt direkt zur Ziegelstraße.
● Wie viele Stationen sind das?
○ Tut mir leid, das weiß ich nicht genau, vielleicht zehn oder ...

[2]
● Entschuldigung, ich möchte zur *Universität*.
○ Nehmen Sie die Linie 1 an der Haltestelle *Bethel*, Richtung Schildesche.
Steigen Sie am *Rathaus* um. Dort nehmen Sie die Linie 4. Die fährt direkt zur *Universität*.

3 „p“: Verb, (ihr) habt
„b“": Bus, haben
„t“: Fahrrad, Land
„d“: oder, Handy
„k“: Tag, (du) fragst, Montag
„g“: Entschuldigen Sie

4
1. Das Museum ist montags geschlossen.
2. Die Tickets verkaufen wir montags bis freitags.
3. Montag und Donnerstag ist Markt.
4. Am Samstag ist Flohmarkt.
5. Tut mir leid, aber der Bus fährt nach Bethel.
6. Der Bus fährt hier um sieben Uhr siebzehn ab.

5
2. Holger fährt seit einem Jahr mit dem Fahrrad zur Schule.
3. Gehen Sie zum Rathaus und fahren Sie mit dem Bus bis zum Bahnhof.
4. In der Nähe vom Bahnhof ist das Café.
5. Ilona geht um 8.00 aus dem Haus.
6. Von der Haltestelle bis zur Schule gehen Sie fünf Minuten.
7. Das Gemüse kaufe ich immer bei Hassan.
8. Am Sonntag fahren wir mit dem Zug nach Hamburg.
9. Von Hamburg fahren wir mit dem Fahrrad nach Kiel.
10. Ich fahre seit einem Jahr nicht mit dem Auto.

6 2d – 3b – 4f – 5g – 6a – 7e

7 2c – 3b – 4c – 5c – 6b – 7c

8 2. die 3. eine 4. der 5. das 6. der 7. dem 8. einen 9. einen 10. den 11. dem 12. ein 13. eine 14. ein 15. das 16. einen 17. die 18. einen 19. dem 20. der

9 1. Gehen Sie geradeaus, an der Ampel links und die nächste rechts, da sehen Sie die Post.
2. Gehen Sie die nächste links, dann die erste Straße rechts, an der zweiten Kreuzung sehen Sie das Arbeitsamt.
3. Gehen Sie geradeaus, dann die zweite Straße rechts und gleich links, da sehen Sie das Internetcafé.

10 1. Firma – Personalbüro – Personalbogen 2. Girokonto – Sparkasse – Firma – Gehalt – Konto 3. Aufzug – Kollegin – Kantine 4. Theke – Teller – Besteck – Kasse 5. Monatskarte

KAPITEL 8

1 2 Kassiererin 3 Raumpfleger 4 Infomatikerin 5 (Lastwagen)fahrerin 6 Kraftfahrzeugmechaniker

2 Bei der Spedition Höhne arbeiten viele Menschen. Sabine Schütz ist Informatikerin. Sie hilft den Kollegen bei Problemen mit den Computern. Die Arbeit macht Spaß. Sie kann selbständig arbeiten und sie hat Gleitzeit. Manchmal muss sie am Wochenende arbeiten. Sie verdient ganz gut. Alvaro Peneda arbeitet nicht bei der Firma Höhne. Er ist Elektriker. Herr Peneda muss früh aufstehen. Im Winter findet er das manchmal hart. Alvaro arbeitet 35 Stunden in der Woche. In fünf Jahren will er eine eigene Firma haben. Frau Mladic ist eigentlich Verkäuferin, aber jetzt arbeitet sie bei einer Zeitarbeitsfirma. Sie putzt zurzeit die Büros bei der Firma Höhne. Sie mag die Arbeit nicht sehr. Die Bezahlung ist nicht gut und die Arbeitszeit wechselt oft. Ihr Mann möchte gern nach Amerika, aber sie und die Kinder wollen hierbleiben.

3 Beispiele:

Informatiker/in:	Kollegen helfen, Programme schreiben, Homepage pflegen
Sekretär/in:	Briefe schreiben, telefonieren
Verkäufer/in:	Produkte verkaufen, beraten
Kraftfahrzeugmechaniker/in:	Autos reparieren
Elektriker/in:	Lampen reparieren
Raumpfleger/in:	Büros putzen

4 2d – 3a – 4e – 5b

5
1. „ach“: 1, 3, 5, 6, 7 – „k“: 2, 4
2. „ich“: 2, 3, 4, 7 – „sch“: 1, 3, 5, 6

6

„ach“-Laut	Ich bin Koch und arbeite auch am Wochenende. Wir haben sechzehn Sachbearbeiter in der Buchhaltung!
„ich“-Laut	Ich bin Mechaniker. Am Wochenende möchte ich nicht arbeiten. Welche Köche arbeiten am Wochenende in München?
„sch“	Ich arbeite als Aushilfe – Überstunden, Schichtarbeit, und das Gehalt ist schlecht. Als Schreiner muss ich nicht so früh aufstehen – die Arbeit macht Spaß.

7

	Position 1	Position 2		Satzende
2.	Frau Mladic	möchte	als Verkäuferin	arbeiten.
3.	Frau Schütz	kann	selbständig	arbeiten.
4.	Herr Mladic	möchte	nach Amerika	gehen.
5.	Herr Kölmel	muss	um neun Uhr zum Chef	gehen.
6.	Jetzt	kann	ich die Satzklammer	verwenden.

8
1. a) kann b) kann c) muss d) muss
2. a) will/möchte b) will/möchte c) muss d) muss e) kann f) muss
3. a) will/möchte/kann b) muss c) will/möchte d) muss e) kann
4. a) muss b) muss c) kann d) muss e) will/möchte f) will/möchte
5. a) will/möchte b) will/möchte c) will/möchte d) kann e) muss

9 1. mit den Händen arbeiten 2. nachmittags früh aufhören/gehen/anfangen 3. den Tag freinehmen/freihaben / frei einteilen 4. mit dem Bus fahren 5. Büros putzen/haben 6. jeden Tag ins Büro gehen/fahren 7. morgens spät anfangen 8. viel Kontakt haben

10a **Beispiel:** 6.30 anfangen – Frühstückspause dauert nur 15 Minuten – keine Kantine – keinen Kaffeeautomaten – anstrengend – langweilig – acht Stunden am Computer – nur im Büro – alleine – Überstunden

11a Informatikerin, Taxifahrer, Köchin

11b

	①
Name	Petra Pause
Beruf	Informatikerin
Arbeitszeit	35 Stunden / Woche
Gehalt	2200 Euro (netto)
Urlaub	28 Tage / Jahr
Überstunden	keine
☹ / ☺	Team ist sehr nett, Arbeit gefällt ihr
Sie/Er möchte	eine Weiterbildung machen

	②
Name	Rolf Benitz
Beruf	Taxifahrer
Arbeitszeit	oft nachts, 12, 13 Stunden
Gehalt	2500–2800 Euro
Urlaub	drei Wochen / Jahr
Überstunden	viele
☹ / ☺	macht den Job nicht mehr lange
Sie/Er möchte	eine Umschulung machen

	③
Name	Annemarie Reimann
Beruf	Köchin
Arbeitszeit	38 Stunden / Woche
Gehalt	2400 Euro
Urlaub	24 Tage / Jahr
Überstunden	manchmal am Wochenende
☹ / ☺	für sie ein richtiger Traumberuf
Sie/Er möchte	ein eigenes kleines Restaurant

KAPITEL 9

1 2. das Auge 3. die Haare 4. das Ohr 5. die Nase 6. die Hand 7. der Mund 8. der Finger 9. die Schulter 10. der Hals 11. die Brust 12. der Bauch 13. das Bein 14. das Knie 15. der Fuß 16. die Zehe

2

drei Köpfe	sechs Augen
sechs Arme	drei Nasen
sechs Hände	drei Münder
30 Finger	sechs Beine
30 Zehen	sechs Füße

3 Fahrräder – Feste – Freunde – Kinder – Konzerte – Filme – Männer – Länder – Finger – Beine – Häuser – Rezepte – Ärzte – Gläser – Schränke – Wecker – Arme – Messer

4 Mund: sprechen, telefonieren, schmecken, essen
Hand: zeigen, schreiben, notieren, markieren
Ohr: hören, telefonieren
Auge: sehen, fernsehen, schauen
Bein/Fuß: gehen, laufen

5 **Richtig:** 2, 3, 4, 5

6 A: 1, 2, 6, 9, 10 – P: 3, 4, 5, 7, 8

7
● Guten Tag, Frau Tomba. Was fehlt Ihnen denn?
○ Hier oben tut es so weh und da auch bis in mein Bein.
● Hm, wie lange haben Sie das schon?
○ Seit vorgestern. Montags ist unser harter Tag in der Firma. Da muss ich oft schwere Kisten tragen.
● Wo arbeiten Sie denn?
○ Bei der Spedition Höhne.
● Wir müssen erst mal röntgen. Ich schreibe Ihnen eine Überweisung zum Röntgen und ein Rezept für Schmerztabletten und eine Salbe.
○ Ich brauche eine Krankmeldung für meinen Arbeitgeber.
● Ich schreibe Sie bis Freitag krank.
○ Wie oft muss ich die Tabletten nehmen?
● Dreimal am Tag zu den Mahlzeiten.
○ Darf ich Sport machen?
● Nein, das dürfen Sie nicht. Auf keinen Fall!

8 1. dürft 2. dürfen 3. darfst 4. dürfen 5. Darf 6. Dürfen 7. Darf

9 1. Meine Zeit reicht wieder nicht für einen Brief. 2. In drei Wochen kommt unser Baby. 3. Unsere Tochter hat schon einen Namen: „Maike"! 4. Meine Rückenschmerzen sind weg. 5. Morgen gehe ich noch mal zum Ultraschall. 6. Sein Husten hört einfach nicht auf.

10 1. mein – Ihr – Ihre – Mein 2. meiner – ihre – Ihre 3. unsere – Mein – dein 4. deiner 5. deinen 6. eurem 7. euren 8. seinen 9. ihrer – seinem

11 **R**ücken – Ka**r**ies – **R**ezept b**r**auchen – F**r**ühstück – T**r**opfen

12a **der**: Arbeitsplatz, Beruf, Hunger, Kaffee, Kuchen, Löffel, Name, Raum, Reis, Salat, Staubsauger, Stundenlohn, Supermarkt, Urlaub, Vorname, Zucker
das: Brötchen, Frühstück, Geld, Geschäft, Heft, Krankenhaus, Kind, Kino, Messer, Mittagessen, Öl, Ohr, Rezept, Salz, Telefon, Wochenende, Würstchen
die: Arbeitszeit, Cafeteria, Dose, Erkältung, Firma, Flasche, Grippe, Kartoffel, Krankmeldung, Milch, Mittagspause, Postleitzahl, Schere, Stadt, Wurst

Testtraining 3

1 2a – 3b – 4b – 5a – 6a – 7b – 8a – 9b – 10b

2 **Richtig (+):** 11, 14 – **Falsch (–):** 12, 13

3 15a – 16b – 17a – 18b – 19a

4 20b – 21a – 22d

5 23h – 24g – 25e

6 26a – 27b – 28d

7 **Richtig:** 29

8 32a – 33a – 34a

KAPITEL 10

1 2. Straßenbahn 3. Arbeitsplatz 4. Nebenkosten 5. Haltestelle 6. Supermarkt 7. Parkplatz 8. Anzeige(n) 9. Zentrum 10. Wohnung 11. Dusche 12. Zimmer 13. Schule 14. Garten 15. Balkon 16. Küche 17. Miete 18. Kino 19. Bad 20. Bus

2 2a – 3e – 4i – 5c/a – 6d – 7h – 8g – 9f

3 ...
- ● Welche?
- ○ Ich interessiere mich für die Zweizimmerwohnung im Zentrum.
- ● Ja, Frau ...
- ○ Neves.
- ● Ja, Frau Neves. Die Wohnung ist noch frei. Möchten Sie sie sehen?
- ○ Wie hoch ist denn die Kaution?
- ● Zwei Monatsmieten.
- ○ Und gibt es noch andere Kosten?
- ● Nein, die Nebenkosten sind im Preis mit drin.
- ○ Wann kann ich vorbeikommen?
- ● Haben Sie heute um 15 Uhr Zeit?

4 Richtige Reihenfolge: 3 – 4 – 2 – 1 / 3 – 2 – 1 – 4

5 2. Güven arbeitet seit zwei Jahren in Köln. 3. Susi ist Deutschlehrerin. 4. Sie unterrichtet 12 Stunden in der Woche. 5. Güven verdient 1800 Euro netto und Susi bekommt 400 Euro im Monat. 6. Sie suchen eine Wohnung mit einem Kinderzimmer.

6 1. denn 2. aber 3. denn 4. aber 5. denn 6. aber

7 regelmäßige Verben:
Endung *-t*

Partizip II	Infinitiv
gehört	hören
gekocht	kochen
geübt	üben
eingekauft	einkaufen
zugemacht	zumachen
ergänzt	ergänzen
erklärt	erklären
erzählt	erzählen
verkauft	verkaufen
vermietet	vermieten
funktioniert	funktionieren
telefoniert	telefonieren
korrigiert	korrigieren

unregelmäßige Verben: Endung *-en*

Partizip II	Infinitiv
geholfen	helfen
gelesen	lesen
angerufen	anrufen
nachgesprochen	nachsprechen
verbunden	verbinden
verstanden	verstehen

8 2. gemacht 3. aufgehängt 4. angerufen 5. gekündigt 6. eingeladen 7. vorgestellt 8. unterschrieben 9. geschenkt 10. gedauert 11. geliehen 12. gepackt 13. geholfen 14. hochgetragen

9 1. war – hatte 2. hatte – war 3. war – hatte 4. hatten – waren – hatte

10a/b AUSSPRACHE MACHT SPASS!

KAPITEL 11

1 1. aufgestanden 2. geduscht 3. gefrühstückt 4. gefahren 5. gegangen 6. besucht

2 1. Pavel war am Wochenende in einem Rock-Konzert. 2. Herr Schuhmann hat lange geschlafen und dann ist er ins Schwimmbad gegangen. 3. Hosni ist von der Leiter gefallen und war dann im Krankenhaus. 4. Helgi hat verschlafen und den Bus verpasst. 5. Birsen hat einen Kuchen mitgebracht, denn sie hatte Geburtstag.

3 1. ist 2. hat 3. ist 4. ist 5. hat 6. ist 7. hat 8. sind 9. hat 10. hat 11. hat 12. hat

4
1. Frau Keller (ist) um fünf Uhr (aufgestanden).
2. Sie (hat) um sechs Uhr die Bäckerei (geöffnet).
3. Um Viertel vor acht (ist) Herr Schmidt ins Büro (gegangen).
4. Er (ist) mit der Straßenbahn (gefahren).
5. Frau Schmidt (hat) bis neun (gefrühstückt) und ... (gelesen).
6. Ilona (hat) noch Hausaufgaben (gemacht).
7. Um 13 Uhr (hat) Frau Keller Mittagspause (gemacht).
8. Sie (hat) das Mittagessen (gekocht).
9. Heidi Baatz (ist) um drei Uhr nach Hause (gekommen).
10. Sie (hat) zu Mittag (gegessen).
11. Dann (hat) sie die Hausaufgaben (korrigiert).

5 2. geklingelt 3. geputzt 4. aufgestanden 5. geblieben 6. gekündigt 7. mitgebracht 8. geholfen

6a Herr Lenczak ist Taxifahrer.
Frau Fenzel ist Kinderkrankenschwester.

6b Richtig: 2, 3, 4, 6

7 vor drei Jahren ➔ letztes Jahr ➔ letzten Monat ➔ am letzten Wochenende ➔ vor zwei Tagen / vorgestern ➔ gestern Mittag ➔ gestern Abend ➔ heute Morgen ➔ heute Nachmittag ➔ morgen ➔ übermorgen

9 1. hier 2. heiß 3. aus 4. elf 5. essen 6. alle 7. ihr 8. Hände 9. Eis 10. Halle 11. er 12. Haus

10 seiner – meine – ein – meiner – sein – welche – euer – ihre – unser – dein – welcher – deine – ihr – sein – eine – welche

11 1. a, e 2. c 3. b, d 4. b, d 5. a 6. d (b) 7. c

13 Aufgabe 1:

Bayern ohne Chance gegen Werder	Text: A
Wochenendreise	Text: C
Wohin gehen wir am Wochenende?	Text: B

Aufgabe 2: 19.30 Uhr und 21.30 Uhr

Aufgabe 3 (Beispiele): Bayern München hat 0:5 verloren. Ein Eigentor durch Sergio. Kahn hat schlecht gespielt. Bremen war sehr gut.

Aufgabe 4: Busreise nach Berlin / drei Tage / Stadtrundfahrt / Theaterbesuch / Schloss Sanssouci

KAPITEL 12

1 Waagerecht: 1. Anorak 2. Gürtel 3. Mütze 4. Arbeitshose 5. Hemd 6. Mantel 7. Brille 8. Unterhose 9. Jacke 10. Strumpfhose 11. Armbanduhr 12. Trainingsanzug 13. Jeans 14. Rock
Senkrecht: Kleiderschrank

2 **Thomas Ulrich**
1. bequeme Kleidung: Jeans, T-Shirt, Pulli 2. korrekte Kleidung: Anzug, weißes Hemd, Krawatte 3. am liebsten Jeans, nie Hüte

Karin Nolte
1. schicke, moderne Kleidung: Kleid oder Rock und Bluse
2. einen Overall
3. zu Hause am liebsten einen Jogginganzug, nie Schmuck

Bernhard Schmidt
1. die gleiche Kleidung wie bei der Arbeit: Hose und Jackett oder eine Strickjacke
2. konservative Kleidung: eher dunkle Farben, zueinander passend
3. gern Strickjacken, nie kurze Hosen oder Trainingsanzüge, keine Sandalen, keine Jeans oder modische Sachen

Silke Klein
1. flippige Kleidung: bunte T-Shirts, lange Röcke, Schals und komische Hüte
2. gute Kleidung: Rock und Bluse
3. oft Jeans und weite Pullover, nie Kostüme oder Rock und Jacke in gleicher Farbe

4a Verkäufer/in (V): 2, 4, 5, 7, 9, 12
Kunde/-in (K): 1, 3, 6, 8, 10, 11

4b 1. Schauen Sie im dritten Stock. 2. Wo kann ich das anprobieren? 3. Ich suche einen Rock. 4. Für die Freizeit?

5 ● Sind Sie hier zuständig?
○ Ja, wie kann ich Ihnen helfen?
● Meine Tochter braucht eine Jacke.
○ Für den Winter?
● Ja, schon warm, aber nicht zu warm.
○ Welche Größe?
● Das weiß ich nicht.
○ Wie groß bist du?
▶ Einen Meter 44.
○ Dann schauen Sie mal dahinten.

7 ● Guten Tag, ich suche einen Rock.
○ Welche Farbe?
● Blau oder schwarz.
○ Welche Größe haben Sie? Größe 44?
● Ja, Größe 44 oder Größe 42.
○ Dann probieren Sie mal den hier, Größe 44.
● Der ist mir zu weit, das sehe ich schon.
○ Den haben wir noch einmal in Größe 42.
● Aber der ist doch zu kurz.
○ In Größe 42 habe ich nur noch den hier.
● Gut, den probier ich mal an.

8 1. der (N) – dem (D) – Der (N)
2. Das (A) – Den (A) – Die (N)
3. Die (N)
4. Der (N) – Der (N) – den (A)

9

groß	klein	langweilig	interessant
langsam	schnell	warm	kalt
gesund	krank	teuer	billig
leise	laut	weit	eng
weich	hart	alt	neu
kompliziert	einfach	unpraktisch	praktisch

10

regelmäßig	regelmäßig + Umlaut		
schön	schöner	groß	größer
modern	moderner	lang	länger
praktisch	praktischer	kurz	kürzer
kreativ	kreativer	hart	härter
billig	billiger	gesund	gesünder
weit	weiter	warm	wärmer
! teuer	teurer	alt	älter

unregelmäßig
gut ➔ besser viel ➔ mehr gern ➔ lieber

11 1h genauso – 2d lieber – 3b besser – 4a billiger – 5g genauso – 6c kälter – 7i mehr – 8f genauso – 9e gesünder

12 2. mehr als 3. weniger als 4. länger als 5. schneller als 6. langsamer als

Testtraining 4

1 1b – 2a – 3a – 4b – 5b – 6a – 7a – 8b – 9b – 10a

2 Richtig: 11, 13

3 15b – 16a – 17b – 18a – 19a

4 20d – 21a – 22c

5 23f – 24h – 25e

6 26d – 27b – 28a

7 Richtig: 29 und 31

8 32a – 33a – 34b

Buchstaben und Laute

Sie lesen/ schreiben	Sie hören/ sprechen	Beispiele
a aa ah	a (l a n g)	Name, Staat, Zahl
a	a (kurz)	danke, alle
ä äh	ä (l a n g)	Käse, zählen
ä	e (kurz)	Sätze
äu	oi	Häuser
ai	ai	Mai
au	au	Haus
b bb	b	Buch, Hobby
-b	p	Verb
ch	(i)ch	ich, möchten
	(a)ch	Buch, kochen
-chs	ks	sechs
d	d	du, Stunde
-d	t	Land
-dt	t	Stadt
e ee eh	e (l a n g)	lesen, Tee, sehr
e	e (kurz)	Heft, essen
-e	e (unbetont)	danke
ei	ai	Seite, Ei
-er	a (unbetont)	Butter
eu	oi	heute, euch
f ff	f	fahren, Kaffee
g	g	gut, sagen
-g	k	Tag
h	h	Haus, haben
i ie ieh	i (l a n g)	Kino, sieben, (er) liest
i	i (kurz)	bitte, in
-ig	-ich	billig
j	j	ja
k ck	k	Kuchen, Bäckerei
l ll	l	leben, wollen

Sie lesen/ schreiben	Sie hören/ sprechen	Beispiele
m mm	m	Montag, kommen
n nn	n	Name, können
o oh oo	o (l a n g)	oder, wohnen, Zoo
o	o (kurz)	kommen
ö öh	ö (l a n g)	hören, (Firma) Höhne
ö	ö (kurz)	möchten
p pp	p	Pause, Gruppe
ph	f	Alphabet
qu	kw	bequem
r rh rr	r	richtig, Rhythmus, Herr
s ss	s	Haus, Kassette
	s ♫	sehr, zusammen
sch	sch	schön
sp	schp	sprechen, Aussprache
st-	scht	Stadt, bestellen
ß	s	heißen
t tt th	t	Tür, bitte, Theater
-t(ion)	ts	Information
u uh	u (l a n g)	Juli, Uhr
u	u (kurz)	Suppe
ü	ü (l a n g)	Tür, fühlen
ü	ü (kurz)	müssen
v	w ♫	Vokal
	f	Nominativ, vier
w	w ♫	Wasser, zwei
x	ks	Text
y	ü (l a n g)	Typ
y	ü (kurz)	Rhythmus
z	ts	bezahlen, zu

Ausspracheregeln

1 Vokale und Konsonanten

Buchstaben Sie lesen/schreiben	Aussprache Sie hören/sprechen	Beispiele
Vokale		
Vokal + Vokal	l a n g	St**aa**t, T**ee**, l**ie**gen
Vokal + h	l a n g	z**eh**n, w**oh**nen, S**ah**ne, f**üh**len
Vokal + 1 Konsonant	l a n g	T**a**g, N**a**me, l**e**sen, Br**o**t
Vokal + mehrere Konsonanten	kurz	He**ft**, O**rdn**er, ko**st**en, bi**ll**ig
Konsonanten		
-b /-d /-g /-s /-v	„p" / „t" / „k" / „s" / „f" am Wort-/Silbenende	Ver**b**, un**d**, Ta**g**, Hau**s**, Dati**v** a**b**|fahren, au**s**|steigen
ch	„(a)ch" nach a, o, u, au	**lach**en, **doch**, **Buch**, **auch**
	„(i)ch" nach e, i, ä, ö, ü, ei, eu nach l, r, n	sech**zehn**, **dich**, **möcht**en, **leicht**, **euch** wel**ch**e, dur**ch**, man**ch**mal
-ig		fert**ig**
h	„h" am Wort-/Silbenanfang kein „h" nach Vokal	**h**aben, wo|**h**er wo**h**nen, U**h**r, Sa**h**ne
r	„r" am Wort-/Silbenanfang	**R**ücken, hö|**r**en
-er	„a" *-er* am Wortende bei Präfix *er-*, *vor-*, *-ver* nach langem Vokal	Fing**er**, Lehr**er** **er**klären, **vor**bereiten, **ver**stehen vi**er**, U**hr**, wi**r**
st, sp	„scht", „schp" am Wort-/Silbenanfang	**St**adt, auf|**st**ehen, **sp**rechen, Aus|**sp**rache

2 Satzmelodie

Die Satzmelodie fällt am Satzende:

Mein Name ist Jordan.↘	Aussagesatz
Wie heißen Sie?↘	W-Frage (☹ sachlich)
Sprechen Sie bitte nach.↘	Aufforderung

Die Satzmelodie steigt am Satzende:

Heißen Sie Jordan?↗	Ja/Nein-Frage
Jordan?↗	Rückfrage
Woher kommen Sie?↗	W-Frage (☺ freundlich)

Die Satzmelodie bleibt vor Pausen (vor Komma) gleich.

Ich nehme Äpfel,→ Bananen und eine Gurke.	Aufzählungen

3 Akzentuierung

Satzakzent

Man betont im Satz immer das Wort mit der wichtigsten/zentralen Information.

Pavel geht heute mit Carmen ins Kino.	(nicht Tom)
Pavel geht heute mit Carmen ins Kino.	(nicht morgen)
Pavel geht heute mit Carmen ins Kino.	(nicht mit Helgi)
Pavel geht heute mit Carmen ins Kino.	(nicht ins Theater)

Wortakzent

	Wortakzent	Beispiele
1. einfache ‚deutsche' Wörter	Stammsilbe	hören, Name
2. nicht trennbare Verben	Stammsilbe	entschuldigen, verkaufen
3. trennbare Verben/Nomen	Präfix	aufgeben, nachsprechen / Aufgabe
4. Nachsilbe *-ei*	letzte Silbe	Bäckerei, Polizei, Türkei
5. Buchstabenwörter		BRD
6. Endung *-ion*		Information, Nation
7. Endungen *-ieren*	vorletzte Silbe	funktionieren
8. die meisten Fremdwörter	(vor)letzte Silbe	Idee, Student, Dialog
9. Komposita	Bestimmungswort	Stadt|zentrum, Wein|glas

Alphabetische Wortliste

Diese Informationen finden Sie im Wörterverzeichnis:

In der Liste finden Sie die Wörter aus den Kapiteln 1–12 von *Berliner Platz 1*.

Wörter aus den Lesetexten, den Kleinanzeigen sowie Namen von Personen, Städten und Ländern usw. sind nicht in der Liste.

Bei Verben finden Sie den Infinitiv. Bei den unregelmäßigen Verben die 3. Person Singular Präsens und das Partizip II.
anfangen, er fängt an, angefangen 42/6.

Bei Verben, die das Perfekt mit *sein* bilden: Perfekt 3. Person Singular.
abfahren, er fährt ab, ist abgefahren 135/8

Bei Nomen: das Wort, den Artikel, die Pluralform.
Foto, das, -s 126/9

Bei Adjektiven: das Wort, die unregelmäßigen Steigerungsformen.
rot, röter, am rötesten 64/13

Bei verschiedenen Bedeutungen eines Wortes: das Wort und Beispiele.
machen (1) *(eine Liste machen)* 7/2
machen (2) *(Was macht ihr in Deutschland?)* 19/7
machen (3) *(Kaffee, Wasser ... macht eins achtzig.)* 21/15

Den Wortakzent: kurzer Vokal • oder langer Vokal –.
Liste, die, -n 28/5
leben 19/7
Wo Sie das Wort finden: Seite/Aufgabennummer.
Mensch, der, -en 73/5

Fett gedruckte Wörter gehören zum Zertifikatswortschatz. Diese Wörter müssen Sie auf jeden Fall lernen.
Foto, das, -s 126/9

Eine Liste mit unregelmäßigen Verben von *Berliner Platz 1* finden Sie auf Seite 261.
Einige Listen mit wichtigen Wortgruppen finden Sie auf Seite 262.

Abkürzungen und Symbole

″	Umlaut im Plural (bei Nomen)
*, *	keine Steigerung (bei Adjektiven)
Sg.	nur Singular (bei Nomen)
Pl.	nur Plural (bei Nomen)
(+ *A.*)	Präposition mit Akkusativ
(+ *D.*)	Präposition mit Dativ
(+ *A./D.*)	Präposition mit Akkusativ oder Dativ
Abk.	Abkürzung

2-Zimmer-Wohnung, die, -en 115/8
35-Stunden-Woche, die, -n 88/3
ab (+ *D.*) 39/8
Abend, der, -e 9/7
Abendessen, das, – 42/5
abends 43/8
aber (1) 42/3
aber (2) *(Da hattest du aber Glück!)* 116/10
abfahren, er fährt ab, ist abgefahren 135/8
Abkürzung, die, -en 44/11
abnehmen, er nimmt ab, abgenommen 104/1
abstellen 120/1
Abteilung, die, -en 140/1
abwaschen, er wäscht ab, abgewaschen 124/3
ach-Laut, der, -e 90/8
Adler, der, – 62/4
Adresse, die, -n 20/13
äh 27/2
Ahnung, die, -en *(Keine Ahnung.)* 76
Akkusativendung, -en 55/15
Akzent, der, -e 8/4
Alkohol, der *Sg.* 59/2
alkoholfrei 63/4
alkoholisch 63/4
all- *(Alles zusammen kostet 10 €.)* 31/13
allein(e) 18/6
Allergie, die, -n 97/4
Allerlei, das *Sg.* 61
Alltag, der, -e 14
Alltagssprache, die, -n 42/4
Alphabet, das, -e 15/5
als (1) 67/20
als (2) *(Der Rock ist billiger als die Hose.)* 136/9
alt, älter, am ältesten 29/9
Altbau, der, -ten 112/1
am (= an dem) (+ *D.*) 15/6
Amt, das, ″-er 53/8
an (+ *A./D.*) 18/3
anbraten, er brät an, angebraten 56
ander- *(Die anderen raten.)* 12/16
Anfang, der, ″-e 100/9
anfangen, er fängt an, angefangen 42/6
Angebot, das, -e 22/18
Angestellte, der/die, -n 87/1
ankreuzen 7/1
Anmeldung, die, -en 6
Anorak, der, -s 132
Anprobe, die, -n 136/9
anprobieren 135/6
anrufen, ruft an, angerufen 47/15
Ansage, die, -n 22/18
ansehen, er sieht an, angesehen 36/3
anstrengend 91/9
Antwort, die, -en 17/2
antworten 43/10
Anzahl, die *Sg.* 73/5
Anzeige, die, -n 22/18
Anziehen, das *Sg.* 134/6
anziehen, er zieht an, angezogen 135/8
Anzug, der, ″-e 132
Apfel, der, ″- 52/2
Apfelsaft, der, ″-e 17/2
Apfelsaftschorle, die, -n 61/2

Apotheke, die, -n 98/5
Apotheker/Apothekerin, der, – / die, -nen 98/5
Apparat, der, -e 94/2
Appetit, der *Sg.* 60
arbeiten 19/7
Arbeitsanweisung, die, -en 23/19
Arbeitsbedingung, die, -en 107/2
Arbeitshose, die, -n 132
arbeitslos 89/3
Arbeitsplatz, der, "-e 91/9
Arbeitsstelle, die, -n 127/11
Arbeitstag, der, -e 79/9
Arbeitszeit, die, -en 92/13
Architekt, der, -en 91/9
Arm, der, -e 96
Armbanduhr, die, -en 132
Artikel, der, – 14/2
Arzt/Ärztin, der, "-e / die, -nen 97/4
Arztbesuch, der, -e 97/4
Ärztehaus, das, "-er 97/3
auch 10/11
auf (1) *(Was heißt das auf Deutsch?)* 11/12
auf (2) (+ *A.*) *(auf einen Blick)* 44/11
auf (3) *(auf 200° vorheizen)* 57
Auf Wiedersehen! 14/1
Aufforderung, die, -en 25/8
Aufgabe, die, -n 19/8
aufhängen 107/2
aufhören 91/9
Auflauf, der, "-e 56
Auflaufform, die, -en 56
aufmachen 42/5
aufräumen 130/2
aufschreiben, er schreibt auf, aufgeschrieben 95/3
aufstehen, er steht auf, ist aufgestanden 40
aufwachen, er wacht auf, ist aufgewacht 40
Auge, das, -n 96
Augenarzt/Augenärztin, der, "-e / die, -nen 101/14
Au-pair-Mädchen, das, – 18/6
aus (+ *D.*) 7/2
Ausbildung, die, -en 92/13
Ausdruck, der, "-e 81/12
ausfüllen 81/12
ausgezeichnet 136/9
Ausländeramt, das, "-er 76
Ausnahme, die, -n 59/2
Ausreise, die, -n 127/11
ausreisen, er reist aus, ist ausgereist 127/10
ausruhen (sich) 99/8
Aussagesatz, der, "-e 15/4
aussehen, er sieht aus, ausgesehen 100/9
Außendienst, der *Sg.* 86
Aussprache, die, -n 8/4
Aussprache-Hit, der, -s 38/7
aussteigen, er steigt aus, ist ausgestiegen 79/6
auswählen 33/18
Auto, das, -s 28/6
Baby, das, -s 100/9
backen, er bäckt/backt, gebacken 62/4
Bäckerei, die, -en 41
Backofen, der, "- 57
Bad, das, "-er 76
Badeanzug, der, "-e 137/13
Badewanne, die, -n 112/1
Bahn, die, -en 78/5
Bahnhof, der, "-e 85/4
bald 19/7
Balkon, der, -s/-e 112
Banane, die, -n 52/2
Bank, die, -en *(Geldinstitut)* 80/11
Bauch, der, "-e 96
Bauchschmerz, der, -en 142/1
Bauchweh, das *Sg.* 97/3
Baustelle, die, -n 88/3
Bauunternehmen, das, – 127/10
beantworten 39/10
bedeuten 143/1
Bedeutung, die, -en 95/5
Bedienungsgeld, das, -er 63/4
beginnen, er beginnt, begonnen 48/2
begrüßen 94/2
bei (+ *D.*) 18/6
beim (= bei dem) (+ *D.*) 74/6
Bein, das, -e 96
Beisl (= Beisel), das, -/-n 123
Beispiel, das, -e 9/8
Beispielsatz, der, "-e 30/12
bekommen (1), er bekommt, bekommen *(Sie bekommt keine Tomaten.)* 53/7
bekommen (2), sie bekommt, bekommen *(Sie bekommt ein Baby.)* 100/9
belegen 64/13
belegt 64/13
benutzen 124/3
beraten, er berät, beraten 88/3
Bereitschaftsdienst, der, -e 88/3
Berliner, der, – *(eine Speise)* 61
Beruf, der, -e 87/1
Berufsausbildung, die, -en 127/10
beschreiben, er beschreibt, beschrieben 29/9
besetzen 68/2
besetzt 68/2
Besteck, das, -e 61/2
bestellen 62/4
bestimmen 69/3
bestimmt (1) *(Der Drucker ist bestimmt kaputt.)* 27/2
bestimmt (2) *(der bestimmte Artikel)* 29/8
Besuch, der, -e 19/7
besuchen 101/12
Betonung, die, -en 49/5
betrachten 46/15
betreuen 114/5
Bett, das, -en 116/11
Bewegung, die, -en 124/4
bezahlen 72/3
bezahlt 91/9
Bezahlung, die, -en 89/3
BH, der, -s (= Büstenhalter, der, –) 133
Bibliothek, die, -n 6
Bier, das, -e (aber: *Bitte zwei Bier.*) 51/1
Biergarten, der, "- 44/14
Bikini, der, -s 137/13
Bild, das, -er 13/17
bilden *(Sätze bilden)* 111/9
billig 27/2
Birne, die, -n 52/2
bis 19/8
Bis bald! 123
bisschen (ein bisschen) 58/1
bitte 7/1
bitten, er bittet, gebeten 37/4
Blatt, das, "-er 144/2
blau 136/9
bleiben, er bleibt, ist geblieben 40
Bleistift, der, -e 26/1
Blick, der, -e 14
Blume, die, -n 36/2
Bluse, die, -n 132
Blut, das *Sg.* 104/1
Bohne, die, -n 54/10
Bowling, das *Sg.* 44/14
Bratkartoffel, die, -n (nur *Pl.* gebräuchlich) 61/3
Bratwurst, die, "-e 61/2
brauchen, er braucht, brauchen/gebraucht 31/13
braun 136/9
brechen, er bricht, gebrochen 97/4
Brief, der, -e 100/9
Brille, die, -n 133
bringen, er bringt, gebracht 62/5
Brokkoli, der und *Pl.* 55/15
Brot, das, -e 51/1
Brötchen, das, - 43/7
Bruder, der, "- 109/6
Brust, die, "-e 96
brutto 94/1
Buch, das, "-er 31/14
Buchhalter/Buchhalterin, der, – / die, -nen 87/1
Buchhaltung, die, -en 87/2
buchstabieren 12/13
Bügeleisen, das, - 28/6
Bundesbürger/-bürgerin, der, – / die, -nen 73/5
Bürgerberatung, die, -en 76
Büro, das, -s 40
Büroalltag, der *Sg.* 87/2
Bus, der, -se 78/5
Busfahrer/Busfahrerin, der, – / die, -nen 145/3
Büstenhalter, der, – (*Abk.* BH) 133
Butter, die *Sg.* 51/1
ca. (= circa) 57
Café, das, -s 79/7
Cafeteria, die, -s 6
Calzone, die, – 62/4
Cappuccino, der, -s/Cappuccini 17
CD, die, -s 7/1
Cent, der, -(s) 21/15

Foto, das, -s 126/9
Fotoalbum, das, -alben 126/9
Frage, die, -n 7/2
Frageartikel, der, – 85/5
fragen 25/6
Fragewort, das, ″-er 15/3
Frankfurter Kranz, der, ″-e 60
Frankfurter Würstchen, das, – 61/2
Frau, die, -en 8/3
frei 19/7
freihaben, er hat frei, freigehabt 100/9
Freitag, der, -e (*Abk.* Fr.) 39/9
Freizeit, die *Sg.* 133/4
Freizeitaktivität, die, -en 44/11
Fremdsprache, die, -n 37/5
Fremdwort, das, ″-er 59/2
Freund/Freundin, der, -e / die, -nen
Frikadelle, die, -n 64/13
frisch 62/4
Frischobst, das *Sg.* 73/4
Fruchtsaft, der, ″-e 73/4
früher 145/3
Frühstück, das *Sg.* 85/4
frühstücken 40
Frühstücken, das *Sg.* 145/3
Füller, der, – (*Abk. für* Füllfederhalter, der, –) 29/8
funktionieren 25/6
für (+ *A.*) 31/13
fürs (= für das) (+ *A.*) 135/6
Fuß, der ″-e 84/1
Fußballclub, der, -s 44/11
Fußballspiel, das, -e 76
Fußballstadion, das, -stadien 77/2
g (= Gramm, das, –) 56
Gabel, die, -n 61/2
ganz (1) *(Wie geht's? – Ganz gut.)* 24/1
ganz (2) *(Schon ist das Wort ganz buchstabiert.)*
garen 57
Garten, der, ″- 112
geboren 127/10
geben (1), er gibt, gegeben *(Gib mir bitte ein S ...)* 38/7
geben (2), er gibt, gegeben *(Was gibt's?)* 44/12
geben (3), er gibt, gegeben *(Trinkgeld geben)* 68/2
Geburtsort, der, -e 130/4
Geburtstag, der, -e 123/1
gegen(+ *A.*) *(Der Film ist gegen 10 zu Ende.)* 44/14
Gegenstand, der, ″-e 26/1
Gegenteil, das, -e 71/1
gegenüber 81/12
Gehalt, das, ″-er 81/12
gehen (1), er geht, ist gegangen *(Wie geht's? – Es geht.)* 16
gehen (2), er geht, ist gegangen *(Er geht ins Büro.)* 40
gehen (3), er geht, ist gegangen *(Sein Urlaub geht vom 1.7. bis zum 20.7.)* 100/9
gelb 136/9
Geld, das *Sg.* 53/7
Geldautomat, der, -en 84/1
gemeinsam 107/2
gemischt 63/4
Gemüse, das, – 51/1
Gemüseburger, der, – 65/14
Gemüselasagne, die, -n 62/4
Gemüsesuppe, die, -n 55/15
genau 67/19
genauso 137/13
genießen, er genießt, genossen 146/4
geradeaus 83/16
Gericht, das, -e *(Speise)* 61/1
gern(e), lieber, am liebsten 16
Geschirr, das *Sg.* 61/2
geschlossen 78/5
Geschnetzelte, das *Sg.* (ohne Artikel: Geschnetzeltes) 60
Geschwister, das, – (nur *Pl.* üblich) 127/10
Gesicht, das, -er 96
gestern 47/16
gesund, gesünder, am gesündesten 96
Gesundheit, die *Sg.* 107/2
Getränk, das, -e 17
getrennt 63/10
gewinnen, er gewinnt, gewonnen 142/1
Girokonto, das, -konten 81/12
Glas, das, ″-er 51/1
gleich *(Ich bringe die Speisekarte gleich.)* 62/5
gleichmäßig 57
Gleitzeit, die *Sg.* 88/3
global 102/15
Globalverstehen, das *Sg.* 139/16
Glück, das *Sg.* 116/10
golden, *, * 62/4
Gott, der, ″-er 14/1
Gott sei Dank! 100/9
Gouda, der, -s 74/6
Gouda-Käse, der, – 50/1
Grad, der, -e (Zeichen: ° 57)
Grafik, die, -en 67/20
Gramm, das, – (*Abk.* g) 50/1
Grammatik, die, -en 15
Grammatikgedicht, das, -e 93/16
grau 136/9
Grippe, die *Sg.* 97/4
Grippemittel, das, – 98/5
groß, größer, am größten 84/2
Größe, die, -n 113/4
Großmutter, die, ″- 127/11
Großvater, der, ″- 127/11
Grüezi! (= *schweizerisch für* Guten Tag!) 14/1
grün 62/4
Gruppe, die, -n 107/2
Gruß, der, ″-e 123
Grüß Gott! (= *süddeutsch für* Guten Tag!) 14/1
günstig 135/8
Gurke, die, -n 52/2
Gürtel, der, – 132
gut, besser, am besten 6
Gute Nacht! 14/1
Guten Abend! 9/7
Guten Appetit! 60
Guten Tag! 6
Haar, das, -e 96
haben (1), er hat, gehabt *(Einige Ländernamen haben einen Artikel)* 14/2
haben (2), er hat, gehabt *(Hunger haben)* 106/1
haben (3), er hat, gehabt *(Urlaub haben)* 107/2
haben (4), er hat, gehabt *(Kinder haben)* 107/3
Hackfleischsoße, die, -n 62/4
Hähnchen, das, – 64/13
halb *(Es ist halb 12.)* 41
Hälfte, die, -n 137/11
Halle, die, -n 78/4
Hallo! 6
Hals, der, ″-e 96
Halskette, die, -n 133
Hals-Nasen-Ohren-Arzt/-Ärztin, der, ″-e / die, -nen 97/4
halten er hält, gehalten *(Dort hält auch die Linie 4.)* 78/3
Haltestelle, die, -n 78/3
Hamburger, der, – 60
Hand, der, ″-e 91/9
Handel, der *Sg.* 127/10
Handelsschule, die, -n 127/10
Handschuh, der, -e 132
Handy, das, -s 20/12
Handynummer, die, -n 20/12
hart, härter, am härtesten 78/5
häufig 73/5
Hauptbahnhof, der, ″-e 78/4
Hauptsatz, der, ″-e 67/20
Hauptspeise, die, -n 55/13
Haus, das, ″-er 18/6
Hausarzt/Hausärztin, der, ″-e / -nen 97/4
Hausaufgabe, die, -n 75/7
Haushaltstag, der, -e 124/3
Hausmeister/Hausmeisterin, der, – / die, -nen 6
Hausnummer, die, -n 77/2
Hautarzt/Hautärztin, der, ″-e / die, -nen 97/4
Hefe, die *Sg.* 55/15
Heft, das, -e 26/1
Heimatland, das, ″-er 11/12
heiß 63/4
heißen, er heißt, geheißen 6
Heizung, die, -en 112/1
helfen, er hilft, geholfen 31/13
Hemd, das, -en 132
Herd, der, -e 57
Heringsbrötchen, das, – 64/13
Heringsfilet, das, -s 62/4
herkommen, er kommt her, ist hergekommen 38/7
Herr, der, -en 7/2
Herrenanzug, der, ″-e 140/1
Herrenmantel, der, ″- 134/5

Herz, das, -en 96
heute 31/13
hey 38/7
hier 19/7
Hilfe, die, -n 115/9
Himbeere, die, -n 63/4
hinkriegen 74/6
hinter (+ A./D.) 83/17
hoch, höher, am höchsten 120/1
hochtragen, er trägt hoch, hochgetragen 116/10
hoffentlich 88/3
holen 55/16
Homepage, die, -s 88/3
Honig, der, -e 52/2
hören 7/1
Hörtest, der, -s 97/4
Hose, die, -n 133/4
Hund, der, -e 111/9
Hunger, der *Sg.* 65/14
Husten, der *Sg.* 99/8
Hustensaft, der, ″-e 98/5
ich-Laut, der, -e 90/8
ideal 114/6
Idee, Ideen 65/16
Igitt! 65/16
ihr-Form, die, -en 65/15
im (= in dem) (+ *D.*) 7/2
IMAX-Kino, das, -s 106/1
Imbissbude, die, -n 64/13
immer 35/5
Imperativ, der, -e 69/2
Imperativsatz, der, ″-e 69/2
Industriekaufmann/-frau, der/die, Industriekaufleute 127/10
Infinitiv, der, -e 25/6
Informatiker/Informatikerin, der, – / die, -nen 87/1
Information, die, -en 13/17
Informationsplakat, das, -e 53/8
informell 8/5
Ingenieur/Ingenieurin, der, -e / die, -nen 114/5
inklusive (*Abk.* inkl.) 63/4
Innenstadt, die, ″-e 78/5
ins (= in das) (+ *A.*) 40
interessant 88/3
interessieren 44/13
international 65/17
Internet, das *Sg.* 57
Internetcafé, das, -s 77/1
Internist/Internistin, der, -en / die, -nen 97/3
Interview, das, -s 43/10
ISDN-Anschluss, der, ″-e 120/1
ja 16
Ja/Nein-Frage, die, -n 18/3
Jacke, die, -n 132
Jahr, das, -e 79/9
Jahreszeit, die, -en 62/4
je 70/1
Jeans, die, – (auch: Jeans *Pl.*) 132

jed- *(Ich stehe jeden Morgen um fünf auf.)* 42/6
jetzt 21/14
Job, der, -s 87
Joghurt, der, -s 52/2
Juli, der, -s 44/11
jung, jünger, am jüngsten 92/12
Junge, der, -n/Jungs 116/10
Kaffee, der *Sg.* 17
Kaffeemaschine, die, -n 26/1
Kaiser/Kaiserin, der, – / die, -nen 36/2
kalt, kälter, am kältesten 62/4
Kännchen, das, – 61/2
Kantine, die, -n 80/11
Kapitel, das, – 53/6
kaputt 27/2
Karies, die *Sg.* 97/4
Karte, die, -n 61/1
Kartoffel, die, -n 52/2
Kartoffel-Zucchini-Auflauf, der, ″-e 56
Karton, der, -s 115/9
Käse, der *Sg.* 50/1
Kasse, die, -n 21/15
Kasseler Rippchen, das, – 60
Kassette, die, -n 7/1
Kassettenrecorder, der, – 26/1
Kassierer/Kassiererin, der, – / die, -nen 87/1
Kasten, der, ″– 50/1
Kasus, der, Kasus 101/11
katholisch 44/11
Kauf, der, ″-e 80/3
kaufen 52/2
Käufer/Käuferin, der, – / die, -nen 31/13
Kaufhaus, das, ″-er 53/8
kaufmännisch 87/1
Kaution, die, -en 113/3
Keller, der, – 41
Kellner/Kellnerin, der, – / die, -nen 70/1
kennen, er kennt, gekannt 26/1
Ketchup, der/das 65/14
Kilo, das, – (= Kilogramm, das, –) (*Abk.* kg) 51/1
Kind das, -er 18/6
Kinderabteilung, die, -en 134/5
Kindergruppe, die, -n 114/5
Kinderkleidung, die, -en 140/1
Kinderwagen, der, – 38/6
Kinderzimmer, das, – 114/5
Kino, das, -s 44/11
Kiosk, der, Kioske 53/8
Kirche, die, -n 78/4
Kiwi, die, -s 52/2
klappen 88/3
klar 19/7
klären 112/1
Kleid, das, -er 132
Kleiderkiste, die, -n 139/16
Kleidung, die *Sg.* 133/1
Kleidungsstück, das, -e 133/2
klein 123
klingeln 42/5
Kneipe, die, -n 65/17
Knie, das, – 96

Knoblauch, der *Sg.* 55/15
kochen 41
Kochnische, die, -n 112/1
Kochrezept, das, -e 56
Kochtopf, der, ″-e 38/6
Kollege/Kollegin, der, -n / die, -nen 79/8
kommen (1), er kommt, ist gekommen *(Woher kommen Sie?)* 7/2
kommen (2), er kommt, ist gekommen *(1971 bin ich in die Schule gekommen.)* 127/10
komplett 50/1
kompliziert 117/14
Kompositum, das, Komposita 33/18
Konjugation, die, -en 25/6
konjugieren 37/4
Konjunktion, die, -en 67/19
Konjunktiv, die, -e 93/16
können, er kann, können/gekonnt 75/7
Konsonant, der, -en 35/6
Kontakt, der, -e 91/9
Konto, das, Konten 81/12
kontrollieren 39/10
Konzert, das, -e 44/11
Kopf, der, ″-e 70/1
Kopfschmerz, der, -en (meist *Pl.*) 98/5
Kopftuch, das, ″-er 135/8
Körper, der, – 96/1
Körperteil, der, -e 96/2
korrigieren 41
kosten 24/2
Kraftfahrzeugmechaniker/-mechanikerin, der, – / die, -nen 87/1
krank, kränker, am kränksten 99/8
Krankenhaus, das, ″-er 98/5
Krankenwagen, der, – 124/3
Krankheit, die, -en 143/1
Krankmeldung, die, -en 98/5
krankschreiben, er schreibt krank, krankgeschrieben 99/6
Krawatte, die, -n 132
kreativ 91/9
Kreativität, die *Sg.* 93/16
Kreuzung, die, -en 83/16
Küche die, -n 62/4
Kuchen, der, – 51/1
Kühlschrank, der, ″-e 28/6
Kuli, der, -s (*Abk. für* Kugelschreiber, der, –) 26/1
Kultur, die, -en 123
Kunde/Kundin, der, -n / die, -nen 54/9
kündigen 116/10
kunsthistorisch 123
Künstler/Künstlerin, der, – / die, -nen 93/16
Kurs, der, -e 7/2
Kursleiter/-leiterin, der, – / die, -nen 7/2
Kursliste, die, -n 7/1
Kursraum, der, ″-e 30/11
kurz, kürzer, am kürzesten 31/14
Kuss, der, ″-e 59/2
Lachsbrötchen, das, – 64/13

Laden, der, ″- 53/7
Lager, das, – 87/2
Lammkeule, die, -n 52/2
Lampe, die, -n 26/1
Land, das, ″-er 7/2
Ländername, der, -n 10/10
lang(e), länger, am längsten 31/14
langsam 24/4
langweilig 89/3
Laptop, der / das, -s 71/1
Lasagne, die, -n 62/4
laut 15/6
Laut, der, -e 54/11
Lavalampe, die, -n 27/2
leben 19/7
Lebenslauf, der, ″-e 127/10
Lebensmittel, das, – 53/7
Lebensmittelgeschäft, das, -e 65/17
Leberwurst, die, ″-e 52/2
legen 142/1
Lehrbuch, das, ″-er 29/10
Lehrer/Lehrerin, der, – / die, -nen 7/2
Lehrgang, der, ″-e 127/10
leider 40/2
leihen, er leiht, geliehen 116/10
Leipziger Allerlei, das *Sg.* *(eine Speise)* 61
Leiter, die, -n 122
lernen 12/14
Lerner/Lernerin, der, – / die, -nen 74/6
Lernplakat, das, -e 19/8
Lernplan, der, ″-e 75/7
Lernziel, das, -e 6/
lesen, er liest, gelesen 7/1
Lesetechnik, die, -en 67/19
letzt- *(Das letzte Wort …)* 69/1
Leute *Pl.* 13/17
lieben 111/9
Lieblingsessen, das, – 66/18
liegen (1), er liegt, gelegen *(Tallinn liegt in Estland.)* 10/11
liegen (2), er liegt, gelegen *(im Bett liegen)* 40
liegen (3), er liegt, gelegen *(Die Wohnung liegt in der Nähe vom Park.)* 115/8
lila, *, * 136/9
Limonade, die, -n 63/4
Linie, die, -n 78/3
Link, der, -s 84/2
links 58/1
Liste, die, -n 28/5
Liter, der, – (*Abk.* l) 51/1
Lkw, der, -s 91/10
Löffel, der, – 61/2
los *(Was ist los?)* 47/15
Lösung, die, -en 73/5
Luft, die, ″-e 91/9
lügen, er lügt, gelogen 93/16
Lust, die, ″-e 44/14
machen (1) *(eine Liste machen)* 7/2
machen (2) *(Was macht ihr in Deutschland?)* 19/7
machen (3) *(Kaffee, Wasser … macht eins achtzig.)* 21/15
machen (4) *(Mittagspause machen)* 41
machen (5) *(Ich mache den Salat.)* 55/15
machen (6) *(Das macht nichts.)* 55/15
Mahlzeit, die, -en 99/6
Majonäse, die 65/14
mal (= einmal) 27/2
malen 93/16
Mama, die, -s 124/3
manchmal 74/6
Mango, die, -s 52/2
Maniok, der, -s 54/10
Mann, der, ″-er 18/6
Mantel, der, ″- 132
Margarine, die *Sg.* 52/2
markieren 18/6
Markt, der, ″-e 78/5
Marktplatz, der, ″-e 107/3
Marmelade, die, -n 52/2
Maskulinum, das, Maskulina 29/8
maximal 115/8
Medikament, das, -e 98/5
Medizin, die, -en *(Arznei; Medikament)* 99/8
Mehl, das *Sg.* 50/1
mehr (1) *(Wir haben keine Milch mehr.)* 55/15
mehr (2) (*siehe* viel) 58/1
mehrer- *(mehrere Konsonanten)* 35/6
Mehrwertsteuer, die, -n (*Abk.* MwSt.) 63/4
meiste- *(Die meisten Verben funktionieren wie wohnen.)* 25/6
Meisterprüfung, die, -en 88/3
melden 94/2
Melodie, die, -n 8/4
Mensch, der, -en 73/5
Menü, das, -s 55/13
Merkspruch, der, ″-e 108/6
Messer, das, – 61/2
Meter, der, – 135/7
Metzger/Metzgerin, der, – / die, -nen 53/8
Metzgerei, die, -en 106/1
Miete, die, -n 113/4
Mieter/Mieterin, der, – / die, -nen 116/10
Mietvertrag, der, ″-e 116/10
Milch, die *Sg.* 17
Milchprodukt, das, -e 50/1
Millionär/Millionärin, der, -e / die, -nen 93/16
Mineralwasser, das *Sg.* 19/7
Minidialog, der, -e 11
Minister/Ministerin, der, – / die, -nen 93/16
Minute, die, -n 36/1
Mist, der *Sg.* 55/15
mit (+ *D.*) 12/14
mitbringen, er bringt mit, mitgebracht 72/3
mitdürfen, er darf mit, mitdürfen/mitgedurft 100/9
mitkommen, er kommt mit, ist mitgekommen 44/14
mitlesen, er liest mit, mitgelesen 8/3
mitmachen 38/7
mitrappen 100/10
mitsprechen, er spricht mit, mitgesprochen 20/11
Mittag, der, -e 43/8
Mittagessen, das, – 41
mittags 43/8
mittler- *(die Auflaufform auf die mittlere Schiene stellen)* 57
Mittwoch, der, -e (*Abk.* Mi.) 39/9
mittwochs 48/3
Möbel, das, – 115/9
Möbelpacker/-packerin, der, – / die, -nen 87/1
Möbelstück, das, -e 142/1
Mobil *Sg.* ohne Artikel (*Abk. für:* Mobiltelefon, Mobilfunk) 24/3
möbliert 115/8
möchten, er möchte, gemocht 37/4
Modalverb, das, -en 89/5
modern 29/9
mögen, er mag, mögen/gemocht 16
Möglichkeit, die, -en 81/12
Möhre, die, -n 51/1
Möhrensalat, der, -e 54/12
Moin, moin! (= *norddeutsch für* Guten Tag) 14/1
Moment, der, -e 27/2
Monat, der, -e 88/3
…-monatig *(ein 8-monatiger/achtmonatiger Lehrgang)* 127/10
monatlich 114/5
Monatskarte, die, -n 80/11
Montag, der, -e (*Abk.* Mo.) 39/9
montags 48/3
Morgen, der, – 42/6
morgen 44/14
morgens 43/8
müde 21/14
Münchener Weißwurst, die, ″-e 61
Mund, der, ″-er 96
Münze, die, -n 54/11
Museum, das, Museen 44/11
Muskatnuss, die, ″-e 56
müssen, er muss, müssen/gemusst 81/13
Mutter, die, ″- 100/9
Muttersprache, die, -n 73/5
Mütze, die, -n 133/
MwSt. (= Mehrwertsteuer, die, -n) 63/4
na 44/12
Na gut. 136/9
nach (1) *(Er kommt nach Hause.)* 41
nach (2) *(Es ist fünf nach zwei.)* 41
Nachbar/Nachbarin, der, -n / die, -nen 11/12
nachdem 67/20
nachfragen 94/2
Nachmittag, der, -e 40
nachmittags 43/8
Nachname, der, -n 81/12
nachsehen, er sieht nach, nachgesehen 39/8
nachsprechen, er spricht nach, nachgesprochen 8/4
nächst- *(Wer ist der Nächste?)* 54/9
Nacht, die, ″-e 14/1

Nachtisch, der, -e 55/13
nachts 84/1
Nähe, die *Sg.* 77/2
Nähmaschine, die, -n 26/1
Name, der, -n 7/2
Nase, die, -n 96
natürlich 27/2
neben *(+ A./D.)* **83/17**
Nebenkosten *Pl.* (*Abk.* NK) 112/1
Nebensatz, der, ″-e 67/20
negativ 35/5
nehmen (1), er nimmt, genommen *(Nimmst du Milch und Zucker?)* 17
nehmen (2), er nimmt, genommen *(Gut, ich nehme [= kaufe] die Lampe.)* 31/13
nein 16
nennen, er nennt, genannt 70/1
nett 88/3
netto 88/3
Netzplan, der, ″-e 78/3
neu 10/11
Neutrum, das, Neutra 29/8
nicht 16
nichts 99/7
nie 88/3
noch 21/14
noch einmal 9/7
Nomen, das, – 31/14
Nominativ, der, -e 35/5
Norden, der *Sg.* 83/16
Notdienst, der, -e 101/14
Notfall, der, ″-e 101/14
notieren 20/11
Notiz, die, -en 81/12
Notizzettel, der, – 66/18
Nudel, die, -n 52/2
Nudelgericht, das, -e 62/4
Nummer, die, -n 36/2
nummerieren 80/11
nun 135/6
nur 19/7
oben 99/6
Obergeschoss, das, -e 134/5
Obst, das *Sg.* 51/1
Obstsorte, die, -n 71/1
obwohl 67/20
oder 8/5
Ofenheizung, die, -en 114/6
offiziell 42/4
öffnen 41
Öffnungszeit, die, -en 41
oft, öfter, am häufigsten 14/2
ohne (+ *A.*) 38/7
Ohr, das, -en 96/
o.k. (*Abk. für okay*) 58/1
Öl, das *Sg.* 52/2
Olive, die, -n 51/1
Olivenöl, das *Sg.* 55/15
Oma, die, -s 57/18
Onkel, der, – 127/11
Orange, die, -n 52/2
orange, *, * 136/9
Orangensaft, der, ″-e 17
ordnen 9/7
Ordner, der, – 26/1
Orientierung, die, -en 134/5
Original, das, -e 44/11
Ort, der, -e 14/2
Orthopäde/Orthopädin, der, -n / die, -nen 97/4
Osten, der *Sg.* 83/16
Österreich *Sg.* ohne Artikel 84/2
Paar, das, -e (aber: 2 Paar Strümpfe) 135/8
Päckchen, das, - 55/15
packen 115/9
Packung, die, -en 51/1
Paella, die, -s 61/1
Paella Valenciana, die, -s -s 61/1
Pantoffel, der, -n 133
Papierkorb, der, ″-e 26/1
Paprika, die/der, -s 55/15
Park, der, -s 44/14
parken 78/5
Parkplatz, der, ″-e 112
Parkverbot, das, -e 105/5
Partizip, das, Partizipien 116/12
Pass, ″-e 76
passen 91/10
passend 100/10
passieren, es passiert, ist passiert 124/4
Patient/Patientin, der, -en / die, -nen 104/1
Pause, die, -n 37/5
perfekt 19/7
Perfektform, die, -en 116/11
Person, die, -en 12/15
Personalbogen, der, – 81/12
Personalbüro, das, -s 80/11
Personalpronomen, das, – 19/8
Petersilie, die *Sg.* 57/19
Pfeffer, der *Sg.* 52/2
Pfirsich, der, -e 52/2
pflegen 88/3
Pfund, das, -e (aber: zwei Pfund) 51/1
Physiker/Physikerin, der, – / die, -nen 93/16
Pils, das, – 78/5
Pilz, der, -e 62/4
Pizza, die, -s 55/15
Plage, die, -n 74/6
Platz, der, ″-e 24/3
plötzlich 115/9
Plural, der, -e 25/6
Pluralendung, die, -en 53/5
Pluralform, die, -en 53/5
Politiker/Politikerin, der, – / die, -nen 94/1
Polizei, die, -en 49/6
Pommes *Pl.* (= Pommes frites) 61/3
Portion, die, -en 64/13
Position, die, -en 9/8
Possessivartikel, der, – 100/10
Possessiv-Rap, der, -s 100/10
Post, die *Sg.* 77
Postkarte, die, -n 125/8
Postleitzahl, die, -en 20/13
Praktikum, das, Praktika 114/5
praktisch 29/9
Präposition, die, -en 79/6
Präsens, das *Sg.* 69/2
Präteritum, das, Präterita 47/16
Preis, der, -e 27/3
prima, *, * 24/1
privat 8/5
pro (+ *A.*) 36/1
probieren 65/14
Problem, das, -e 53/7
Programm, das, -e 88/3
Projekt, das, -e 11/12
Prozent, das, -e (aber: 10 Prozent) (*Zeichen:* %; 10 %) 63/4
PS (= Postskript, das, -e) 123
Pullover, der, – 132
Punkt, der, -e 36/1
Putenschnitzel, das, – 62/4
putzen 40
Quadratmeter, der, – (*Abk.* qm/m²) 113/4
Qualität, die, -en 31/13
Quark, der *Sg.* 66/18
Radio, das, -s 38/6
Radioapparat, der, -e 35/4
Rasierapparat, der, -e 26/1
Raststätte, die, -n 36/1
Raststätten-Rap, der, -s 74/6
raten, er rät, geraten 12/16
Rathaus, das, ″-er 76
Rathausplatz, der, ″-e 83/17
rauchen 99/7
Raumpfleger/-pflegerin, der, – / die, -nen 87/1
reagieren 94/2
Realität, die, -en 93/16
Rechnung, die, -en 63/10
rechts 58/1
Redemittel, das, – 106/1
Refrain, der, -s 74/6
regelmäßig 39/9
Region, die, -en 31/15
reichen 55/15
Reichstag, der, -e 77
Reihe, die, -n 70/1
Reihenfolge, die, -n 56
Reis, der *Sg.* 52/2
reparieren 87/2
Restaurant, das, -s 62/4
Rezept, das, -e 56
Rhythmus, der, Rhythmen 12/14
richtig 18/6
Richtung, die, -en 78/3
Riesenrad, das, ″-er 123
Rindergulasch, das, -e/s 62/4
Rindersteak, das, -s 62/4
Rindfleisch, das, *Sg.* 52/2
Rindswurst, die, ″-e 64/13
Rippchen, das, – 60
Risotto, der, -s 62/4
Rock, der, ″-e 132
Rock-Band, die, -s 123/1
Rock-Konzert, das, -e 122

röntgen 99/6
Röntgenarzt/-ärztin, der, "-e / die, -nen 97/4
rot, röter, am rötesten 64/13
Rotwein, der, -e 63/4
Rücken, der, – 96
Rückenschmerz, der, -en (meist *Pl.*) 98/5
Rückfrage, die, -n 25/8
Rückseite, die, -n 39/8
rufen, er ruft, gerufen 124/3
ruhig 112
Rundgang, der, "-e 145/3
Sachbearbeiter/-bearbeiterin, der, – / die, -nen 87/1
Saft, der, "-e 16
sagen 36/1
Sahne, die *Sg.* 56
Sahnesoße, die, -n 62/4
Salami, die, -s 52/2
Salat, der, -e 55/15
Salbe, die, -n 99/6
Salut!, *auch* **Salü!** (= *schweizerisch für* Guten Tag! / Auf Wiedersehen!) 14/1
Salz, das *Sg.* 52/2
Salzkartoffel, die, -n (meist *Pl.*) 62/4
sammeln 18/3
Samstag/Sonnabend, der, -e (*Abk.* Sa./So.) 39/9
satt 74/6
Satz, der, "-e 9/9
Satzanfang, der, "-e 107/3
Satzende, das, -n 15/6
Satzfrage, die, -n 25/8
Satzklammer, die, -n 49/4
Satzmelodie, die, -n 15/5
sauber 117/15
Sauerkraut, das *Sg.* 60
sausen, er saust, ist gesaust 117/15
S-Bahn, die, -en 78/5
Schal, der, -s 133
schälen 56
schauen 27/2
Scheibe, die, -n 52/3
schenken 115/9
Schere, die, -n 26/1
schichten 57
Schiene, die, -n 57
Schinken, der, – 52/2
schlafen, er schläft, geschlafen 41
Schlafzimmer, das, – 112
schlecht 24/1
schließlich 117/13
Schloss, das, "-er 123
Schlussverkauf, der, "-e 137/14
schmecken 61/3
Schmerz, der, -en, 99/8
Schmerzmittel, das, – 98/5
schneiden, er schneidet, geschnitten 55/15
Schnittlauch, der *Sg.* 57/19
Schnitzel, das, – 52/2
Schnitzelbrötchen, das, – 64/13
Schnupfen, der *Sg.* 99/8
schön 12/15
Schorle, die, -n 69/3
Schrank, der, "-e 28/6
schreiben, er schreibt, geschrieben 9/9
Schreibmaschine, die, -n 38/6
Schreiner/Schreinerin, der, – / die, -nen 87/1
Schuh, der, -e 132
Schulausbildung, die, -en 127/10
Schule, die, -n 40
Schulter, die, -n 96
Schutzhelm, der, -e 132
Schweinebraten, der, – 61/2
Schweinefleisch, das *Sg.* 52/2
Schweiz, die *Sg.* 14/2
schwer 74/6
Schwester, die, -n 127/10
Schwimmbad, das, "-er 44/14
Schwimmen, das, *Sg.* 44/14
Secondhand-Laden, der, "- 137/14
sehen, er sieht, gesehen 100/9
Sehenswürdigkeit, die, -en 82/15
sehr 17/2
Sehtest, der, -s 104/1
sein, er ist, ist gewesen 6
seit 85/4
Seite, die, -n 30/12
Sekretär/Sekretärin, der, -e/die, -nen 36/1
Sekretariat, das, -e 6
Sekunde, die, -n 36/1
selbst 9/8
selbständig 88/3
Selbstbedienung, die *Sg.* 17
selbstverständlich 27/2
selektiv 138/15
Sellerie, der, -s 55/15
selten 133/4
Seminarraum, der, "-e 6
Semmelknödel, der, – 62/4
Senf, der *Sg.* 65/14
separat 112/1
Service, der, -s 68/2
Servus (= *österreichisch für* Guten Tag! / Auf Wiedersehen!) 14/1
Sessel, der, – 116/11
sicher 91/9
Sie-Form, die, -en 65/15
singen, er singt, gesungen 74/6
Singular, der, -e 25/6
Sinn, der, -e 74/6
Situation, die, -en 81/12
Skala, die, Skalen 103/17
Sketch, der, -e/-s 136/9
Slip, der, -s 133
so 16
So viel? 31/13
Socke, die, -n 132
sofort 88/3
Sohn, der, "-e 100/9
Sommer, der, – 88/3
Sommerhose, die, -n 136/9
Sonderangebot, das, -e 136/9
Sonntag, der, -e (*Abk.* So.) 39/9
Sonstige, das *Sg.* (ohne Artikel: Sonstiges) 44/11
Soße, die, -n 55/15
Spaghetti *Pl.* 61/1
Sparkasse, die, -n 80/11
Spaß, der, "-e 88/3
spät *(Wie spät ist es?)* 40
später 89/3
spazieren gehen, er geht spazieren, ist spazieren gegangen 99/6
Spaziergang, der, "-e 82/16
Spedition, die, -en 88/3
Speise, die, -n 62/4
Speisekarte, die, -n 62/4
Spiegel, der, – 115/9
Spiel, das, -e 52/4
spielen (1) *(Dialoge spielen)* 9/7
spielen (2) *(ein Münzspiel spielen)* 142/1
spielen (3) *(Musik spielen)* 145/3
Spielplatz, der, "-e 112
Spielzeit, die, -en 36/1
Sport, der *Sg.* 44/11
Sporthalle, die, -n 106/1
Sportmöglichkeit, die, -en 112
Sportschuh, der, -e 132
Sprache, die, -n 11/12
Sprachenname, der, -n 14/2
Sprachkurs, der, -e 81/13
sprechen, er spricht, gesprochen 10/11
Sprechstundenhilfe, die, -n 98/5
Sprechzimmer, das, - 98/5
Spruch, der, "-e 142/1
Stadt, die, "-e 7/2
Stadtfest, das, -e 44/14
Stadtplan, der, "-e 82/15
Stadtrand, der, "-er 112
Stadtverwaltung, die, -en 111/9
Stadtzentrum, das, -zentren 80/10
Städtename, der, -n 61/1
Standort, der, -e 78/4
Start, der, -s 70/1
Station, die, -en 77/2
Statistik, die, -en 73/4
Staubsauger, der, – 28/6
Steak, das, -s 52/2
Steckbrief, der, -e 11/12
stehen (1), er steht, gestanden *(Wo steht das?)* 47/15
stehen (2), er steht, gestanden *(Der Rock steht Ihnen.)* 136/9
stehen (3), er steht, gestanden *(Du stehst vor mir und schaust mich an.)* 146/4
steigen, er steigt, ist gestiegen 15/6
Stelle, die, -n *(Arbeitsstelle, Arbeitsplatz)* 92/12
stellen *(die Auflaufform in den Herd stellen)* 57
Stellenanzeige, die, -n 92/12
Steuer, die, -n 68/2
Steward/Stewardess, der, -s / die, -en 93/16
Stichwort, das, -e/"-er 67/19
Stiefel, der, – 132/
Stiftung, die, -en 127/10

Unregelmäßige Verben

abfahren, er fährt ab, ist abgefahren 135/8
abnehmen, er nimmt ab, abgenommen 104/1
abwaschen, er wäscht ab, abgewaschen 124/3
anbraten, er brät an, angebraten 56/16
anfangen, er fängt an, angefangen 42/6
anrufen, ruft an, angerufen 47/15
ansehen, er sieht an, angesehen 13/17
anziehen, er zieht an, angezogen 135/8
aufschreiben, er schreibt auf, aufgeschrieben 95/3
aufstehen, er steht auf, ist aufgestanden 40
aussteigen, er steigt aus, ist ausgestiegen 79/6
backen, er bäckt/backt, gebacken 62/4
beginnen, er beginnt, begonnen 48/2
bekommen, er bekommt, bekommen 53/7
beraten, er berät, beraten 88/3
beschreiben, er beschreibt, beschrieben 29/9
bitten, er bittet, gebeten 27/2
bleiben, er bleibt, ist geblieben 40
brauchen, er braucht, brauchen/gebraucht 31/13
brechen, er bricht, gebrochen 97/4
bringen, er bringt, gebracht 62/5
dabeihaben, er hat dabei, dabeigehabt 88/3
denken, er denkt, gedacht 135/7
dran sein, er ist dran, ist dran gewesen 58/1
drankommen, er kommt dran, ist drangekommen 50/1
dürfen, er darf, dürfen/gedurft 99/6
einladen, er lädt ein, eingeladen 116/10
einschlafen, er schläft ein, ist eingeschlafen 124/4
einsteigen, er steigt ein, ist eingestiegen 124/4
empfehlen, er empfiehlt, empfohlen 135/8
erkennen, er erkennt, erkannt 47/16
essen, er isst, gegessen 43/7
fahren, er fährt, ist gefahren 40
fallen, er fällt, ist gefallen 15/6
finden, er findet, gefunden 38/6
fliegen, er fliegt, ist geflogen 93/16
freihaben, er hat frei, freigehabt 100/9
geben, er gibt, gegeben 38/7
gehen, er geht, ist gegangen 16
genießen, er genießt, genossen 146/4
gewinnen, er gewinnt, gewonnen 142/1
haben, er hat, gehabt 14/2
halten, er hält, gehalten 78/3
heißen, er heißt, geheißen 6
helfen, er hilft, geholfen 31/13
herkommen, er kommt her, ist hergekommen 38/7
hochtragen, er trägt hoch, hochgetragen 116/10
kennen, er kennt, gekannt 26/1
kommen, er kommt, ist gekommen 7/2
können, er kann, können/gekonnt 75/7
krankschreiben, er schreibt krank, krankgeschrieben 99/6
leihen, er leiht, geliehen 116/10
liegen, er liegt, gelegen 10/11
lügen, er lügt, gelogen 93/16
mitbringen, er bringt mit, mitgebracht 72/3
mitdürfen, er darf mit, mitdürfen/mitgedurft 100/9
mitkommen, er kommt mit, ist mitgekommen 44/14
mitlesen, er liest mit, mitgelesen 8/3
mitsprechen, er spricht mit, mitgesprochen 20/11
möchten, er möchte, gemocht 37/4
mögen, er mag, mögen/gemocht 16
müssen, er muss, müssen/gemusst 81/13
nachsehen, er sieht nach, nachgesehen 39/8
nachsprechen, er spricht nach, nachgesprochen 8/4
nehmen, er nimmt, genommen 17
nennen, er nennt, genannt 70/1
raten, er rät, geraten 12/16
schlafen, er schläft, geschlafen 41
schneiden, er schneidet, geschnitten 55/15
schreiben, er schreibt, geschrieben 9/9
sehen, er sieht, gesehen 136/9
sein, er ist, ist gewesen 6
singen, er singt, gesungen 74/6
sprechen, er spricht, gesprochen 10/11
stehen, er steht, gestanden 47/15
steigen, er steigt, ist gestiegen 15/6
trinken, er trinkt, getrunken17
umsteigen, er steigt um, ist umgestiegen 78/3
umziehen, er zieht um, ist umgezogen 127/10
unterschreiben, er unterschreibt, unterschrieben 116/10
verbinden, er verbindet, verbunden 86
vergehen, er vergeht, ist vergangen 74/6
vergleichen, er vergleicht, verglichen 137/13
verstehen, er versteht, verstanden 13
vorlesen, er liest vor, vorgelesen 18/5
waschen, er wäscht, gewaschen 56/16
wegbringen, er bringt weg, weggebracht 124/3
wegnehmen, er nimmt weg, weggenommen 57/16
wegwollen, er will weg, weggewollt 89/3
wehtun, er tut weh, wehgetan 99/6
wiedersehen, er sieht wieder, wiedergesehen 100/9
wissen, er weiß, gewusst 40/2
wollen, er will, wollen/gewollt 74/6
ziehen, er zieht, ist gezogen 127/10

Zahlen, Zeiten, Maße, Gewichte

Kardinalzahlen

1	eins	13	dreizehn	60	sechzig
2	zwei	14	vierzehn	70	siebzig
3	drei	15	fünfzehn	80	achtzig
4	vier	16	sechzehn	90	neunzig
5	fünf	17	siebzehn	100	(ein)hundert
6	sechs	18	achtzehn	101	(ein)hundert(und)eins
7	sieben	19	neunzehn	200	zweihundert
8	acht	20	zwanzig	213	zweihundertdreizehn
9	neun	21	einundzwanzig	1 000	(ein)tausend
10	zehn	30	dreißig	1 000 000	eine Million (-en)
11	elf	40	vierzig	1 000 000 000	eine Milliarde (-n)
12	zwölf	50	fünfzig		

Ordinalzahlen

1.	(der/das/die) erste ...	11.	elfte	30.	dreißigste
2.	zweite	12.	zwölfte	40.	vierzigste
3.	dritte	13.	dreizehnte	50.	fünfzigste
4.	vierte	14.	vierzehnte	60.	sechzigste
5.	fünfte	15	fünfzehnte	70.	siebzigste
6.	sechste	16.	sechzehnte	80.	achtzigste
7.	siebte	17.	siebzehnte	90.	neunzigste
8.	achte	18.	achtzehnte	100.	hundertste
9.	neunte	19.	neunzehnte	900.	neunhundertste
10.	zehnte	20.	zwanzigste	1 000.	tausendste

Zeiten

1. Stunde und Uhrzeiten

Uhr, die, -en
Uhrzeit, die, -en
Stunde, die, -n
Viertelstunde, die, -n
Minute, die, -n
Sekunde, die, -n

2. Tag und Tageszeiten

Tag, der, -e	täglich
Morgen, der, –	morgens
Vormittag, der, -e	vormittags
Mittag, der, -e	mittags
Nachmittag, der, -e	nachmittags
Abend, der, -e	abends
Nacht, die, ¨-e	nachts
Mitternacht, die, ¨-e	mitternachts

3. Woche und Wochentage

Montag, der, -e	montags	Feiertag, der, -e
Dienstag, der, -e	dienstags	Festtag, der, -e
Mittwoch, der, -e	mittwochs	wöchentlich
Donnerstag, der, -e	donnerstags	
Freitag, der, -e	freitags	
Samstag/Sonnabend, der, -e	samstags/sonnabends	
Sonntag, der, -e	sonntags	

4. Monate

Januar	August
Februar	September
März	Oktober
April	November
Mai	Dezember
Juni	
Juli	monatlich

5. Datum

1999 neunzehnhundertneunundneunzig
2005 zweitausend(und)fünf
1. März / 1.3. Heute ist der erste März / der erste Dritte.
12. April 2005 – 12. 4. 2005 – 12. 04. 05

6. Jahr und Jahreszeiten

Jahr, das, -e
Jahreszeit, die, -en
jährlich

Frühling, der, -e / Frühjahr, das, -e
Sommer, der, –
Herbst, der, -e
Winter, der, –

Maße und Gewichte

Zentimeter, der, –	cm
Meter, der, –	m
Kilometer, der, –	km
Quadratmeter, der, –	qm/m^2
Liter, der, –	l

1 km = 1000 m
1 m = 100 cm

Gramm, das, –	g
Kilogramm, das, –	kg

1 kg = 1000 g

Quellenverzeichnis

Fotos, die im Folgenden nicht aufgeführt sind: Vanessa Daly
Umschlagfoto unten: A. Pfeifer
Karte auf der vorderen Umschlagsinnenseite: Polyglott-Verlag, München

S. 10	Weltkarte: M. Frank
S. 13	1. Reihe: Foto Mitte: Ralf Freyer, Freiburg 2. Reihe: Fotos links u. rechts: S. Reisdorff-Dahlke; Mitte: White Star 3. Reihe: Fotos links u. rechts: N. Romano Brandt; Mitte: Beringer & Pampaluchi AG, Zürich
S. 20	Foto: Bild & Ton, München
S. 31	Foto: L. Rohrmann
S. 38	Fotos: F. Stützel
S. 40	Foto links (Uhr): A. Pfeifer
S. 44–45	Anzeige Jeansshop.de, Plakat PUR, Foto Schloss Nymphenburg: Bild & Ton, München
S. 60–61	Foto Mitte M. Kappelhoff
S. 66	Fotos: L. Rohrmann
S. 72	Uhr: A. Köker
S. 73	Grafik: Essen und Trinken © GLOBUS Infografik GmbH, Hamburg, 1999/2000; Familiennamen/Muttersprachen aus: W. Krämer / M. Schmidt, Das Buch der Listen, Eichborn AG, Frankfurt am Main, April 1997
S. 76–77	Stadtplan: Kartengrundlage City – Plan, vervielfältigt mit Genehmigung des Vermessungs- und Katasteramtes der Stadt Bielefeld vom 06.12.2001 Nr. 5/01; Fotos Bürgerberatung und Post: Ch. Lemcke; Fotos Fußballstadion, Ishara-Bad, Straßenbahn, Verein BAJ: L. Rohrmann
S. 78	Bielefelder Stadtbahn: Stadtwerke Bielefeld
S. 80	Foto B: L. Rohrmann
S. 82	Stadtplan: Polyglott-Verlag, München; Fotos 1–5: M. Luhmann; Foto 6: L. Rohrmann
S. 86	Foto Lkw der Firma Höhne-Grass: P. Henrich
S. 113	Foto F: L. Rohrmann
S. 122	Foto Plakat: Bild & Ton
S. 123	Foto Schloss Schönbrunn: A. Sulzer
S. 126	Fotos: S. Riesen
S. 127	Foto: L. Rohrmann
S. 128	Fotos: A. Sulzer
S. 137	Heinz Waldmüller/Claudia Stehle: Schnäppchenführer Baden-Württemberg, Band 2, Fink-Kümmerly + Frey, Ostfildern
S. 151	Foto: L. Rohrmann
S. 158	Foto: Interfoto
S. 169	Foto1: Th. Scherling
S. 170	Foto: L. Rohrmann
S. 177	Foto: L. Rohrmann
S. 201	Foto 1: Th. Scherling; Foto 2: L. Rohrmann
S. 202	Foto: Getty Images
S. 203	Fotos Mitte und rechts: Th. Scherling
S. 206	Cartoon: © TOM, Cartoons + Comics, Tom Körner, Berlin
S. 212	Fotos: L. Rohrmann
S. 223	Foto: L. Rohrmann
S. 225	Foto rechts: S. Busch